PSICOLOGIA E EDUCAÇÃO
CONEXÃO ENTRE SABERES

Solange Franci Raimundo Yaegashi
Ana Maria T. Benevides-Pereira
(Organizadoras)

PSICOLOGIA E EDUCAÇÃO
CONEXÃO ENTRE SABERES

© 2013 Casapsi Livraria e Editora Ltda.
É proibida a reprodução total ou parcial desta publicação, para qualquer finalidade, sem autorização por escrito dos editores.

Editor: *Ingo Bernd Güntert*
Gerente Editorial: *Fabio Melo*
Coordenadora Editorial: *Marcela Roncalli*
Produção Editorial e Capa: *Casa de Ideias*

Dados Internacionais de Catalogação na Publicação (CIP)
Angélica Ilacqua CRB-8/7057

Psicologia e educação: conexão entre saberes / organizado por Solange Franci Raimundo Yaegashi, Ana Maria Teresa Benevides-Pereira. – São Paulo: Casa do Psicólogo, 2013.

ISBN 978-85-8040-172-1

1. Família 2. Aprendizagem 3. Desenvolvimento infantil 4. Fala-expressão 5. Reflexões I. Título

13-0332	CDD 370.152

Índices para catálogo sistemático:
1. Psicologia Educacional

Impresso no Brasil
Printed in Brazil

As opiniões expressas neste livro, bem como seu conteúdo, são de responsabilidade de seus autores, não necessariamente correspondendo ao ponto de vista da editora.

Reservados todos os direitos de publicação em língua portuguesa à

Casapsi Livraria e Editora Ltda.
Rua Simão Álvares, 1020
Pinheiros • CEP 05417-020
São Paulo/SP – Brasil
Tel. Fax: (11) 3034-3600
www.casadopsicologo.com.br

Sumário

Prefácio 7

PARTE I – FAMÍLIA, APRENDIZAGEM E DESENVOLVIMENTO 11
A família como base para a construção do processo de aprendizagem 11
Maria Júlia Junqueira Scicchitano Orsi
Solange Franci Raimundo Yaegashi

A criança surda na concepção da família 29
Celma Regina Borghi Rodriguero
Solange Franci Raimundo Yaegashi

A Síndrome de Alienação Parental
e suas repercussões no desenvolvimento infantil 57
Solange Franci Raimundo Yaegashi

PARTE II – OS PROCESSOS DE ENSINO-APRENDIZAGEM 69
Aspectos afetivos:
elementos importantes no ensino e aprendizagem de matemática 69
Evelyn Rosana Cardoso
Ana Maria T. Benevides-Pereira
Valdeni Soliani Franco

A fala e a expressão do pensamento da criança
na ação docente em instituições de educação infantil 93
Regina de Jesus Chicarelle
Marieta Lúcia Machado Nicolau

Educação e linguagem: reflexões sobre a prática pedagógica no ensino-
-aprendizagem da língua materna 115
Tacianne Mingotti Carpen
Solange Franci Raimundo Yaegashi

Letramento como perspectiva metodológica
para a educação literária 129
Mirian Hisae Yaegashi Zappone

PARTE III – O COTIDIANO DO TRABALHO DOCENTE 149
Representações sociais dos professores
sobre os pré-adolescentes 149
Edna Salete Radigonda Delalibera
Solange Franci Raimundo Yaegashi

Docência e *burnout*: um estudo com professores
do Ensino Fundamental 189
Solange Franci Raimundo Yaegashi
Ana Maria T. Benevides-Pereira
Irai Cristina Boccato Alves

Sobre os autores 211

Prefácio

Esta coletânea é fruto da experiência de vários pesquisadores em suas especialidades: Psicologia e Educação. Este livro, intitulado *Psicologia e Educação: conexão entre saberes*, tem por objetivo trazer contribuições relevantes e significativas sobre as pesquisas desenvolvidas por seus autores, vinculados, em sua maioria, a cinco programas de pós-graduação de duas universidades brasileiras: Programa de Pós-Graduação em Educação, Programa de Pós-Graduação em Educação para a Ciência e Matemática e Programa de Pós-Graduação em Letras da Universidade Estadual de Maringá (UEM); e Programa de Pós-Graduação em Educação e Programa de Pós-Graduação em Psicologia da Universidade de São Paulo (USP).

O livro foi organizado em três sessões, constituindo três eixos temáticos: I) família, aprendizagem e desenvolvimento; II) os processos de ensino-aprendizagem; III) o cotidiano do trabalho docente.

A parte I, intitulada "Família, aprendizagem e desenvolvimento", apresenta três estudos sobre o tema. O primeiro, "A família como base para a construção do processo de aprendizagem", destaca a importância das relações familiares e dos cuidados parentais para o processo de aprendizagem da criança. Para Orsi e Yaegashi, os pais atualmente se têm mostrado inseguros e temerosos em assumir o controle e os riscos da educação de seus filhos, buscando uma espécie de fórmula que ofereça garantia de saúde mental e de sucesso profissional. Além disso, estão atribuindo maior responsabilidade à escola pelos problemas que os filhos apresentam.

O segundo texto, "A criança surda na concepção da família", escrito por Rodriguero e Yaegashi, enfoca a concepção que a família tem da criança surda e as formas de participação dos familiares no desenvolvimento e na aquisição da linguagem. Para as autoras, a participação da família é muito mais importante do que se pensava, uma vez que o modo de agir, pensar, sentir, bem como os valores, os conhecimentos e a visão de mundo da criança dependem do meio físico e

PSICOLOGIA E EDUCAÇÃO: CONEXÃO ENTRE SABERES

social no qual está inserida. Assim, a família atua como mediadora original entre a criança surda e o mundo, auxiliando-a na formação de sua identidade.

No terceiro estudo, "A Síndrome de Alienação Parental e suas repercussões sobre o desenvolvimento infantil", Yaegashi discute o impacto das situações familiares críticas, tais como o divórcio dos pais, na aprendizagem e no desenvolvimento dos filhos. Para a autora, quando a separação conjugal é marcada por atitudes e sentimentos negativos entre os ex-cônjuges, revelados por uma tentativa de um excluir o outro da convivência dos filhos, pode-se engendrar a Síndrome de Alienação Parental (SAP). As consequências dessa síndrome podem desencadear inúmeros sintomas: baixo desempenho escolar, comportamento de rebeldia, condutas antissociais, regressões afetivas, sentimentos de culpa, conduta de indiferença à situação, depressão, doenças psicossomáticas, entre outros.

A parte II, intitulada "Os processos de ensino-aprendizagem", é composta por quatro estudos a esse respeito. No primeiro deles, "Aspectos afetivos: elementos importantes no ensino e aprendizagem de matemática", Cardoso, Benevides-Pereira e Franco enfocam a importância dos aspectos afetivos no ensino e na aprendizagem da matemática. Para os autores, a grande maioria dos docentes, ao assumir aulas, acredita que o seu desempenho profissional está atrelado somente ao domínio dos conteúdos ministrados, à quantidade de conteúdos trabalhados em sala de aula e à "ordem" que os alunos mantêm durante as aulas. Mas a situação de ensino mostra que o conhecimento suficiente sobre o conteúdo não basta para ensinar, pois outros fatores estão presentes nos processos de ensino e de aprendizagem, entre os quais a relação afetiva entre professor e aluno.

No segundo estudo, "A fala e a expressão do pensamento da criança na ação docente em instituições de educação infantil", Chicarelle e Nicolau abordam o lugar que a fala da criança ocupa na ação docente realizada em instituições de educação infantil. As autoras explicam que o lugar da fala da criança está vinculado às oportunidades de ela falar, participar, expressar seu pensamento e sentimentos. Relaciona-se às interações da criança com o outro, bem como ao tipo de valorização que sua fala ocupa nas atividades e nas situações vivenciadas em seu ambiente educativo. Portanto, a ação docente exerce influências importantes e significativas no desenvolvimento e alargamento do lugar da fala da criança em seu ambiente educativo.

No terceiro texto, "Educação e linguagem: reflexões sobre a prática pedagógica no ensino-aprendizagem da língua materna", Carpen e Yaegashi refletem sobre as variações linguísticas, levando em consideração a linguagem apresentada pelo aluno. As autoras evidenciam que o professor deve mostrar ao aluno que existem muitas variedades na língua, e que essas variações podem ser usadas de acordo com o contexto comunicativo. Entretanto, respeitar a linguagem do aluno não significa deixá-lo dominar apenas o registro de seu grupo social. O aluno deverá compreender que existem diferentes situações de comunicação. Dessa forma, a norma culta da língua deverá ser do domínio dos professores, uma vez que a escola é um dos raros locais onde o aluno poderá ouvi-la, exercitá-la e apoderar-se dela para posteriormente conseguir utilizá-la em outros contextos.

Finalizando a segunda parte do livro, Zappone, no texto "Letramento como perspectiva metodológica para a educação literária", enfoca alguns aspectos da educação literária a partir dos estudos de letramento a fim de propor alternativas para o trabalho com textos literários. Para a autora, é necessário que a escola proporcione o ensino das convenções literárias que regem a construção da escrita ficcional em seus diferentes gêneros (lírica, épica, dramática, narrativa etc.), e que propicie aos alunos estratégias de leitura que os levem a interagir efetivamente com o texto e a produzir para eles sentidos pertinentes que não sejam mera reprodução dos sentidos aventados pela crítica e pelos autores de livros didáticos.

Na parte final do livro, dois estudos enfocam "O cotidiano do trabalho docente". No primeiro, "Representações sociais dos professores sobre os pré-adolescentes", Delalíbera e Yaegashi afirmam que as representações sociais compartilhadas pelos professores sobre os pré-adolescentes apresentam conotações negativas, pois demonstram que os docentes não os percebem como sujeitos com potencialidades e capacidades e como indivíduos em processo de desenvolvimento. As dificuldades dos professores no trabalho com os pré-adolescentes se devem, em parte, à má-formação nos cursos de licenciatura, à inexistência da formação continuada e à própria dificuldade de articular os conhecimentos oriundos das diferentes teorias com a sua prática pedagógica.

No segundo estudo, "Docência e *burnout*: um estudo com professores do Ensino Fundamental", Yaegashi, Benevides-Pereira e Alves enfocam a questão do estresse e do *burnout* na profissão docente. As autoras enfatizam que os efeitos do *burnout* interferem negativamente tanto na esfera individual (física, mental, profissional, social), quanto na profissional (atendimento negligente, lentidão, contato impessoal, cinismo, dificuldade no relacionamento com os alunos) e organizacional (conflitos com os demais membros da equipe, rotatividade, absenteísmo, diminuição da qualidade dos serviços). Concluem que ensinar caracteriza-se como uma atividade estressante, com repercussões evidentes na saúde física, mental e no desempenho profissional dos professores. Nesse sentido, é de suma importância que seja propiciada uma melhor qualidade laboral para os docentes, uma vez que o estresse e o *burnout* intervêm de forma significativa na relação entre professor e aluno e, consequentemente, no processo de aprendizagem.

Esperamos que os estudos e reflexões apresentados nesta obra contribuam para o processo formativo de psicólogos, pedagogos, psicopedagogos, fonoau-diólogos, professores, enfim, para o ensino e a prática pedagógica na educação básica, assim como para todos aqueles que, direta ou indiretamente, estão ligados aos serviços de Psicologia e ao trabalho docente.

Solange Franci Raimundo Yaegashi
Ana Maria T. Benevides-Pereira

PARTE I – FAMÍLIA, APRENDIZAGEM E DESENVOLVIMENTO

A família como base para a construção do processo de aprendizagem

Maria Júlia Junqueira Scicchitano Orsi

Solange Franci Raimundo Yaegashi

Introdução

Baseando-se na teoria psicanalítica, fundamentada nas ideias de Freud, toma-se a família como referencial para a compreensão do desenvolvimento emocional da criança e como lugar potencialmente produtor de indivíduos emocionalmente saudáveis ou adoecidos.

Algumas teorizações têm sido feitas a respeito da família, em diferentes momentos históricos, de acordo com suas diversas formas de configuração e funcionamento. No entanto, Poster (1979), ao destacar o caráter não linear, descontínuo e heterogêneo da família ao longo da história, possibilitou que ela fosse colocada como um palco de múltiplas interpretações.

A família, por seu caráter dinâmico, faz com que, a partir da influência dos fatores socioculturais e dos vínculos afetivos, seus componentes desenvolvam os próprios códigos de referência e de crenças que resultam em uma cultura familiar própria, que tanto responde às transformações da sociedade quanto determina modificações na construção do psiquismo, no processo de socialização e na aprendizagem escolar.

O rápido avanço tecnológico e científico ocorrido na sociedade moderna levou a profundas transformações no desenvolvimento e na qualidade das relações humanas. Tem-se hoje fácil acesso ao conhecimento e a informações teóricas e práticas no campo da Psicologia, que contribuem para a compreensão da qualidade das relações familiares e do desenvolvimento saudável da personalidade, que resultam em um saber homogêneo a respeito do modo de educar os filhos, transformando-se muitas vezes em verdadeiros manuais de instruções que regulamentam o convívio humano. Por outro lado, constata-se que, na família, na escola e na sociedade, há grandes dificuldades na educação de crianças e jovens.

Observamos um número crescente, alarmante, de crianças e adolescentes de diferentes níveis socioeconômico-culturais que apresentam dificuldades na aprendizagem, na escolha profissional e na aceitação e adaptação aos limites impostos pela sociedade e pela escola.

A família contemporânea tem criado formas particulares de organização, não mais se limitando à família nuclear (pai, mãe e filhos dos mesmos pais), sendo uma forma distinta e decorrente dos tempos modernos, em que os casais se unem e se desunem por diversas vezes e passam a conviver ou não com filhos frutos de antigas relações conjugais e filhos que nascem de suas novas uniões. As mudanças na constituição e no funcionamento familiar, necessariamente, acarretarão mudanças na subjetividade e nas relações (Orsi, 2003).

Na atualidade, os pais têm-se mostrado inseguros e temerosos em assumir o controle e os riscos envolvidos na educação de seus filhos, buscando uma espécie de fórmula que ofereça garantia de saúde mental e de sucesso profissional. Além disso, estão atribuindo maior responsabilidade à escola pelos problemas que os filhos apresentam.

Desse modo, é necessário que se olhe atentamente para a escola que, no momento atual, continua tendo a função de transmitir um conhecimento ao qual se acrescenta a construção do processo de aprendizagem.

Para tanto, é necessário que se reconheçam as influências da dinâmica familiar em relação à organização, disciplina, aceitação de limites e exercício da cidadania, que envolve a consideração pelo outro e o respeito mútuo. Diversos estudiosos têm buscado as raízes do fracasso escolar e da adaptação social nos vínculos familiares, uma vez que as bases do desenvolvimento afetivo-emocional se dão na família.

Com relação ao processo de aprendizagem, Fernandez (1990) descreve o conceito de "modalidade de aprendizagem" como a maneira pela qual cada um se aproxima do conhecimento. A autora afirma que tal modalidade constrói--se desde o nascimento, implica a relação da criança com seus "cuidadores" no espaço familiar e refletirá na aprendizagem formal.

Para Roudinesco (2000), a Psicanálise auxilia a compreensão a respeito do que é necessário ao desenvolvimento psíquico para que uma criança possa beneficiar-se do saber oferecido pela escola.

As ideias de Winnicott influenciaram de forma marcante a Psicanálise na segunda metade do século XX. Ao apresentar o conjunto das contribuições de Winnicott, Mello Filho (citado por Outeiral & Graña, 1991) descreve a elaboração de uma Teoria do Desenvolvimento, com um estudo pormenorizado da relação entre mãe e filho e das influências da família na interação dos processos inatos de maturação e da presença de um "ambiente facilitador" desde uma fase de dependência absoluta até a conquista da autonomia.

Segundo Figueira (1987 citado por Orsi, 2003) destaca-se ainda, como outro ponto fundamental da obra de Winnicott, o papel estruturador do objeto externo (mãe, pai, família) no desenvolvimento psíquico do ser humano. Esse aspecto possibilita desenvolver a ideia das influências exercidas na formação da personalidade e na aprendizagem da criança, inicialmente por meio do vínculo materno e, posteriormente, da família, da escola e da comunidade, além dos fatores que poderiam contribuir, tanto como facilitadores quanto como impeditivos de um desenvolvimento saudável das funções psicológicas e intelectivas que possibilitam a aprendizagem.

Considerando que a aprendizagem da criança começa muito antes da aprendizagem escolar e implica um processo de construção de conhecimento que se dá pela interação constante do sujeito com o meio – inicialmente caracterizado pela família –, é importante e necessário compreender os aspectos que caracterizam a família atual e os referenciais que norteiam a relação dos pais com seus filhos e suas repercussões no desempenho escolar.

Assim, este trabalho tem o objetivo de descrever a importância das relações familiares e dos cuidados parentais para a construção do processo de aprendizagem da criança, tomando como referencial para a compreensão dos aspectos intersubjetivos travados na dinâmica familiar a teoria psicanalítica.

A família como base para a formação da subjetividade

Ao discorrer sobre a família, devemos considerar fundamentalmente o aspecto referente à sua inserção em um contexto sociocultural e histórico, que inevitavelmente altera sua configuração e dinâmica. Sua transformação ao longo dos tempos resulta de um processo constante de evolução no qual a estrutura familiar vai-se moldando. No entanto, é importante ressaltar que, por maiores que sejam as modificações na configuração familiar, essa instituição continua sendo considerada uma unidade básica de crescimento e experiência, contribuindo tanto para o desenvolvimento saudável quanto patológico de seus componentes (Ackerman, 1986).

Além disso, ainda que se verifiquem certas divergências, há um ponto em comum que une as ideias dos diferentes autores: eles consideram a família como núcleo fundamental em que ocorre o processo evolutivo do ser humano, que proporciona o desenvolvimento de diferentes aprendizagens, como habilidades motoras, intelectuais e psicológicas, por vínculos que, por trocas afetivas permanentes, promovem a formação da identidade e a construção da subjetividade.

Como define Soifer:

> A família é um organismo destinado essencialmente ao cuidado da vida, tanto individual como social, onde se dão e se aprendem as noções fundamentais para a consecução de tal fim que poderíamos resumir como se segue: procriação, cuidado da saúde, preservação da vida, aquisição de conhecimentos, aquisição de habilidades profissionais, aprendizagem da convivência familiar e social (amor, tolerância, solidariedade), transmissão, aperfeiçoamento e criação de normas sociais e culturais. (1983, p. 11)

A autora destaca, seguindo os pressupostos psicanalíticos, a importância da função parental para o desenvolvimento de tais habilidades, favorecendo o objetivo supremo da família que é, em sua opinião, a "defesa da vida".

A família, tomada como um dos lugares privilegiados para o desenvolvimento da educação e da afetividade, permite naturalmente a vivência dos processos de crescimento, conhecimento, simbolização e repressão, fundamentais para a constituição do ser humano, para a aprendizagem e inserção na cultura. É na dialética das relações familiares que cada ser humano se faz e se constrói como capaz de relacionar-se consigo mesmo, com o mundo e com os outros (Mioto, 1989).

Para o materialismo histórico, a família está indissoluvelmente ligada à sociedade, e encontra-se não só na dependência da realidade social, como também está mediatizada por ela.

A psicanálise concebe a família como uma instituição com função constitutiva de desenvolvimento dos indivíduos e grupos. É um lugar socialmente definido, onde se forma a estrutura da personalidade que, posteriormente, se tornará socialmente relevante (Horkheimer & Adorno, 1973).

De acordo com Winnicott (citado por Orsi, 2009), os bons cuidados maternos iniciais, uma vez internalizados, levam ao desenvolvimento da responsabilidade, da capacidade de cuidar de si mesmo, da construção de uma personalidade segura e da inserção e adaptação social. Relaciona a "boa infância" à "boa cidadania", ou seja, à capacidade de dar, retribuir e reparar, derivada de uma boa maternagem.

Ao longo de sua produção teórica, Winnicott reafirma sua crença de que a estrutura familiar é para ele fundamental ao desenvolvimento do ser humano e deriva, em grande parte, das tendências para a organização e integração presentes na personalidade de cada um de seus membros.

O caráter inato, do ponto de vista psicanalítico, corresponde a uma tendência ao desenvolvimento, própria do indivíduo, que se associa tanto ao crescimento do corpo quanto ao desenvolvimento gradual das funções psicológicas. Entretanto, esse crescimento "natural" não ocorre na ausência do que Winnicott chama de "condições suficientemente boas", oferecidas pelos cuidadores num "ambiente facilitador" (1999).

Winnicott (citado por Orsi, 2009) chama de "ambiente facilitador" a condição ambiental que requer uma qualidade humana que normalmente a mãe estaria mais apta a desempenhar e que, diferente de uma perfeição, ofereça uma satisfação das necessidades da criança, dando continuidade à linha da vida que, a partir de tendências herdadas, leve à plenitude pessoal.

O desenvolvimento humano, para Winnicott (1999), é pensado com base em um ponto de partida e outro de chegada, traçando um caminho marcado pelo desenvolvimento da vida instintiva em um ambiente que pressupõe trocas afetivas e satisfação de necessidades que contribuirão como facilitadores ou impeditivos da saúde mental da criança. Para Winnicott, "[...] ninguém atinge a maturidade estável quando adulto, se alguém não tivesse se encarregado dele ou dela nas etapas iniciais" (1999, p. 141).

A importância dada ao papel desempenhado pela família no estabelecimento da saúde mental levou Winnicott a questionar a possibilidade de um crescimento e equilíbrio emocional fora do contexto familiar. Para responder a essa questão, o autor remeteu ao seu conceito de "preocupação materna primária", segundo o qual a mãe teria uma capacidade especial de acolher as necessidades de seu bebê pelo fato de estar identificada com ele e saber o que ele está sentindo para então poder atendê-lo (Orsi, 2009). "Quando o par mãe-filho funciona bem, o ego da criança é de fato muito forte, pois é apoiado em todos os aspectos" (Winnicott, 1997, p. 24).

Ao descrever o conceito de "mãe suficientemente boa", Winnicott (1997) destaca a importância da atitude de constância e de coerência da mãe com o bebê, um dado fundamental para a conquista da segurança e da confiança, desenvolvida na intersubjetividade, segundo o autor. Destaca, ainda, o valor da capacidade de a mãe se permitir dizer não, limitar e interditar alguns desejos do filho visando a abrir espaço para o gesto criativo e outras possibilidades de satisfação, que são fundamentais à aprendizagem de modo geral.

Winnicott (1997 citado por Orsi, 2009) refere-se à figura paterna como suporte afetivo para que o desempenho da mãe se torne eficaz e como elemento que propiciará o rompimento da relação simbiótica entre o bebê e sua mãe, favorecendo o desenvolvimento das representações simbólicas da realidade, que resulta em uma relação afetiva mais satisfatória com o mundo e com o outro.

Ao longo da teoria winnicottiana, pode-se perceber a preocupação com uma sociedade melhor, mais madura e solidária. Para tanto, Winnicott (1997) desenvolve sua crença de que a sociedade, constituída por indivíduos, alcançará sua maturidade com a participação de pessoas emocionalmente mais saudáveis. Reforça o papel de destaque atribuído à família, considerando o jogo afetivo vivido junto a ela como um preparo perfeito para a vida. Para ele, a família, será sempre referida como o lugar adequado para o desenvolvimento tanto da individualidade quanto da sociabilidade. Porém, considera que, por melhor que possa ser e fazer por seus filhos, não haverá garantia total de alcance da saúde psíquica e maturidade, uma vez que as características individuais e a economia interna de cada ser humano apresentam seus próprios riscos.

Para Osório,

> [...] família é uma unidade grupal onde se desenvolvem três tipos de relações pessoais – aliança (casal), filiação (pais e filhos) e consanguinidade (irmãos) – e que a partir dos objetivos genéricos de preservar a espécie, nutrir e proteger a descendência e fornecer-lhe condições para a aquisição de suas identidades pessoais, desenvolveu através dos tempos funções diversificadas de transmissão de valores éticos, estéticos, religiosos e culturais. (1996, p. 16)

Osório (1996) destaca o caráter primordial da família como base para o desenvolvimento e formação do ser humano e ressalta que, face às transformações ocorridas no contexto econômico e social, os *papéis familiares* são as atribuições de cada um dos membros de uma família, nem sempre correspondendo aos indivíduos que convencionalmente são designados como seus representantes.

Além desse aspecto, deve-se considerar o fator cultural, que mostra como as atribuições familiares se diferem, bem como o fator histórico, que na contemporaneidade mostra a família marcada por crescentes transformações no desempenho de suas atribuições e quanto aos seus papéis conjugais, parentais, fraternos e filiais.

Osório (citado por Orsi, 2003) esquematizou as funções familiares, subdividindo-as em *biológicas*, que consistem em assegurar a sobrevivência de seus integrantes por meio de cuidados requeridos e exigidos pela própria condição neotênica da espécie; *psicológicas*, que se referem à nutrição afetiva, considerada indispensável para o desenvolvimento humano e o favorecimento de um ambiente adequado para a aprendizagem de diversas funções; e *sociais*, pelos quais se transmitem as pautas culturais, os referenciais que contribuem para o desenvolvimento do processo de civilização e, por último, a preparação para o exercício da cidadania.

Na contemporaneidade, tem-se modificado os padrões de constituição e funcionamento da família. A Segunda Revolução Industrial trouxe uma série de mudanças profundas no padrão familiar, a partir das relações do homem com o trabalho, repercutindo no controle de seu tempo, nos cuidados, nas relações e nas funções estabelecidas entre pais e filhos.

De acordo com a pesquisa realizada por Orsi (2003), constatou-se que o tempo é hoje um dos maiores norteadores da possibilidade de dedicação dos pais aos filhos. A autora chegou a essa conclusão depois de entrevistar casais com filhos em idade escolar. Os casais participantes da pesquisa demonstraram fortes preocupações em estarem atentos ao acompanhamento da aprendizagem de seus filhos. No entanto, acabavam organizando-se no intervalo de tempo que não foi consumido pelo trabalho de cada um. É esse tempo que o trabalho e o sistema de produção não consumiram dos pais que restará aos filhos como possibilidade de interesse, dedicação e disponibilidade.

A família, assim como a sociedade, procura *moldar* os tipos de pessoas que necessita, a fim de que possa executar suas funções; porém, nessa mesma estrutura, cada membro se adapta ou não, dentro de certos limites, alterando ou correspondendo às expectativas, gerando um maior ou menor equilíbrio do grupo familiar, além de diversas manifestações sintomáticas, entre elas, as dificuldades de aprendizagem.

Para Ackerman (1986), a estabilidade da família e de seus membros depende diretamente do padrão de equilíbrio e intercâmbio emocional, sendo o comportamento de um membro afetado pelo de todos os outros. Desse modo, as crises na vida familiar podem ter diferentes efeitos na saúde mental da família e de seus componentes.

Em nossa cultura, a família é o lugar no qual a criança terá oportunidade para satisfazer suas primeiras experiências vitais, iniciar suas trocas afetivas, responsáveis por organizar a integração psicossomática, ocupar um lugar significativo dentro da trama familiar e, finalmente, emergir como sujeito a partir das possibilidades determinadas pela sua dinâmica, travando contato com outros sistemas sociais, incluindo a escola.

A família e a aprendizagem

A aprendizagem escolar cumpre um importante papel no desenvolvimento da criança e é determinada pela influência de fatores individuais e ambientais que interferem em todo o processo de aquisição de conhecimento.

Entre os fatores individuais, destaca-se a influência dos aspectos afetivos, que determinarão em grande parte a relação da criança com a situação de aprendizagem escolar, seu desempenho e seu desenvolvimento psicológico. A escola e a família são consideradas, por Marturano (2000) fontes de recursos que ajudam a criança a construir seu processo de desenvolvimento e aprendizagem.

Fernandez (1990) descreve a aprendizagem como um processo que não se limita nem ao ambiente escolar nem exclusivamente à criança. Como experiência, a aprendizagem constitui-se como elemento universal próprio do ser humano, já que, ao possibilitar a transmissão do conhecimento, garante a continuidade do coletivo e permite a diferenciação e transformação dos indivíduos. Aprender, para a autora, pressupõe a associação entre cognição, desejos e necessidades.

O conhecimento, de acordo com Pain (1985), tem sua função associada ao direcionamento dos impulsos que envolvem, além de desejos e necessidades, a postergação da satisfação. Nesse sentido, a grande contribuição desta autora foi a descoberta da interferência do inconsciente na construção do conhecimento, levando a uma nova Pedagogia, que concebe o sujeito como um ser histórico e desejante. Assim, Pain (1996) entende que as estruturas humanas produzem objetividade e também subjetividade, e que o desejo e o conhecimento se articulam sempre no processo de aprendizagem.

Para Barone (1993), a situação de aprendizagem coloca em jogo questões fundamentais do aprendente, e, nesse contexto, tanto suas possibilidades de aprendizagem quanto a forma como vivenciará essa situação dependem diretamente de seu nível de organização psicológica.

O desempenho escolar constitui-se como um fenômeno multideterminado, que comporta aspectos relacionados à evolução maturacional biológica, psicológica e social (Fernandez, 1990). O alcance da capacidade de aprender tem suas implicações nas condições em que a criança vive, nas características pessoais de interação com o meio e nas diferenças culturais que influenciam e dão significado ao saber (Marturano, 2000).

Considerando o papel da família na facilitação da aprendizagem escolar, os trabalhos de Cubero e Moreno (citado por Marturano, 2000) destacam alguns recursos do ambiente familiar que auxiliam ou facilitam a aprendizagem; entre eles, salientam-se a organização do ambiente físico e disponibilidade de materiais educacionais, o envolvimento dos pais no processo de desenvolvimento dos filhos, a interação entre pais e filhos e o uso da linguagem no lar. No entanto, a autora lembra que a presença dos recursos materiais não é significativa sem a presença e a disposição dos pais para interagir com os filhos.

A aprendizagem, como experiência global e fundamental na constituição do ser humano, é um processo que ocorre pela mediação do outro, inicialmente a mãe e posteriormente seus representantes culturais. Portanto, o processo de aprendizagem, que ocorre desde o nascimento, parte de um ponto inicial, marcado pela condição de indiferenciação do sujeito e da irrepresentabilidade das experiências, até alcançar aos poucos a possibilidade de representação de si e da realidade, favorecida pelo desenvolvimento da capacidade de simbolização.

Do ponto de vista psicanalítico, ao construir sua aprendizagem, o sujeito parte da onipotência necessária para o enfrentamento do mundo, que é própria de seu início de vida, e caminha para a autonomia, cujo alcance se dá pela mediação dos adultos, que propicia reconhecimento de sua dependência e incompletude.

O ser humano, inicialmente regido por seus impulsos, sob o domínio do "princípio do prazer absoluto", em virtude do qual desconsidera os limites da realidade, aos poucos vai aumentando o contato com esses limites, que são impostos pelos pais (representantes das regras da cultura); e, com a incorporação dos impulsos, procura restringir a possibilidade de atuação dos desejos, aceitando as limitações da realidade até poder colocar seu pensamento e suas ações a serviço do "princípio da realidade" (Freud, 1980).

Assim, a partir dos cuidados dispensados à criança, do investimento afetivo, da atenção e do interesse dos pais é que a criança irá desenvolver o sentido de segurança, de garantia de ser amada e de autoconfiança, possibilitando seus investimentos extrafamiliares, incluindo a escola (Barone, 1993).

A atitude dos pais, o fato de poderem admitir-se limitados, auxiliará na possibilidade de suportarem a incompletude de seus filhos e, então, permitir-se buscar suas aprendizagens em outras fontes, que não somente eles mesmos. Abre-se, assim, o espaço para o professor e para a escola, que têm como objetivo maior transmitir, de forma sistemática, o conhecimento produzido pela humanidade.

A aprendizagem é um processo que, para Fernandez (1990), ganha significado dentro do contexto familiar, ainda que a apropriação do conhecimento seja individual. A autora refere-se ao conceito de "modalidade de aprendizagem" como decorrente da interpretação dada, pelos pais e pelo próprio sujeito, às experiências concretas, que se encontram associadas necessariamente à estrutura de personalidade. A "modalidade" individual encontra-se entrelaçada à "modalidade" familiar, ou seja, a forma pela qual a família favorece a aproximação do conhecimento deixa marcas profundas na construção que o sujeito fará de sua própria "modalidade de aprendizagem".

Além disso, tal modalidade funciona como uma matriz estrutural em constante processo de reconstrução, que inclui novas aprendizagens, sempre ressignificadas pela simbolização, favorecendo modificações que dão a esse processo um caráter dinâmico. Mas, caso o indivíduo se encontre impossibilitado de ressignificar sua aprendizagem, ocorre uma espécie de enrijecimento em sua "modalidade" que impede ou dificulta novas aprendizagens, resultando em sintomas (Fernandez, 1990).

Diante do número crescente de crianças que apresentam dificuldades na aprendizagem, a Psicopedagogia tem buscado na Psicanálise o referencial teórico para a compreensão desses problemas, procurando entender as vicissitudes do fracasso escolar, não apenas como resultante de incidentes psicopatológicos na constituição do psiquismo, mas a partir da crença de que as dificuldades podem ser instaladas como resultado de pressões externas que, muitas vezes, revelam um desacordo entre o indivíduo e a sociedade, ou entre o indivíduo e a família.

Por sua multideterminação, pela diversidade de manifestações e etiologias, as dificuldades de aprendizagem exigem diferentes olhares e procedimentos interventivos. Polity (2001) parte da hipótese de que, independente da etiologia da dificuldade na aprendizagem, o grupo familiar é fator decisivo para a condução ou resolução dessa problemática. Para a autora, as atitudes de desaprovação, inaceitação e indiferença dos pais em relação aos maus resultados escolares de seus filhos inevitavelmente afetam o sujeito em sua totalidade, muitas vezes impedindo seu desenvolvimento satisfatório.

Souza descreve as dificuldades de aprendizagem como

> [...] fatores da vida psíquica da criança, que podem atrapalhar o bom desenvolvimento dos processos cognitivos e sua relação com a aquisição de conhecimentos e com a família, à medida que as atitudes parentais influenciam sobremaneira a relação da criança com o conhecimento. (citado por Polity, 2001, p. 58)

Assim, independentemente da origem dos problemas de aprendizagem, diferentes autores consideram que é no contexto familiar que tais dificuldades poderão ser amenizadas ou acentuadas.

A família, pensada como um sistema de vínculos afetivos, poderá possibilitar ou não a aquisição satisfatória da aprendizagem. Isso dependerá de como está estruturada a personalidade dos pais e de suas expectativas positivas e negativas em relação aos filhos. Porém, cabe lembrar que as expectativas por si sós não determinarão o desempenho da criança, e sim todo o conjunto de atitudes que decorrem delas.

Além disso, fatores inconscientes estão presentes em toda ação e relação humana, e interferem significativamente nos desejos do indivíduo e nas atitudes para consigo e com o outro.

A esse respeito a pesquisa realizada por Orsi (2003) com pais de crianças que apresentam problemas de aprendizagem revelou que as dificuldades apresentadas pelos filhos geram uma enorme frustração nos pais, comprometendo, muitas vezes, o relacionamento entre eles e também os impedindo de poderem ajudá-los. Além disso, essas crianças requerem, com maior frequência, a atenção dos pais nas tarefas escolares.

Para Winnicott (1997), o ambiente familiar por si só não leva ao crescimento, nem à aprendizagem, mas a família, uma vez que reconhece a dependência da criança e busca equacionar e atender suas necessidades, contribui enormemente para o seu amadurecimento, equilíbrio emocional e aprendizagem.

> Se pensarmos no problema de aprendizagem como só derivado do organismo ou só da inteligência, para sua cura não haveria necessidade de recorrer à família. Se, ao contrário, as patologias no aprender surgissem na criança ou no adolescente somente a partir de sua função equilibradora do sistema familiar, não necessitaríamos, para seu diagnóstico e cura, recorrer ao sujeito separadamente de sua família. Ao considerar o sintoma como resultante da articulação construtiva do organismo, corpo, inteligência e a estrutura do desejo incluído no meio familiar, no qual seu sintoma tem sentido e funcionalidade, é que podemos observar o possível atrape da inteligência. (Fernandez, 1990, p.98)

Quando a criança apresenta um baixo rendimento escolar, ela passa a ser vista como um fracasso pelos professores ou colegas, e até pela própria família. Isso leva a um comprometimento da autoestima, podendo acentuar ainda mais as dificuldades na aprendizagem. Nesse caso, é essencial que as crianças possam contar com o apoio dos pais e da escola, que funcionará como suporte emocional e afetivo, favorecedor da segurança e fortalecimento da autoestima (Polity, 2001).

Alguns pais reconhecem que os filhos que apresentam maiores dificuldades na escola exigem um tipo de atenção que vai além da ajuda nos conteúdos formais. Isso nos leva a crer que, algumas crianças, tendem a "usar" as dificuldades de aprendizagem como forma de atrair o interesse, cuidado e acompanhamento de seus pais, que se expressa na possibilidade de um olhar materno que acolha tais necessidades ainda não supridas e que acabam por impossibilitá-la de manifestar suas capacidades intelectivas (Orsi, 2003).

Desse modo, os problemas de aprendizagem apresentam-se por vezes como sintomas de manifestação de certa imaturidade emocional, que faz com que, mesmo estando em idade escolar, algumas crianças ainda necessitem muito mais da presença da mãe, sentindo-se inseguras quando não as podem ter por perto.

Para Vigotsky (1988), a imaturidade relativa do ser humano, diferentemente de outras espécies, torna necessário um apoio prolongado dos adultos como mediadores no processo de desenvolvimento da criança, oferecendo a ela instrumentos para a apropriação do conhecimento. Porém, a internalização de tais recursos disponíveis no ambiente mediado pelos adultos ocorre de forma individual, variando de sujeito para sujeito.

Tal conceito é expresso de forma similar nos pressupostos psicanalíticos de Winnicott (1997), que considera a família como componente indispensável à boa estruturação psicológica da criança. No entanto, o autor lembra que a existência da família por si só não assegura o desenvolvimento saudável da criança. Ela sofre influências de fatores intrínsecos que determinarão, em grande parte, a maneira como se apropriará dos recursos disponíveis.

Ao considerar o aprendizado como profundamente social, Vigotsky (1988) afirma que, quando os pais ajudam e orientam a criança no início de sua vida, dão a ela uma atenção social mediada, e desenvolvem uma atenção voluntária e mais independente, que ela utilizará na classificação de seu ambiente e na sua relação com o mundo. Tal consideração baseia-se na concepção de que o homem torna-se humano apropriando-se da humanidade produzida historicamente.

A família, uma vez considerada como mediadora entre o indivíduo e a sociedade, ao oferecer recursos para uma relação dialética e ativa, não poderá ser analisada fora do contexto das transformações histórico-sociais ocasionadas pelas mudanças no sistema produtivo.

A esse respeito, vale mais uma vez enfatizar a queixa dos pais a respeito da falta de tempo como fator que regula o fluxo do envolvimento, da educação e da disponibilidade para com seus filhos. Nesse sentido, Orsi (2003) explica que as transformações na relação dos indivíduos com o trabalho determinaram novos posicionamentos, tanto da mulher quanto do homem, que indiscutivelmente refletiram na família contemporânea, determinando novos mapeamentos em sua estruturação, e diferentes referenciais que norteiam as relações entre marido e mulher e entre pais e filhos.

Autores como Bion, Winnicott e Bick estudaram o papel da família no processo de desenvolvimento do pensamento, que consideram fundamental para a aprendizagem, e afirmaram que é possível um crescimento mental, e que o acesso ao pensamento como forma de enfrentar conflitos é primordial para a existência de algum objeto primário que possa oferecer à criança um continente adequado para as intensas ansiedades que ela experimenta no início de seu desenvolvimento (Orsi, 2003).

Essa afirmação oferece subsídios para, mais uma vez, reforçar a importância do adulto como mediador no processo de desenvolvimento e de aprendizagem da criança.

Assim, podemos pensar que os cuidados dispensados aos filhos na atualidade estão muito mais determinados pela disponibilidade de tempo do pai e da mãe do que por uma predeterminação de papéis sociais e de funções masculinas e femininas, como ocorria no antigo modelo burguês, em que a esposa era a responsável exclusiva pela organização da casa e pela educação dos filhos (Orsi, 2003).

O trabalho hoje é o que determina em grande parte o tempo que os pais poderão dedicar aos cuidados e à educação dos filhos, fazendo com que a família passe a viver submetida a ele. Assim, é o tempo e o trabalho dos pais e não propriamente a função materna ou paterna que determina quem cuida, educa e ajuda os filhos nas tarefas escolares e na rotina familiar (Orsi, 2003).

Observa-se que um dos segmentos sociais mais requisitados pelos pais para auxiliar na educação de filhos é a escola, que, além da educação acadêmica, deve responder às necessidades de formação educacional da criança. A esse respeito, cabe discutir sobre as funções da escola com o objetivo de compreender que expectativas ela tem sido levada a atender no mundo contemporâneo.

A aprendizagem escolar inicia-se a partir das relações afetivas na família e envolve diferentes aspectos que poderão contribuir para o bom ou mau desempenho da criança. Posteriormente, essas relações se estendem para a escola e, com a figura do professor, a criança estabelece uma relação dialética, em que são projetados sentimentos de amor e ódio, que inevitavelmente intervêm na aprendizagem.

Esse processo pressupõe a presença e a relação com um interlocutor que, estando ao lado da criança, oferece um olhar desejante, de reconhecimento e de interesse criador da base para o seu desenvolvimento como um ser pensante que consegue olhar a realidade para além daquilo que lhe é oferecido concretamente, desenvolvendo a autoria de seu próprio pensar.

No contexto atual, os problemas de desatenção e de hiperatividade, tão frequentemente citados como manifestações de dificuldades de aprendizagem, podem ser considerados como sintomas de uma sociedade que está desatenta aos seus aspectos humanos mais profundos e que oferece incessantemente um excesso de estímulos que submete o sujeito a um tipo de aprendizagem e adaptação rápida, constante e muitas vezes fragmentada.

Sabemos que o processo de aprendizagem pressupõe uma historicização, ou seja, o indivíduo e seu contexto precisam ser reconhecidos e simbolizados. Para isso, é preciso tempo. Portanto, é necessário que os pais dediquem tempo aos seus filhos e à sua educação. Os objetos da realidade devem ter uma durabilidade e uma cronologia que permitam processá-los de forma lenta e gradual. No entanto, o caráter instantâneo, não cronológico e descartável do mundo atual acaba por impedir uma construção sólida e duradoura do conhecimento, gerando certa ansiedade por uma busca que nunca é considerada suficiente.

As dificuldades de aprendizagem no contexto atual e a falta de concentração e interesse das crianças pelo conteúdo escolar, que tanto prejudicam o seu rendimento, refletem, além de uma sociedade que vive de forma extremamente veloz, a atenção escassa que os pais dedicam aos seus filhos em razão do pouco tempo que lhes resta.

É importante lembrar também que, como afirmou Winnicott (1997), às vezes a criança sente-se "abandonada" por não ser atendida pelos pais em suas necessidades; e, quando não consegue adaptar-se à escola, surgem alguns sintomas de desordem escolar, muitas vezes somados aos de ordem emocional. Isso gera uma forma de carência que leva a criança a buscar na escola muito mais o afeto e a atenção dos professores do que propriamente a aprendizagem.

Winnicott (1997 citado por Orsi, 2009), ao descrever a influência da família no desenvolvimento individual, afirma que, ao contrário da criança de desenvolvimento normal, a criança desajustada terá necessidade de um ambiente cuja tônica seja o cuidado, e não o ensino. Para esse tipo de criança, a escola passa a ter o significado de um lugar de acolhimento.

Para Winnicott (1997), a palavra desajustamento significa que, no início da vida da criança, o ambiente familiar deixou de ajustar-se às suas necessidades, e ela foi levada a assumir para si os cuidados que deveriam ser dispensados pelos seus "cuidadores", perdendo a identidade pessoal, ou então tornando-se incômoda para diferentes segmentos da sociedade. Na escola, a criança acaba por forçar alguém a atender às suas necessidades afetivas na busca de uma nova integração social e pessoal.

As crianças que apresentam dificuldades de aprendizagem solicitam muito mais a atenção e o tempo dos pais e da professora do que aquelas que têm um bom rendimento escolar. Isso nos leva a acreditar que tais sintomas podem muitas vezes representar outras necessidades e carências de ordem emocional e afetiva que não se limitam à aprendizagem escolar propriamente dita. Do mesmo modo, a criança que demonstra aprendizagem mais lenta parece dizer que o ritmo da vida familiar e o de sua aprendizagem estão fora de suas possibilidades de compreensão e de adaptação (Orsi, 2003).

Considerações finais

O pensamento contemporâneo coloca como objetivo maior da educação o atendimento imediato das demandas do mercado. No entanto, se o sistema educacional ficar restrito a esse aspecto, tão somente adaptando os indivíduos, desenvolverá um tipo de educação muito mais voltado à reprodução, contradizendo o seu pressuposto maior, que é formar capacidades cognitivas, psíquicas e reflexivas.

A educação escolar, mesmo que não seja a única responsável, tem um papel significativo na formação da criança. Verifica-se que, cada vez mais, a escola tem sido cobrada como uma instituição que exerce influência tanto na construção do conhecimento da criança como em sua formação. Essa exigência aumenta à medida que as crianças entram precocemente na escola e passam mais tempo nela do quê com seus pais.

Cabe às escolas repensarem suas propostas educacionais no que se refere ao atendimento do aluno desde a tenra idade, e aos pais refletirem a respeito das prioridades em relação ao que desejam como formação para os seus filhos.

Por mais que, na atualidade, a família esteja contando cada vez mais com a escola, nada substitui a presença, o envolvimento e a mediação tanto do pai quanto da mãe que, ao lado da criança, oferecem segurança e assistência ao seu desenvolvimento, propiciando experiências afetivas e sociais enriquecedoras.

Além disso, é importante que a escola olhe atentamente para aquilo que é próprio da formação de seus professores. Por mais que a escola invista em recursos tecnológicos, tais recursos jamais substituirão a presença humana, uma vez que a criança necessita do professor como modelo de identificação e como mediador entre o saber científico e a realidade que a circunda.

Faz-se necessário dedicar atenção especial à escola, com o intuito de avaliar suas reais possibilidades e disponibilidade, oferecendo, como instituição formadora, recursos auxiliares e, principalmente, compreendendo, responsabilizando-se e atendendo com maior eficácia as crianças que apresentam comprometimento em sua aprendizagem.

O sistema educacional não é o único responsável pela formação dos indivíduos; todavia, cumpre um papel significativo não somente na formação intelectual, mas na formação das emoções, dos sentimentos e dos desejos, desenvolvendo conflitos que promovam a consciência do individualismo que dá os contornos da sociedade atual.

Por fim, acredita-se que se devem concentrar esforços para a conscientização de que as transformações econômicas e sociais não devem conduzir nem a escola nem a família a assumir uma postura de omissão ou culpa diante da formação da criança, mas sim torná-las corresponsáveis por oferecer as bases da autonomia, emancipação e desenvolvimento do pensamento crítico, contrariando a formação atual, que restringe e limita as possibilidades do ser humano à mera reprodução e adaptação.

Referências

Ackerman, N. (1986). Diagnóstico e tratamento das relações familiares. Porto Alegre: Artes Médicas.

Barone, L. C. (1993). Do ler o desejo, ao desejo de ler. Petrópolis: Vozes.

Fernandez, A. (1990). A inteligência aprisionada: abordagem psicopedagógica clínica da criança e sua família. Porto Alegre: Artes Médicas.

Freud, S. (1980). Além do princípio do prazer (C. M. Oiticica, Trad.). In J. Salomão (Org.), Edição standard brasileira de obras completas de Sigmund Freud (Vol. XVIII, pp. 17-89). Rio de Janeiro: Imago. (Original publicado em 1920)

Horkheimer, M., & Adorno, T. W. (1973). Temas básicos da sociologia. São Paulo: Cultrix.

Marturano, E. M. (2000). Ambiente familiar e aprendizagem escolar. In C. A. R. Funayama (Org.), Problemas de aprendizagem: enfoque multidisciplinar (cap. 5, pp. 91-113). Campinas: Alínea.

Mello Filho, J. (1991). Donald Winnicott, vinte anos depois. In J. O. Outeiral, & R.B. Graña (Coords). Donald W. Winnicott: Estudos (cap. 20, pp.16-35). Porto Alegre: Artes Médicas.

Mioto, R. C. T. (1989). Educação e família. Dissertação de Mestrado em Educação, Faculdade de Educação, Universidade Estadual de Campinas, Campinas.

Orsi, M. J. S. (2003). A família atual: constituição, organização e repercussões na educação dos filhos e na aprendizagem escolar. Dissertação de Mestrado em Educação, Universidade Estadual de Maringá, Maringá.

Orsi, M. J. S. (2009). Da boa infância à capacidade de se preocupar – uma reflexão. In: J. Outeiral, S. A. Osta, & M. Dorta, Winnicott: seminários de Londrina (cap. 3, pp. 27-39). Rio de Janeiro: Revinter.

Osório, L. C. (1996). Família hoje. Porto Alegre: Artes Médicas.

Outeiral, V. O., & Graña, R. B. (Coords.) (1991). Donald W. Winnicott: estudos. Porto Alegre: Artes Médicas.

Pain, S. (1985). Diagnóstico e tratamento dos problemas de aprendizagem. Porto Alegre: Artes Médicas.

Pain, S. (1996). Subjetividade/Objetividade: relações entre desejo e conhecimento. São Paulo: CEVEC.

Polity, E. (2001). Dificuldade de aprendizagem e família: construindo novas narrativas. São Paulo: Vetor.

Poster, M. (1979). Teoria crítica da família. Rio de Janeiro: Zahar.

Roudinesco, E. (2000). Por que a Psicanálise? Rio de Janeiro: Zahar.

Soifer, R. (1983). Psicodinamismos da família com crianças. Petrópolis: Vozes.

Vigotsky, L. S. (1988). A formação social da mente. São Paulo: Martins Fontes.

Winnicott, D. W. (1997). A família e o desenvolvimento individual. São Paulo: Martins Fontes.

Winnicott, D. W. (1999). Tudo começa em casa. São Paulo: Martins Fontes.

A criança surda na concepção da família

Celma Regina Borghi Rodriguero

Solange Franci Raimundo Yaegashi

Introdução

Nas últimas décadas, pesquisadores de diferentes áreas vêm desenvolvendo estudos sobre a família de pessoas com deficiência. É inegável a complexidade do tema e a importância atribuída, na atualidade, à participação e contribuição dos pais no processo educacional e de reabilitação dos filhos com necessidades especiais. Entretanto, percebe-se certa indefinição dos papéis da família e da escola quanto à responsabilidade de cada uma no desenvolvimento do sujeito e aquisição da linguagem e, em muitos momentos, a escola parece assumir papéis marcadamente da família na educação da criança.

Observa-se que a família configura-se como primeiro núcleo das interações do indivíduo, como a unidade mais significativa, principalmente quando se trata de crianças com necessidades especiais. Nesse sentido, exerce grande influência no desenvolvimento e socialização da criança. Portanto, para se garantir ao surdo o aproveitamento de seu potencial e propiciar seu desenvolvimento e a sua participação na sociedade, é fundamental conhecer o que a família pensa sobre a surdez e como atua, uma vez que o aprendizado é um aspecto necessário e universal no processo de desenvolvimento das funções psicológicas humanas e culturalmente organizadas.

Omote (1996) destaca a existência de um reconhecimento geral da importância de se estudar a família do deficiente e de lhe dispensar atenção profissional. Destaca duas razões interdependentes que justificam tal importância: a primeira refere-se à necessidade de envolver os familiares na tarefa de compreender as limitações do deficiente e de educá-lo de forma adequada; a segunda diz respeito ao reconhecimento de que as famílias também apresentam necessidades especiais de atendimento, decorrentes da condição de pai, mãe, irmã ou irmão de alguém reconhecido e tratado como deficiente. Justifica, ainda, a necessidade de se envolver o pai e os irmãos normais da criança deficiente, visto que a maioria dos estudos baseia-se em informações fornecidas pelas mães.

Portanto, o interesse em pesquisar a concepção que a família tem da criança surda e as formas de sua participação no desenvolvimento e na aquisição da linguagem justifica-se na medida em que diversos estudos mostram que a inserção dos indivíduos em geral e, especificamente, daqueles com necessidades educativas especiais na sociedade está diretamente relacionada à sua inserção no meio familiar, ou seja, quanto maior sua inserção na família, maiores as possibilidades de integração na sociedade.

A finalidade deste estudo consiste, então, em investigar essa concepção da família sobre a criança surda. Para isso, serão analisadas as reações da família quando do nascimento de uma criança surda, bem como serão reunidos, de acordo com uma abordagem histórico-cultural, elementos que explicitem como se dá o desenvolvimento psicológico da criança, para que se identifiquem as formas de participação da família no desenvolvimento e na aquisição da linguagem da criança surda.

Como a história mostra diferentes atitudes da sociedade e da família em relação a indivíduos com necessidades especiais, incluindo-se aqui o indivíduo surdo, num primeiro momento, pretende-se realizar uma revisão da literatura sobre surdez, considerando-se definições, etiologia e aspectos históricos da educação dos surdos, com o intuito de subsidiar a presente investigação. Tendo em vista a finalidade da pesquisa, que consiste em investigar a concepção da família sobre a criança surda, buscou-se analisar as reações da família quando do nascimento dela, reunir informações sobre como se dá o desenvolvimento psicológico da criança e identificar as formas de participação da família no desenvolvimento e na aquisição da linguagem. Para tanto, utilizou-se como referencial teórico a abordagem histórico-cultural.

Conceito e aspectos históricos da surdez

Telford e Sawrey (1983) afirmam que as definições da surdez podem ser quantitativas, que levam em consideração a perda auditiva, medida em decibéis (db), ou ainda uma definição alternativa e de orientação mais funcional, que é a proposta pela White House Conference on Child Health and Protection[1] (1931,

---

1 Conferência de Saúde e Proteção Infantil da Casa Branca.

citado por Telford & Sawrey, 1983), que distingue a audição difícil e a surdez e leva em consideração a idade da instalação da perda. No entanto, para os autores, a definição mais simples e mais prática é a do Committee on Nomenclature of the Executives of American Schools for the Deaf[2], segundo a qual,

> [...] os surdos são as pessoas em quem o sentido da audição não é funcional para as finalidades comuns da vida, ao passo que os de audição difícil são aqueles em que o sentido da audição, embora deficiente, é funcional com ou sem auxílio de um aparelho auditivo. (1983, p. 516)

Assim, os surdos dividem-se em congenitamente surdos e surdos fortuitos, ou seja, que se tornaram surdos em decorrência de acidentes ou doenças. Os autores citados destacam ainda que a surdez, algumas vezes, é dividida conforme o tipo de perda auditiva: a) surdez de condução, no caso da perda auditiva puramente condutiva (que pode ser ajudada por sistemas de amplificação sonora); b) surdez neurológica, no caso da perda auditiva que resulte de prejuízo neurossensorial (menos passível de tratamento). Sustentam que, para fins legais ou administrativos, é necessária a utilização de definições e classificações audiométricas da perda auditiva, mas os critérios funcionais são mais significativos educacional e psicologicamente.

Quanto à origem, os defeitos auditivos podem ser endógenos (hereditários) ou exógenos (ambientais ou acidentais), todavia grande percentagem das causas de perda auditiva é desconhecida. Em adultos, as causas de surdez que ganham importância crescente são os tumores intracranianos, a hemorragia cerebral, a longa exposição a tons de alta intensidade e os processos degenerativos do mecanismo auditivo.

Com relação ao atendimento educacional das crianças surdas, Telford e Sawrey (1983) salientam que Abbé de L'Epée (1710-1789), na França, foi quem fundou a primeira escola para elas e educava-as utilizando comunicação por sinais manuais. Samuel Heinike (1723-1790), na Alemanha, criou a primeira escola pública para surdos, e ensinava-os por meio de métodos orais de comunicação. Esses dois métodos geraram, na Europa, duas escolas opostas de pensamento quanto à questão de qual a melhor maneira de ensinar crianças surdas, debate esse que perdurou por mais de duzentos anos.

---

2 Comitê de Nomenclatura da Conferência de Diretores de Escolas Norte-Americanas para surdos.

Em 1855, como refere Goldfeld (1997), chegou ao Brasil, trazido por D. Pedro II, o professor francês Hernest Hanet, que era surdo. Em 1857, foi fundado o Instituto Nacional de Surdo-Mudos, o atual Instituto Nacional de Educação dos Surdos (Ines), instituição que utilizava, para a educação dos surdos, a língua de sinais. No entanto, em 1911, seguindo uma tendência mundial, o Ines estabeleceu o oralismo como modelo oficial de ensino para os surdos. Contudo, a língua de sinais sobreviveu em sala de aula até 1957, quando foi proibida oficialmente pela diretora Ana Rímola de Faria Doria, com a assessoria da professora Alpia Couto.

A proposta oralista concebe a surdez como uma deficiência que deve ser minimizada por meio da estimulação auditiva, apresentando uma preocupação extremada com fazer o surdo comunicar-se oralmente, visando à integração da criança à comunidade ouvinte e propiciar-lhe condições de desenvolver a língua oral. Seu pressuposto básico é o de que "[...] para que a criança se comunique bem é necessário que ela possa oralizar" (Goldfeld, 1997, p. 31).

Ao final da década de 1970, após a visita de Ivete Vasconcelos, educadora de surdos, à Universidade de Gallaudet, chegou ao Brasil a proposta da comunicação total, que tinha como principal preocupação os processos comunicativos entre surdos e surdos e entre surdos e ouvintes. Embora a aprendizagem da língua oral seja a preocupação da comunicação total, aspectos cognitivos, emocionais e sociais não devem ser ignorados em favor do aprendizado exclusivo da língua oral. Defende e enfatiza, portanto, a utilização de recursos espaço-visuais, ou seja, o aspecto gestual, como facilitador da comunicação. Nessa proposta, segundo Ciccone (citado por Goldfeld, 1997, p. 35), a surdez não é vista apenas como "[...] uma patologia de ordem médica, que deveria ser eliminada, mas sim como uma marca que repercute nas relações sociais e no desenvolvimento afetivo e cognitivo".

Na década de 1980, estabeleceu-se no Brasil o bilinguismo. Isso ocorreu a partir das pesquisas da professora linguista Lucinda Ferreira Brito sobre a Língua Brasileira de Sinais. Essa língua teve várias formas de abreviações, até que foi definida, a partir de 1994, pela própria comunidade surda, como Libras, a forma como é conhecida atualmente. Essa proposta educacional tem como pressuposto básico que o surdo deve ser bilingue, isso é, "[...] deve adquirir como língua materna a língua de sinais, considerada a língua natural dos surdos e, como segunda língua, a oficial de seu país" (Goldfeld, 1997, p. 39). Assim, procura valorizar a língua de sinais como primeira língua.

Na concepção do bilinguismo, o surdo não precisa almejar uma vida semelhante à do ouvinte, pode aceitar e assumir sua surdez. Um importante conceito dessa proposta é o de que os surdos formam uma comunidade com cultura e língua próprias. Portanto, a surdez é compreendida como cultura, e não como deficiência.

Goldfeld (1997) compreende a língua como um sistema semiótico, criado e produzido no contexto social e dialógico, que serve como elo entre o psiquismo e a ideologia, entendidos, respectivamente, como características singulares do indivíduo e de valores sociais. Nessa perspectiva, o meio social e o momento histórico determinam a língua e são por ela refletidos. Portanto, a língua reflete e revela as características sócio-históricas de sua comunidade.

No Brasil, atualmente, coexistem as três abordagens educacionais citadas e, segundo Goldfeld (1997, p. 30), "todas têm relevância e representatividade no trabalho com surdos".

Metodologia

Participaram da pesquisa onze casais, pais de crianças que frequentavam o Centro Educacional para Surdos, no município de Maringá, noroeste do estado do Paraná, definidos por sorteio.

Para a coleta de dados, foram utilizadas entrevistas semiestruturadas que foram gravadas e transcritas na íntegra com a autorização dos envolvidos. A análise dos dados foi realizada de acordo com quatro eixos temáticos: 1) a abordagem sobre a deficiência; 2) o contexto familiar; 3) o contexto social; 4) o contexto escolar.

Discutindo os resultados

Sobre a deficiência

Ao abordar os sintomas de perda auditiva, Telford e Sawrey (1983) sustentam que um bebê surdo, desde o nascimento, vivencia emoções, chora e, no início, vocaliza tanto quanto um bebê ouvinte. Portanto, seu problema auditivo pode não levantar suspeita e, quando ela existe, não é confirmada por algum tempo, pois os padrões sonoros do bebê começam a diferenciar-se somente aos seis meses, com o início da fase do balbucio. Nessa perspectiva, Sacks (1998) assinala ser comum, mesmo entre pais observadores, não notar a surdez de um bebê, sendo diagnosticada somente quando a criança deixa de desenvolver a fala. É nesse momento, portanto, que surge a primeira causa de preocupação da família, uma vez que a indiferença aos ruídos manifestada até então poderia estar relacionada ao fato de o bebê ser "bonzinho".

Na fala dos casais participantes[3] do estudo, as afirmações dos autores ficam evidentes.

> M: "[...] eu percebi, porque ele [esposo] ficava pouco em casa... a gente sempre achava que tinha alguma coisa errada que estava acontecendo, porque ela já tinha um ano e nove meses e ela não falava." (casal 1)

Conforme sustentam Telford e Sawrey (1983), na ausência de sinais físicos, como malformação do ouvido, ausência do canal auditivo, secreção crônica dos ouvidos (referida em apenas um dos casais entrevistados), não é fácil para a família perceber a surdez no filho antes da idade em que normalmente se inicia a fala. É importante salientar também a manifestação de esperança dos casais de que não fosse nada, ou mesmo a demora na busca da confirmação, o que parece denotar certa dificuldade em lidar com a questão.

Ribas (1995) afirma que de modo geral, enquanto se espera um bebê, a expectativa é com a chegada de um filho perfeito e saudável, ou seja, não existe preparação para o nascimento de uma criança com deficiência. Assim, a constatação de um filho com deficiência causa à família um grande sofrimento. Mazzuco-Dallabrida (1996) cita estudos de Buscaglia (1993) e Finnie (1980) que revelam que, independente da força e do equilíbrio de uma pessoa, dificilmente ela estará preparada para enfrentar a realidade do nascimento de uma criança com problemas.

Neste estudo, alguns casais relataram não ter percebido nenhum problema na gravidez que os levasse a desconfiar que o filho nasceria com alguma deficiência, e que a percepção ou desconfiança da surdez, antes da confirmação diagnóstica, ocorreu pela comparação do desenvolvimento com outras crianças, da observação de familiares e da ausência de respostas aos estímulos auditivos.

---

3 Será utilizado "M" para a mãe e "P" para o pai na transcrição das falas.

M: "Foi a minha cunhada quem percebeu. Era época de eleição, tinha um som muito alto na praça, ela foi com minha menina, e viu que a minha menina estava de costas e não olhava para ver de onde o som vinha, e como eu já tinha o V., ela ficou 'encucada' com aquilo, que a menina não reagia ao som forte, não é? Ela comentou com a minha sogra, que achava que a minha filha também não ouvia". (casal 2)

Também nos estudos de Mendonça (1990) e Terrassi (1993) citados por Mazzuco-Dallabrida (1996), verifica-se que nem sempre as deficiências são detectadas no nascimento, sendo que os pais começam a percebê-las no decorrer do seu desenvolvimento, no processo de aquisição de habilidades motoras, linguagem, comportamento social da criança. Observa-se, nos relatos dos casais três, cinco, seis e dez, que a percepção do problema provém de outras pessoas do círculo familiar, e não propriamente dos pais, o que reforça a questão de que a esperança é sempre de que tudo corra e esteja bem com o filho.

Marchesi (citado por Mazzuco-Dallabrida, 1996) sustenta que a procura por um especialista para a confirmação diagnóstica significa uma atitude positiva, podendo ou não garantir um resultado apropriado, pois depende da forma como o especialista envolvido informa a deficiência e de como a informação é recebida pelo casal.

M: "O pediatra que atendeu foi passando fórmulas de remédios, mas não alertou a gente para a surdez, e a gente não tinha noção nenhuma dessa doença até então..." (casal 2)

Autores como Mendonça (1990), Santos (1993) e Terrassi (1993), citados por Mazzuco-Dallabrida (1996), descrevem que a revelação diagnóstica configura-se como de suma importância, dado que é desse contexto que dependem as ações dos pais, no sentido de reorganizarem-se interna e externamente.

P: "[...] então foi quando a gente procurou a Anpacin[4], e foi encaminhado por aqui, para fazer um exame em Londrina, foi quando encontraram a surdez severa profunda, não é? E aí foi quando encaminhamos ela para a escola, ela iniciou e está até hoje". (casal 5)

---

4 Associação Norte Paranaense de Áudio Comunicação Infantil.

PSICOLOGIA E EDUCAÇÃO: CONEXÃO ENTRE SABERES

Em consonância com Mendonça (citado por Mazzuco-Dallabrida, 1996), os resultados deste estudo evidenciam que é a partir do diagnóstico que as famílias começam a organizar-se em termos de como agir, buscar atendimento e informações, ou seja, apesar do choque ocasionado pela confirmação, ela marca a passagem para uma nova etapa caracterizada pela procura de soluções, entendidas naquele momento como formas de contornar o problema. Assim sendo, longe de significar o fim, a confirmação do problema pode significar apenas o começo, desde que o profissional envolvido na situação esclareça não apenas as limitações, mas, principalmente, a busca do trabalho especializado no sentido de promover o desenvolvimento.

Kirk e Gallager (citado por Mazzuco-Dallabrida, 1996) definem duas crises principais pelas quais passam as famílias quando do nascimento de um filho deficiente: a primeira, relacionada à "morte simbólica" da criança que deveria ter nascido, e a segunda, às providências e cuidados necessários a serem tomados. Nesse mesmo sentido, Krynski (citado por Mazzuco-Dallabrida, 1996) classifica em três fases a reação dos pais, sendo a primeira, a do alarme, imediata à constatação do problema e caracterizada pela rejeição e revolta; a segunda é a da culpa, fruto dos sentimentos de rejeição, e a consequente superproteção compensadora; a terceira, o reajuste das condições das fases anteriores, que se caracteriza pela racionalização, sublimação e negociação entre os diferentes tipos de sentimentos e comportamentos e se estabelece lenta e progressivamente diante da realidade.

Neste estudo, as reações iniciais à descoberta da deficiência confirmam a descrição de vários autores (Ribas, 1995; Saint-Claire, 1970; Powell, & Ogle, 1992), ou seja, um contexto de sofrimento, choro e desespero.

> P: "[...] eu achava que era uma coisa que não estava acontecendo comigo... cheguei em casa, conversei com meu pai e minha mãe, foi quando eu não aguentei e chorei..." (casal 5)

Evidencia-se, portanto, nesse relato, que o período da descoberta da surdez caracteriza-se principalmente pela tristeza, pelo choque e pelo choro e, de acordo com o conteúdo dos relatos, além da constatação de que o filho jamais será igual aos outros, está a preocupação ou mesmo o medo de não saber como lidar com a criança, como se comunicar com ela, como estabelecer contato.

Parece também que o modo de reação está relacionado à concepção dos pais sobre a surdez, como ficou evidente no decorrer das entrevistas, pois, para a maioria dos casais envolvidos neste estudo, a surdez não figura entre as piores deficiências, o que parece estar relacionado ao fato de a surdez não ser um problema aparente ou explícito.

> M: "[...] então fica querendo remediar. É, seria muito pior se fosse cego, se fosse uma deficiência mental, sabe..." (casal 6)

Ainda no que se refere às reações dos pais, fica evidenciado que o choro está mais relacionado à mãe, enquanto o pai se refere mais a sentimentos de tristeza e preocupação. Apenas um pai relata ter chorado muito ao saber da surdez da filha, o que encontra respaldo nos estudos de Tredgold e Soddy (citado por Mazzuco-Dallabrida, 1996), que relatam que as reações do pai parecem diretamente proporcionais à identificação com a esposa e com o envolvimento na experiência da paternidade, o que, nesse caso, fica evidente no decorrer da entrevista.

Por outro lado, Davis (citado por Mazzuco-Dallabrida, 1996) verificou que quando o pai está presente na unidade familiar, ele parece demonstrar maior aceitação ou conformismo em relação à deficiência, apesar da tristeza e preocupação. Isso também foi verificado nos resultados deste estudo, os quais mostram o envolvimento do pai em cinco dos casais entrevistados no momento da confirmação diagnóstica e no acompanhamento ou busca de atendimento.

Observou-se, ainda, nos relatos, que, em todos os casos, o pai está envolvido com o trabalho externo, ou seja, é a base de sustentação econômica da família, enquanto a mãe (com exceção de uma mãe, que trabalha fora) está mais envolvida com os cuidados da criança e com os afazeres da casa, fato esse que parece explicar a maior participação da mãe na entrevista, com exceção de duas entrevistas nas quais evidenciou-se maior participação do pai.

Como referido na literatura vista, pode-se afirmar, a partir das falas dos casais participantes, que a maioria desconhece a causa da surdez do filho. Em alguns casos, apesar da causa ser aparentemente conhecida, ainda assim persiste certa desconfiança ou descrença na possível causa.

> P: "Não sabemos. Estamos fazendo um estudo genético, mas ainda não saiu o resultado". (casal 3)

> M: "Não sabemos, porque os médicos alegaram que poderia ser rubéola, mas se eu tive foi imperceptível, nunca tive febre, não tive nada durante a gravidez". (casal 6)

Evidencia-se, portanto, nos relatos citados, que a maioria dos pais entrevistados (nove) desconhece a causa verdadeira da surdez do filho, e, conforme afirmam Telford e Sawrey (1983), grande porcentagem das causas de perda auditiva é, e permanece, desconhecida.

Por outro lado, a literatura sustenta que a etiologia da deficiência pode ser um fator determinante na adaptação inicial dos pais à situação, sendo que alguns autores citados por Mazzuco-Dallabria (1996), entre eles Shakespeare e Terrassi, afirmam a dificuldade dos pais em se reconhecerem como transmissores ou responsáveis pela deficiência. É comum, nesses casos, a busca de um "bode expiatório", podendo este ser representado pelo médico (profissional envolvido) ou mesmo por explicações sobrenaturais.

> P: "[...] fazer o quê? Deus quis assim, não é verdade?" (casal 7)

> P: "[...] acho que Deus, muitas vezes, permite que a criança nasça surda para dar uma lição de vida para a gente, porque eles dão uma lição de vida para a gente..." (casal 8)

Observam-se, nos relatos, crenças e mitos da família com relação à causa da deficiência. Parece ser uma forma de preservar o sistema familiar, uma vez que a deficiência é mais facilmente aceita quando as causas são atribuídas a fatores externos ou inevitáveis e, principalmente, se for um ser superior, como Deus.

Mazzuco-Dallabrida (1996) refere-se a estudos que indicam que mães com convicção religiosa atribuem o nascimento do filho deficiente a fatores diversos, entre os quais a crença de que estão sendo testadas por Deus, ou que foram escolhidas por ele por terem melhores condições de cuidar da criança.

> M: "[...] eu acho que Deus dá para cada um a sua carga, que não é além daquilo que a gente pode. Se Deus dá para a gente, é porque ele sabe que a gente tem condição de levar até o fim". (casal 9)

Os resultados confirmam que, ao atribuir a deficiência à vontade de Deus, um ser supremo, os pais sentem-se mais conformados com a situação, aceitando-a como algo irremediável diante do que cabe apenas resignar-se ou submeter-se. Observa-se também que essa submissão à vontade do ser superior acaba mascarando um possível poder de alterar a situação, o que se revela no seguinte relato:

> P: "[...] eu sei que no momento que eu quiser, que eu acreditar verdadeiramente que ela pode mudar, assim, de um momento para outro, ela pode ouvir, ela pode falar, eu acredito que para isso aí tem chance de ela um dia poder ouvir, basta a gente procurar e querer". (casal 5)

O contexto familiar

Neste estudo, observou-se pelos relatos que, de modo geral, não existe um padrão de reações da família. A reação está mais voltada à forma como está constituída a família e à sua visão de mundo, cultura e concepção de surdez (surdez como doença, a existência de deficiências piores).

> M: "Fica todo mundo muito triste e ao mesmo tempo querendo remediar, porque quer suplantar a dor do outro, então fica querendo remediar. É, seria muito pior se fosse cego, se fosse uma deficiência mental ou sabe..." (casal 6)

Os resultados demonstram o envolvimento da família no sentido mais amplo, ou seja, o fato não é escondido da família, e esta reage com sentimentos semelhantes aos dos pais, não se constituindo em uma base de sustentação e apoio para o casal. Outras respostas demonstram uma reação com certa naturalidade (uma família), a concepção de surdez-doença com expectativa de cura (uma família), e um tratamento diferenciado com relação à criança que, na opinião dos pais, é um tratamento preconceituoso (uma família).

> M: "Com naturalidade, toda família, mais a mãe dele [do esposo], que no começo falava, assim, alguma coisa, mas já era acostumado, então não teve problema nenhum". (casal 9)

Mazzuco-Dallabrida (1996) refere-se a estudos realizados por Ayer e Alaszewski (1984) e Wikin (1979), (citados por Homes & Carr, 1991), os quais demonstram que, no cuidado diário com a pessoa portadora de deficiência, o pai tende a uma maior preocupação com o bem-estar do filho e da família do que, propriamente, ajudar nos cuidados físicos e tarefas diárias, que acabam ficando mais restritos à mãe.

A autora sustenta também, a partir de sua pesquisa, que mesmo em caso de pais sendo aposentados, dispondo, portanto, de um tempo livre maior, não se evidenciou mudança no comportamento de ajuda em casa. É importante salientar que o estudo da referida autora foi feito a partir de relatos das mães (população envolvida em sua pesquisa), prevalecendo, pois, a visão delas com relação ao comportamento do pai das crianças surdas.

Pelos relatos deste estudo, ficou evidente a tendência de o pai preocupar-se mais com o bem-estar da família, ficando as tarefas diárias e os cuidados com o filho mais a cargo da mãe. No entanto, nas falas de alguns pais fica evidenciada a sua participação nos cuidados à criança nos finais de semana ou sempre que não estão envolvidos com o trabalho.

> P: "[...] onde eu estou, gosto que eles estejam juntos. Se eu vou pescar, se der um jeitinho, vai junto, onde eu estou, o que eu estou fazendo, eu gosto que eles participem..."(casal 2)

Os relatos demonstram também que uma atenção maior é dedicada ao filho surdo, independente de este ser mais novo ou mais velho. Parece haver um reconhecimento dos pais de que o filho surdo necessita de maiores cuidados, atenção e mesmo amor e paciência, o que parece sugerir, por parte dos pais, uma forma de compensação pela impossibilidade de reverter a situação.

> M: "[...] tem que dar mais atenção para ela, parece. A atenção, porque tudo o que vai chamar ela não ouve, tem que ir perto, pegar no braço, ficar mais em volta dela..." (casal 4)

> P: "[...] a gente tem que fazer o máximo, chegar no limite máximo mesmo da educação, de carinho, de amor, de tudo, para um dia não ficar se lamentando..." (casal 8)

Os pais transmitem ainda, pelos relatos, que o relacionamento na família é bom, normal, como dizem, sem maiores dificuldades. No entanto, relatam que a diferença de linguagem acaba interferindo na boa comunicação, que é entendida como bom relacionamento, ficando evidente que a pessoa que melhor se comunica com a criança é a mãe (exceto em relação a um dos casais entrevistados). Essa melhor sintonia com a mãe é justificada pelo maior tempo de convivência com a criança surda, uma vez que a ela cabem os cuidados diários com o filho, um tempo maior para se dedicar à escola ou ao estudo da Libras, por exemplo.

> P: "Bom, sem problema nenhum..."

> M: "[...] ele tem os tiques nervosos dele, como qualquer pessoa tem, que a gente também tem, mas ele conversa bem com as mãos, se comunica bem com os irmãos..." (casal 2)

No que se refere ao relacionamento do filho surdo com os irmãos, os pais descrevem-no como vinculado ao atendimento e cuidados para com o irmão surdo (sendo que em três dos casais entrevistados, o filho é único). Percebe-se, aqui também, que se relacionar bem implica comunicar-se bem, entender-se.

> M "[...] quando ela era pequenininha, o irmão dela me ajudava muito, você precisa de ver [...] ele cuidou, assim, até uns três ou quatro anos, que ele não desgrudava dela [...] ela adora ele, se ela vê ele chegando, corre, abraça. Ela adora ele". (casal 9)

Como já foi mencionado, em três dos onze casais entrevistados a criança surda é filho único, e esse fato parece estar relacionado à ideia dos pais de que a criança necessita de maior atenção e cuidados, não havendo assim tempo ou espaço para outros filhos. No entanto, isso não é evidenciado no estudo de forma geral.

Powell e Ogle (1992) sustentam que a notícia de uma deficiência obriga a família a rever seus sonhos e expectativas para a criança, ou seja, muda a vida de cada membro da família. Como lembra Miller (1995), podem-se modificar as prioridades, relacionamentos, amizades ou se podem alterar, também, planos de volta ao trabalho (no caso da mãe), de ter outros filhos, de mudar de residência ou cidade.

Telford e Sawrey (1983) sustentam que, como na maioria dos grupos sociais, as famílias desenvolvem padrões internos de alinhamentos e realinhamentos. No caso aqui tratado, o fato requer um realinhamento dos indivíduos e uma redefinição de seus papéis, ou seja, uma tomada de decisão visando à reestruturação familiar.

Neste estudo, constatou-se que, para a maioria das famílias, o nascimento de uma criança surda acarretou uma série de mudanças, tanto em questões práticas, como mudança de cidade, de bairro, transferência de emprego, quanto ao redirecionamento da vida do casal com relação à visão de mundo, à percepção da existência da surdez e outras deficiências. Alguns casais chegam a relatar um redimensionamento em suas vidas, que proporcionou a descoberta de valores essenciais para a existência e compreensão da vida e da condição humana.

> P: "A gente aprendeu que na vida existem problemas muito mais sérios fora esse da nossa filha [...] aprendeu a enxergar a pessoa deficiente". (casal 1)

> M: "[...] ele nos transformou. Nós éramos de um jeito, passamos a ser de outro". (casal 8)

Como sustenta Mazzuco-Dallabrida (1996), a dificuldade em aceitar os sentimentos contraditórios de amor e frustração em relação ao filho deficiente aparece de forma subjetiva nos relatos das mães que, consciente ou inconscientemente, tentam acreditar que as suas experiências transcendem o normal e, assim, tentam amenizar as dificuldades da convivência diária com a criança. Neste estudo, observaram-se resultados semelhantes, de que o fato de terem um filho surdo os tornam mais capazes de amar, de ter mais paciência.

> P: "A gente parece que dá mais valor. Às vezes a pessoa tem filho normal e... não dá mais atenção, não dá valor". (casal 7)

Fica evidenciado neste estudo que a realidade de ter um filho surdo não é fácil de aceitar, sendo comum o sentimento de incapacidade quanto a mudar a situação, constatando-se, em alguns relatos, certas distorções entre o que é real e o desejado ou imaginado.

P: "Se tivesse um tipo de cirurgia que eu pudesse perder um ouvido, para ele ouvir, é claro que eu já tinha feito, é o tipo de operação que até agora não existe, você pode trocar uma vista, pode trocar o coração, mas implante de ouvido não tem..." (casal 7)

Shakespeare (citado por Mazzuco-Dallabrida, 1996) refere-se à aceitação como um processo não definitivo, que pode oscilar de acordo com as circunstâncias, um processo vinculado à aceitação da pessoa e de suas limitações, e que pode durar uma vida, nas palavras do autor. Mazzuco-Dallabrida (1996) refere-se ainda à posição de Tredgold e Soddy sobre o processo de adaptação parecer mais rápido para pais emocionalmente maduros e psicologicamente seguros, e também para os pais com convicção religiosa.

Pode-se observar, neste estudo, que a crença religiosa permite aos pais aceitarem seu destino sem se sentirem diminuídos perante os outros, dado que estão à mercê de um ser supremo e foram escolhidos para certa tarefa, o que lhes proporciona a força interior necessária para ir em frente e suportar a carga.

Telford e Sawrey (1983) destacam que raramente a aceitação se constitui num ato de fé, que se processa de uma só vez, sendo, ao contrário, um processo contínuo e permanentemente mutável, que flutua em níveis, momentos e contextos diferentes. Saint-Claire (1970) afirma, a partir de suas investigações, que todas as famílias, independente de seu nível socioeconômico-cultural, apresentam o mesmo questionamento: por que o filho é diferente, por que não é como os outros? Mazzuco-Dallabrida (2000) refere-se a estudos que demonstram que, independentemente da força e do equilíbrio emocional, dificilmente uma pessoa se encontra preparada para enfrentar a realidade do nascimento de um filho deficiente, ou seja, não existe preparo emocional para se receber a notícia de que o filho e, consequentemente, os pais terão que conviver com uma deficiência por toda a vida.

M: "Aceita porque a gente vai se acostumando com a ideia... vai fazer o quê?" (casal 5)

P: "A gente tem que aceitar, acho que não tem outra alternativa". (casal 6)

O contexto social

Alguns estudos (Buscaglia, 1993; Krynski, 1983; Mendonça, 1990), referenciados por Mazzuco-Dallabrida (2000), demonstram que as pessoas possuem ideias e concepções sobre a deficiência de forma geral e também com relação à surdez, inclusive aqueles que não conviveram diretamente com pessoas deficientes, uma vez que se baseiam em percepções e informações recebidas da família e da sociedade. Esta desempenha um papel fundamental na família, por ser determinante de costumes, valores, normas e padrões de comportamento e atitudes.

Considerando-se a relevância das experiências anteriores, questionou-se os casais quanto ao contato, conhecimento ou envolvimento com indivíduos surdos antes do nascimento do filho surdo.

Os resultados desta pesquisa apontam certa diferença entre os pais e as mães nos casais entrevistados. Quanto às mães, a maioria (seis) afirma não ter conhecido ninguém surdo antes do nascimento de seu filho, quatro delas dizem ter conhecido alguém, com quem tiveram pouco contato, e uma afirma que sabia da existência de surdos, mas nunca teve nenhum contato. Quanto aos pais, três afirmam que não conheciam; dois dizem ter conhecido, mas não ter mantido contato; e a maioria (seis) conta ter conhecido e mantido algum contato, não propriamente no dia a dia, mas em ocasiões de lazer (jogo de bola, festas etc.).

No entanto, apesar desse resultado, pode-se observar, com base nos relatos, que, antes do nascimento da criança surda, não havia por parte dos casais um envolvimento ou conhecimento maior a respeito da surdez ou de outra deficiência. Só após a ocorrência da situação em casa, de alguma forma, eles se colocaram em contato com a existência da surdez, além de lhes propiciar maior abertura para "enxergar" outras deficiências.

> M: "Eu ouvia falar em surdo, mas nunca parei para pensar o que é o surdo, o que acontecia com ele..." (casal 4)

Segundo Buscaglia (citado por Mazzuco-Dallabrida, 1996), o conceito de deficiência possui um significado particular para cada pessoa, e essa concepção é responsável pelas atitudes na interação com o deficiente. Por isso, essas atitudes podem oscilar entre piedade e admiração, esperança e desânimo, rejeição e aceitação, entre outras.

De acordo com os resultados obtidos neste estudo, fica evidenciado que o sentimento mais comum manifestado pela comunidade é a pena, ou "dó", como referem os casais (cinco dos entrevistados), sendo que, em alguns momentos, esse sentimento aparece relacionado à discriminação e à rejeição.

> P: "[...] aquela dó, não é? O pessoal tem dó, tem pena não é?" (casal 6)

Evidenciaram-se também referências a sentimentos de preocupação, tristeza e solidariedade.

> M: "[...] eles queriam saber se podiam ajudar a gente em alguma coisa, tentava ver se podia ajudar..." (casal 11)

Há, ainda, referências a um tratamento normal, do qual os pais não inferem discriminação ou interferência por parte da comunidade.

> M: "[...] tudo normal, até hoje. Assim, para falar a verdade, nunca encontrei ninguém que tratasse diferente por ela ser surda..." (casal 9)

A exemplo do citado no estudo de Mazzuco-Dallabrida (1996) existe curiosidade a respeito de como é, por que é e como é o modo de vida do deficiente. E, como descreve Shakespeare, citado pela autora, os comentários inadequados e olhares insistentes não são bem recebidos nem pela mãe, nem pelo indivíduo surdo. Isso fica evidente nos relatos, quando, principalmente as mães, comentam sobre os olhares e comentários inadequados com relação ao comportamento da criança surda.

> M: "O povo, lá no terminal, o povo tirando sarro dos surdos, sabe aquela molecada falando "olha o mudinho", tirando sarro, tem muito preconceito..." (casal 4)

De acordo com a literatura consultada, pesquisadores de diferentes áreas vêm desenvolvendo, nas últimas décadas, estudos sobre a família de portadores de deficiência e a importância da participação dos pais no processo de desenvolvimento cognitivo, de socialização e no processo educacional da criança deficiente (Saint-Claire, 1970; Schmid-Giovannini, 1980; Glat, 1996; Goldfeld, 1997).

Nesta pesquisa, ficou evidente que a participação da família e, mais especificamente da mãe, é bem maior enquanto o filho é pequeno. Nesse período, existe um envolvimento grande em relação à participação nas atividades desenvolvidas na escola, em levar, buscar, acompanhar.

> P: "A gente frequentava direto a escola, a mãe começou a fazer parte da associação [...] sempre a gente acompanhava as atividades da escola [...] a gente acompanhava, às vezes participava até dentro da escola, junto com ela, depois trabalhava em casa..." (casal 1)

> M: "[...] agora passou para a noite, eu estou mais relaxada. Ele já terminou a 8ª série, agora não sei como é que fala, 2º grau? [...] ele está no 1º ano do Ensino Médio." (casal 2)

Portanto, a participação maior da família parece restringir-se ao período em que a criança é menor. À medida que esta vai crescendo, vai-se tornando mais independente, passando a ir e voltar da escola sozinha, de modo que o contato da família com a escola vai ficando mais espaçado, chegando, em um dos casos, a restringir-se ao surgimento de uma dúvida ou problema, quando, então, a parte interessada entra em contato com a outra para esclarecer o ocorrido.

No que se refere à participação do filho surdo nas atividades sociais e de lazer na família, os casais relatam que as crianças estão sempre envolvidas nos passeios, frequentam a igreja etc. No entanto, existe uma referência ao fato de o filho surdo sentir-se melhor em locais onde existam companheiros surdos, ou nos quais exista um intérprete, ou seja, onde exista uma língua que ele compreenda e da qual é usuário.

São feitas também algumas referências à situação econômica como obstáculo a uma vida social mais intensa ou diversificada, bem como ao acesso a mais e melhores oportunidades de desenvolvimento. Com relação às opiniões sobre o que deve ser feito para conscientizar a sociedade, apenas em dois relatos não foram apresentadas sugestões, sendo que, em um deles, afirmou-se que não há nada a ser feito, uma vez que o preconceito nunca vai acabar.

> P: "Eu acho que não tem que fazer nada, isso nunca vai acabar. Esse tal de preconceito nunca vai acabar, eu creio que não". (casal 4)

Observou-se, ainda, que apenas um dos casais sugere uma iniciativa da própria família, enquanto que, para os demais, as medidas devem ser tomadas pelas escolas ou pela mídia e, em um dos casos, pelo próprio surdo.

> P: "Precisa que as escolas, a mídia façam alguma coisa, campanhas de esclarecimento..." (casal 3)

Parece não haver por parte dos casais um consenso sobre a forma de conscientizar ou de modificar as atitudes da sociedade com relação à deficiência e ao deficiente, havendo, mesmo, uma maioria que desloca a responsabilidade para a mídia e para a escola. Essa atitude, como mostra a história, só se modifica muito lentamente, conforme assinala Rodriguero (2000). As sociedades têm adotado diferentes comportamentos, os quais passam de uma etapa de eliminação ou rejeição do indivíduo deficiente – com as práticas do infanticídio, exorcismo e internamentos em instituições estatais sem o mínimo critério – para um olhar filantrópico, com ênfase na incapacidade do indivíduo, na Idade Média. Adota-se, a seguir, uma visão patológica do deficiente, concepção que continua mantendo a sua segregação e, atualmente, uma tentativa de voltar-se às possibilidades do deficiente, embora seja ainda bastante evidente o preconceito e a valorização da falta de capacidade do indivíduo deficiente.

O contexto escolar

No que se refere ao papel da família no desenvolvimento cognitivo da criança, conforme Vygotsky (citado por Rego, 1994), a estrutura fisiológica humana não é suficiente para produzir o indivíduo humano. Assim, o modo de agir, de pensar, de sentir, bem como os valores, os conhecimentos e a visão de mundo dependem da interação com o meio físico e social e, dessa maneira, o desenvolvimento relaciona-se intimamente com o contexto sociocultural em que a pessoa está inserida. Nessa perspectiva, Duarte (citado por Facci, 1998) sustenta que o fato de o indivíduo humano ser singular resulta de um processo social, histórico e concreto, sendo a apropriação das objeções humanas um processo ativo que se realiza por meio da mediação das relações sociais concretas. D'Antino (1988) acrescenta que a família, como microestrutura social, tem como objetivo satisfazer as necessidades físicas, afetivas e sociais da criança, atuando como mediadora original entre a criança e o mundo social, auxiliando-a na formação de sua primeira identidade social.

PSICOLOGIA E EDUCAÇÃO: CONEXÃO ENTRE SABERES

E quem são os interlocutores da criança surda, considerando, como afirmam Telford e Sawrey (1983), que apenas 5%, aproximadamente, dos surdos são filhos de pais surdos?

Pelos relatos dos casais entrevistados, verificou-se que nenhuma das crianças aprendeu a linguagem de sinais em casa, com os pais. Ao contrário, aprenderam na escola, e acabaram ensinando-a aos pais e irmãos. Percebeu-se também que existe uma forma de comunicação ou, mais especificamente, de entendimento que, no entanto, não se configura como uma linguagem propriamente dita, restringindo--se à comunicação da criança à família e àqueles que estão mais próximos, no dia a dia. Assim, o aprendizado ou a aquisição da linguagem de sinais pela criança surda, conforme ficou evidenciado neste estudo, fica a cargo da escola especial para surdos, na qual, inclusive, alguns pais frequentam cursos de linguagem de sinais.

No entanto, cada uma das famílias encontrou uma forma de se comunicar com a criança surda e poder estabelecer interações que propiciem o seu desenvolvimento, embora essa interação seja dificultada pelo fato de a criança não dispor da oralidade e de os pais não compreenderem facilmente a linguagem dos sinais.

Verificou-se que os pais deslocam grande parcela da responsabilidade do trabalho de orientação e desenvolvimento da criança para a escola. Os pais ressaltam a importância da família no desenvolvimento da criança, colocando-a como base, como estrutura, fonte de estimulação precoce da criança surda, contudo não conseguem especificar de que maneira isso pode ser realizado.

> M: "Mas eu acho que a família é a base, a família é a base, é a estrutura, tem que estar ali sempre, não pode abandonar". (casal 2)

Essas falas demonstram que os pais, como aponta Marchesi (1995), acreditam que a participação e a colaboração são de extrema importância no processo educacional dos filhos com necessidades educativas especiais, apesar das dificuldades encontradas, na prática, de delimitar em que aspectos poderiam intervir. De fato, são os pais que convivem a maior parte do tempo com a criança e podem contribuir com informações importantes para o desenvolvimento dos trabalhos realizados com a criança.

Por outro lado, verificou-se que os pais deslocam para a escola a responsabilidade pelo desenvolvimento da criança, considerando essa instituição como o ponto de apoio, a alternativa "salvadora", ou seja, a maneira mais adequada de buscar o desenvolvimento da criança.

> M: "[...] procurem a escola [...] só agradecer a eles, porque sem eles eu não sabia o que fazer com a P [...]" (casal 11)

Conforme Duarte (citado por Facci, 1998), quanto mais o ser humano se socializa, mais aumentam as possibilidades de formar sua individualidade. No entanto, para que esse processo ocorra, faz-se necessário que o indivíduo viva em interação com outros homens e com o produto da história desses homens. Portanto, o comportamento da criança é influenciado pelos costumes e objetos da cultura na qual está inserida. Como destaca Luria (1985), a linguagem, que engloba a experiência das gerações ou, em sentido mais amplo, da humanidade, desde os primeiros anos de vida intervém no processo de desenvolvimento.

Como enfatiza Vygotsky (citado por Luria, 1990), o desenvolvimento dos processos que resultam na formação de conceitos começa na fase mais precoce da infância, sendo que as funções intelectuais, que formam a base psicológica desse processo, estabelecem-se e configuram-se apenas na puberdade.

Tratando-se de estudos sobre a surdez, Góes (1999) destaca que, nos textos de Vygotsky, aparecem argumentos em defesa de uma visão prospectiva dos processos humanos, além da atribuição de papel essencial às relações sociais na emergência e na consolidação de capacidades potenciais das crianças. Assim, entende-se que a deficiência torna o indivíduo surdo um indivíduo com possibilidades diferentes, e não necessariamente a menos, considerando-se que, na linguagem, o importante é o uso efetivo de signos, independente do meio material utilizado.

Neste estudo, alguns pais se referem a um maior desenvolvimento da criança após o seu ingresso na escola, ou seja, a partir do momento em que a criança foi para a escola e aprendeu a se comunicar em sinais, os pais perceberam um grande progresso. Alguns casais destacam a escola como a primeira alternativa a ser vista na busca do desenvolvimento da criança e do ensino da linguagem. Isso implica que por intermédio do contato com a comunidade surda, ou seja, com aqueles que utilizam a linguagem de sinais, é que ocorre a aquisição da linguagem pela criança.

Por outro lado, alguns pais referem-se a si mesmos como a primeira instância responsável pelo desenvolvimento, estimulação precoce da criança, tendo, por isso, que ir em busca de esclarecimentos e informações que possam ajudar nos cuidados e atendimentos à criança surda.

> M: "[...] eles têm que ser trabalhados e estimulados desde cedo, desde pequenininhos, então quanto mais trabalhados e estimulados eles forem, maior vai ser o progresso deles [...] trabalhar em cima mesmo porque eles têm condições de se desenvolver muito mesmo", (casal 6)

E há os pais que se referem apenas à paciência e ao amor como itens necessários aos cuidados com a criança, ou ainda os que reconhecem como importante a participação da família, no entanto não especificam de que forma isso deva ser feito.

> P: "Primeiro tem que ter muito amor, paciência, então [...] o amor, com certeza. A fé em Deus e o amor..." (casal 3)

É importante ressaltar que, para Vygotsky (citado por Luria, 1990), o aprendizado impulsiona o desenvolvimento de determinadas funções e os processos de desenvolvimento e aprendizagem estão inter-relacionados desde os primeiros dias de vida da criança. Dessa forma, a criança aprenderá a partir das relações sociais, sendo que os adultos e, em especial os pais, têm um papel de mediadores entre ela e as pessoas com as quais a criança não convive intensamente. No entanto, Vygotsky (1989) afirma que o adulto não pode transmitir à criança sua forma de pensar, o que apresenta a ela é o significado pronto de uma palavra a partir do qual a criança vai formar um complexo com as particularidades estruturais, funcionais e genéticas por meio do pensamento.

Os relatos das entrevistas com os pais mostram o quanto a criança surda perde em termos de desenvolvimento até o surgimento ou a melhoria da forma de comunicação entre ambas as partes, o que, no entanto, só vai acontecer com a entrada na escola. Nesse sentido, é fundamental que os pais utilizem todas as alternativas ao seu alcance, todos os recursos possíveis para efetivar uma comunicação bem-sucedida com a criança surda, visando a ampliar as possibilidades de interação e, consequentemente, de acesso da criança surda ao meio no qual está inserida.

Considerações finais

O presente estudo proporcionou uma investigação acerca da concepção que a família tem a respeito da criança surda, por intermédio da qual pudemos analisar as suas reações iniciais ao nascimento de uma criança surda, como perceberam a ocorrência do desenvolvimento psicológico da criança, bem como a forma de participação dos pais nesse desenvolvimento e na aquisição da linguagem pela criança.

Sua relevância consiste em envolver a presença do casal no estudo, uma vez que muitos estudos contemplam apenas a participação da mãe, e, por isso, possibilitou fornecer subsídios mais abrangentes para uma melhor compreensão do papel da família e da escola no processo de desenvolvimento da criança surda.

A utilização da entrevista como instrumento de coleta de dados mostrou-se adequada e, ao ser conjugada com a análise qualitativa, possibilitou apreender dos relatos dos casais uma imensa riqueza de dados. Os resultados analisados, de acordo com eixos temáticos estabelecidos previamente, apontam para as seguintes constatações:

Na abordagem sobre a deficiência, o momento da descoberta é marcado pelo sofrimento, pela tristeza e pelo medo de não saber lidar com a questão da surdez, com destaque para o problema de como se comunicar com a criança. Quanto ao diagnóstico, ele normalmente ocorre quando a criança já está no período de desenvolvimento da fala. Diante do comportamento diferente da criança, evidenciado quer pela comparação com outras crianças, quer pelo alerta de familiares, aparecem, então, as primeiras preocupações dos pais. Com relação à etiologia, este estudo confirmou o que foi encontrado na literatura revisada, ou seja, para a maioria dos casais entrevistados, a causa da surdez do filho é desconhecida.

No contexto familiar, verificou-se que o relacionamento da criança surda com os pais e irmãos tem significativa melhora a partir do momento em que tem acesso à linguagem de sinais, uma vez que, para os casais entrevistados, o bom relacionamento aparece intimamente relacionado a uma boa comunicação. Por outro lado, a melhor comunicação normalmente acontece com a mãe que fica a maior parte do tempo com a criança, com a responsabilidade de cuidar dela, levar ao médico, levar à escola etc., enquanto que ao pai cabe prover as condições materiais necessárias à família (apenas uma das onze mães entrevistadas trabalhava fora). Com relação à aceitação, constatou-se que esta não ocorre plenamente, ou seja, não existe uma preparação para receber a notícia de que o filho e a família terão que conviver com uma deficiência por toda a vida. Assim, a aceitação aparece relacionada à vontade de um ser superior, contra a qual não há como rebelar-se, devendo-se resignar-se.

No contexto social, constatou-se que não havia por parte da maioria dos casais entrevistados um contato mais próximo com surdos ou portadores de outras deficiências antes do nascimento do filho. Alguns relataram conhecer sem, contudo, ter convivido com surdos. Com relação às reações da sociedade à surdez, os pais mencionaram os sentimentos de pena e piedade manifestados pelas pessoas diante da criança surda. A maioria dos casais acredita ser necessária uma maior conscientização da sociedade, principalmente pela divulgação pela mídia.

Nas considerações sobre o contexto escolar, constatou-se que os pais entrevistados ratificam a necessidade da escola especial para o surdo, uma vez que a sua inserção no ensino regular seria dificultada pela sua não oralização e pelo desconhecimento da língua de sinais por parte dos ouvintes. Entretanto, constatou-se que a aquisição da língua de sinais só ocorre a partir do momento em que a criança começa a frequentar a escola para surdos, ao contrário da criança ouvinte, a surda chega à escola sem uma linguagem estruturada, ou seja, utilizando outros tipos de comunicação, que só a família percebe e compreende. Os pais, por sua vez, aprendem a língua de sinais por meio dos cursos disponibilizados pela escola e com a ajuda dos filhos surdos, conforme eles começam a dominá-la. Como relatam os próprios pais, é um aprendizado lento e difícil, mas, reconhecem, mesmo assim, que é mais fácil para os ouvintes aprenderem a sinalizar do que para os surdos aprenderem a língua oral.

Essa valorização pelos pais do trabalho educativo realizado pela escola revela o reconhecimento da importância de uma língua e uma cultura especificamente para o surdo. Portanto, uma inversão na concepção que persistia até há bem pouco tempo, ao contrário de impor a oralidade ao surdo, atualmente a utilização da língua de sinais tem sido feita sem tanta resistência e o ouvinte tem sido estimulado a adquiri-la.

Com base na literatura e nos resultados deste estudo, pode-se afirmar que a participação da família no desenvolvimento da criança e na aquisição da linguagem por ela é muito mais importante do que se pensava. Esta constatação remete a Vygotsky (1989), que afirma que o modo de agir, de pensar, de sentir, os valores, os conhecimentos e a visão de mundo dependem do meio físico e social e, por decorrência, o desenvolvimento relaciona-se intimamente ao contexto sociocultural no qual a pessoa está inserida, e, também, a D'Antino (1988), que afirma que a família atua como mediadora original entre a criança e o mundo social, auxiliando-a na formação de sua primeira identidade social.

No entanto, tão importante quanto essa participação, no caso da criança surda, é o estreitamento das relações entre família e escola, pois, conforme o relato dos pais, a partir da utilização da linguagem de sinais, linguagem esta que as crianças só adquiriram na escola, houve uma melhora no relacionamento familiar, uma vez que os membros da família puderam se comunicar com mais facilidade com a criança surda.

Constatou-se, ainda, que, conforme a criança vai crescendo, tornando-se mais independente para ir e voltar da escola, vai ocorrendo o afastamento dos pais, ou seja, diminuindo sua frequência e contatos com a escola. Isso não quer dizer que deveria ser mantida uma relação de dependência dos pais à escola, mas esse estreitamento de relações certamente acrescentaria muito em termos de crescimento para a criança, para a família e para a escola.

Por fim, é importante acrescentar que a realização deste estudo não esgotou o tema em questão, ao contrário, fez emergir inúmeras inquietações que podem e devem ser investigadas por outros pesquisadores que se interessam pela educação e, especificamente, pelas contribuições da abordagem histórico-cultural para a educação das pessoas com necessidades educativas especiais. Entre essas inquietações, considera-se importante investigar, por exemplo: a) como ficam os irmãos no sistema familiar após o nascimento de uma criança surda; b) o papel do pai no desenvolvimento da criança surda, uma vez que a maioria dos estudos contempla o papel da mãe; e c) a questão das políticas públicas e investimentos referentes à formação de profissionais para atuar na área de educação especial.

Referências

Buscaglia, L. (1993). *Os deficientes e seus pais: um desafio ao aconselhamento*. Trad. Raquel Mendes. Rio de Janeiro: Nova Fronteira.

D'Antino, M. E. F. (1988). A máscara e o rosto da instituição especializada – marcas que o passado esconde e o presente abriga. São Paulo: Mennon. Facci, M. G. D. (1998) *O psicólogo nas escolas municipais de Maringá: a história de um trabalho e a análise de seus fundamentos teóricos*. Dissertação de Mestrado em Educação, Universidade Estadual Paulista Júlio de Mesquita Filho, Marília.

Facci, M. G. D. (1998). *O psicólogo nas escolas municipais de Maringá: a história de um trabalho e a análise de seus fundamentos teóricos*. Dissertação de Mestrado em Educação, Universidade Estadual Paulista Júlio de Mesquita Filho, Marília.

Glat, R. (1996). O papel da família na integração do portador de deficiência. *Revista Brasileira de Educação Especial, II*(4), 111-118.

Góes, M. C. R. (1999). *Linguagem, surdez e educação*. São Paulo: Autores Associados.

Goldfeld, M. (1997). *A criança surda: linguagem e cognição numa perspectiva sociointeracionista.* São Paulo: Plexus.

Holmes, N.; Carr, J. (1991). The Pattern of Care in Families of Adults with a Mental Handicap: a comparison between families of autistic adults and down syndrome adults. *Journal of Autism and Developmental.* England, 21, 2, 159-176.

Krynski, S. (1983). *Novos rumos da deficiência mental.* São Paulo: Sarvier.

Luria, A. R. (1985). *Linguagem e desenvolvimento intelectual na criança.* Porto Alegre: Artes Médicas.

Luria, A. R. (1990). Desenvolvimento cognitivo: seus fundamentos culturais e sociais. São Paulo: Ícone. Marchesi, A. (1995). A educação da criança surda na escola integradora. In C. Coll et al. (Orgs.), *Desenvolvimento psicológico e educação: necessidades educativas especiais e aprendizagem escolar* (v. III, cap. 14, pp. 215-231). Porto Alegre: Artes Médicas.

Marchesi, A. (1995). A educação da criança surda na escola integradora. In C. Coll A. Marchesi e J. Palacios. (Orgs.), *Desenvolvimento psicológico e educação: necessidades educativas especiais e aprendizagem escolar* (v. III, cap. 14, p. 215-231). Porto Alegre: Artes Médicas.

Maslach, C., Jackson, S. E., & Leiter, M. P. (1996). *Maslach Burnout Inventory Manual.* Palo Alto, C.A: Consulting Psychologist Press.Mazzuco-Dallabrida, A. (1996). *O portador de deficiência mental profunda na concepção da mãe.* Dissertação de Mestrado em Educação Especial, Universidades Federal de São Carlos, São Carlos.

Mazzuco-Dallabrida, A. (2000). O portador de deficiência mental profunda na concepção da mãe. In: MORI, N. N. R. e cols. (Orgs). *Educação Especial: olhares e práticas* (cap. 6, pp. 69-78). Londrina: UEL.

Mendonça, H. A. L. (1990). *Uma tipologia do excepcional no contexto familiar e profissional de São Carlos.* Dissertação de Mestrado em Educação Especial, Centro de Educação e Ciências Humanas, Universidade Federal de São Carlos.

Miller, N. B. (1995). *Ninguém é perfeito, vivendo e crescendo com crianças que têm necessidades especiais.* Campinas: Papirus.

Omote, S. (Coord.). (1996). Conclusões do Grupo de Trabalho (GT3): A família do deficiente. In C. Goyos et al. (Orgs.), *Temas em Educação Especial 3* (pp. 516-525). São Carlos: EDUFSCar.

Powell, T. H., & Ogle, P. A (1992). *Irmãos especiais: técnicas de orientação de apoio para relacionamento com o deficiente*. São Paulo: Maltase Norma.

Piaget, J. (1978). *Fazer e compreender*. Trad. Cristina L. de P. Leite. São Paulo: Melhoramentos; EDUSP.

Rego, T. C. (1994). *Vygotsky: uma perspectiva histórico-cultural da educação*. Petrópolis: Vozes.

Ribas, J. B. C. (1995). *Viva a diferença: convivendo com nossas restrições ou deficiências*. São Paulo: Moderna.

Rodriguero, C. R. B. (2000). A educação do surdo: um olhar histórico. In *Anais do Seminário de Pesquisa do Programa de Pós-Graduação em Educação* (pp. 61-67). Maringá: UEM.

Sacks, O. (1998). *Vendo vozes: uma viagem ao mundo dos surdos*. São Paulo: Companhia das Letras.

Saint-Claire, S. (1970). *La reeducación de los niños subnormales*. Barcelona: Nova Terra.

Schmid-Giovannini, S. (1980). *Habla conmigo: método para que padres y educadores enseñen a hablar a niños com transtornos auditivos (de 0 a 7 años)*. Buenos Aires: Kapelusz.

Soares, M. (1998). *Letramento: um tema em três gêneros*. Belo Horizonte: Autêntica.

Telford, C. W., & Sawrey, J. M. (1983). *O indivíduo excepcional*. Rio de Janeiro: Zahar.

Vygotsky, L. S. (1989). *Pensamento e linguagem*. São Paulo: Martins Fontes.

A Síndrome de Alienação Parental e suas repercussões no desenvolvimento infantil

Solange Franci Raimundo Yaegashi

Introdução

Os estudos sobre a família e sua influência no desenvolvimento e aprendizagem das crianças e adolescentes têm sido alvo de interesse de profissionais de diferentes áreas, especialmente das ciências humanas (Orsi, 2003; Yaegashi, 2007).

Nessa perspectiva, a Psicologia tem procurado investigar o impacto das situações familiares críticas, tais como o divórcio dos pais, sobre a aprendizagem e o desenvolvimento dos filhos, uma vez que esse conhecimento é de suma importância para a compreensão dos sintomas que muitas crianças passam a apresentar quando da separação dos pais (Soifer, 1982; Silva & Resende, 2008; Silva, 2009).

Nos últimos trinta anos houve uma mudança significativa na constituição da família brasileira. Para Castells (1999, citado por Machado, 2005), a principal transformação na estrutura familiar diz respeito ao fim do patriarcalismo, que se caracterizava pela autoridade do homem sobre mulher e filhos, imposta institucionalmente. Um dos principais fatores que, segundo o autor, determinou essa mudança foi a inserção das mulheres no mercado de trabalho. A partir da década de 1980, concomitantemente com a globalização, ampliou-se, de forma significativa, o número de mulheres em diferentes postos de trabalhos. Outro fator relaciona-se às transformações tecnológicas, proporcionando o controle sobre a reprodução humana. Por fim, está o movimento feminista, com impacto na esfera do trabalho e na luta contra qualquer forma de opressão ou desigualdade de poder.

A partir dessas transformações, novos formatos de família vão-se configurando (casais de *gays*, pais solteiros, pais divorciados etc.), cessando, dessa forma, a autoridade patriarcal sobre a família. Além disso, desde a aprovação do divórcio no Brasil, em 1977, o número de casais que se divorciam tem aumentado gradativamente, como tentativa de solucionar os conflitos conjugais.

Assim, para Grzybowski e Wagner (2010), o divórcio deixou de ser um fenômeno de exceção para tornar-se um acontecimento no cotidiano das famílias. Contudo, quando a separação envolve a existência de filhos, a questão se torna complexa, pois não se trata apenas do fim de uma relação a dois que fracassou, mas também do início da relação de parentalidade de pais divorciados. Afinal, os filhos ainda precisarão de cuidados.

Grzybowski e Wagner (2010) argumentam que a parentalidade pós-divórcio parece ter diferenças significativas daquela exercida em conjunto na mesma casa, já que existe uma série de reformulações quanto aos hábitos, à rotina e ao padrão econômico da família. Além dessas mudanças que passam a acontecer, os membros do sistema familiar precisam adaptar-se a um aumento da complexidade nas tarefas a serem desempenhadas.

Em virtude de todos esses remanejamentos, o divórcio dos pais pode ter um impacto muito grande sobre o desenvolvimento infantil, pois a separação representa, para a criança, uma fase marcante da sua vida que, se não elaborada, pode levar ao surgimento de inúmeros problemas de ordem comportamental, cognitiva e afetiva. Assim, dependendo do comportamento dos pais, essa fase de separação pode ser vivida de forma tranquila ou atribulada (Silva & Resende, 2008; Silva, 2009).

Alguns casais, após a separação, conseguem ter uma relação amistosa e cumprem de forma satisfatória as atividades referentes aos cuidados dos filhos. Por outro lado, em muitos dos casos de separações, um dos cônjuges pode sentir o desejo de destruir o outro, movido por um sentimento de ódio e vingança, muitas vezes estimulado por profissionais que não buscam uma conciliação nesse momento de intensa sensibilidade e vulnerabilidade de ambos os ex-parceiros. Alguns deles recorrem à Justiça, não medindo esforços para ferir o outro, usando todo tipo de argumentos, muitas vezes distorcendo a realidade e utilizando os próprios filhos como instrumento de vingança (Dias, 2006).

Assim, se a separação conjugal é marcada por atitudes e sentimentos negativos entre os ex-cônjuges, os quais se revelam pela tentativa de um excluir o outro da convivência dos filhos, tais comportamentos podem engendrar a Síndrome de Alienação Parental (SAP), também conhecida por sua sigla em inglês, PAS. Esse termo foi proposto por Gardner (1985) para designar a situação em que a mãe ou o pai de uma criança a treina para romper os laços afetivos com o outro genitor, criando nela fortes sentimentos de ansiedade e temor.

Nesse sentido, o objetivo do presente estudo é investigar as repercussões da SAP sobre o desenvolvimento infantil. Para tanto, serão enfocadas, num primeiro momento, as características da síndrome e suas dimensões. Em um segundo momento, serão abordadas as consequências da síndrome e, por último, o papel do psicólogo em situações nas quais a ela está presente.

Considerando-se que o processo de humanização ocorre inicialmente na família, pode-se dizer que é por meio das relações emocionais vividas entre seus membros que ocorrerá, ou não, um desenvolvimento satisfatório da identidade social e sexual de cada indivíduo. Nesse sentido, a realização deste estudo justifica-se pelo fato de que as mudanças na família provocadas pelo divórcio afetam, particularmente, a educação dos filhos, refletindo também sobre o desenvolvimento deles.

A Síndrome de Alienação Parental e suas dimensões

Silva e Resende (2008) argumentam que, uma vez consumado o divórcio dos pais, o detentor da guarda da criança, por inúmeras razões (não elaboração do luto pela separação, raiva, sentimento de vingança, entre outros), passa a transformá-la em aliada, a fim de penalizar o ex-cônjuge, tentando afastá-lo da convivência familiar. Em nossa sociedade, é comum que a guarda da criança fique com a mãe. Assim, dependendo de sua saúde mental, ela pode transformar-se no "genitor alienador", cuja meta é proceder a uma "lavagem cerebral" dos filhos, inculcando-lhes pensamentos e sentimentos de cunho negativo em relação ao pai, a fim de romper o vínculo afetivo entre pai e filhos. Nesta situação, o pai é denominado "genitor alienado":

> [...] O genitor alienador promove uma verdadeira campanha denegritória em relação ao ex-cônjuge perante o judiciário, utilizando seus filhos como meio de emprestar credibilidade às suas acusações.
>
> ...
>
> [...] tenta enfraquecer, controlar ou excluir o contato com o outro genitor por meio de comportamentos tais como retirar a criança da proximidade física com o outro genitor, queixar-se dele

ao filho, dizer-se agredido pelo outro, ou engazando-se em repetidas lides que objetivam reforçar a exclusão do outro. (Motta, 2008, p. 36)

Nesta perspectiva, Motta ressalta a necessidade de os profissionais vinculados à Vara da Família ficarem atentos às manobras utilizadas pelo progenitor alienador, e aponta algumas atitudes comuns que possibilitam a identificação da existência de Síndrome de Alienação Parental:

> [...] a) recusar-se a passar as chamadas telefônicas aos filhos; b) organizar várias atividades com os filhos durante o período em que o outro genitor deve normalmente exercer suas visitas; c) apresentar o novo cônjuge aos filhos como sua nova mãe ou seu novo pai e por vezes insistir que a criança utilize esse tratamento pessoal; d) interceptar as cartas e os pacotes mandados aos filhos; e) desvalorizar e insultar o outro genitor na presença dos filhos; f) recusar a dar informações ao outro genitor sobre as atividades em que os filhos estão envolvidos (esportes, atividades escolares, grupos teatrais, escotismo etc.); g) falar de maneira descortês ao novo cônjuge do outro genitor; h) impedir o outro genitor de exercer seu direito de visita; i) "esquecer" de avisar o outro genitor de compromissos importantes (dentistas, médicos, psicólogos); j) envolver pessoas próximas (sua mãe, seu novo cônjuge etc.) na lavagem cerebral de seus filhos; k) tomar decisões importantes a respeito dos filhos sem consultar o outro genitor (escolha da religião, escolha da escola etc.); l) trocar (ou tentar trocar) seus nome e sobrenome; m) impedir o outro genitor de ter acesso às informações escolares e/ou médicas dos filhos; n) sair de férias sem os filhos e deixá-los com outras pessoas que não o outro genitor, ainda que este esteja disponível e queira ocupar-se dos filhos; o) falar aos filhos que a roupa que o outro genitor comprou é feia, e proibi-las de usá-las; p) ameaçar punir os filhos se eles telefonarem, escreverem ou se comunicarem com o outro genitor de qualquer maneira; q) culpar o outro genitor pelo mau comportamento dos filhos. (2008, p. 39)

Fonseca (2006) acrescenta ainda que, no intuito de afastar os filhos do genitor alienado, o genitor alienador pode ainda: 1) criticar a competência profissional e a situação financeira do ex-cônjuge; 2) obrigar a criança a optar entre o pai e a mãe, ameaçando-a das consequências, caso a escolha recaia sobre o outro genitor; 3) transmitir seu desagrado caso a criança externe seu desejo de estar com o outro genitor; 4) transformar a criança em espiã da vida do ex-cônjuge; 5) sugerir à criança que o outro genitor é uma pessoa perigosa; 6) emitir falsas imputações de abuso sexual, uso de drogas e álcool ao outro genitor; 7) quebrar, esconder ou cuidar mal dos presentes que o genitor alienado dá ao filho; 8) não autorizar que a criança leve para a casa do genitor alienado os brinquedos e as roupas de que mais gosta etc.

Tais atitudes revelam que, embora o progenitor alienador acuse o outro genitor de negligência e desinteresse em relação aos filhos, ele é o que mais causa danos, pois a SAP "[...] constitui-se em verdadeira forma de abuso psicológico contra crianças e adolescentes que a são a elas submetidas" (Motta, 2008, p. 36).

É importante ressaltar que nem sempre o progenitor alienador consegue ter êxito absoluto em afastar o ex-cônjuge da presença dos filhos, pois este resiste às manobras de exclusão e consegue visitar os filhos nas casas de parentes, nas escolas ou mesmo em lugares públicos. Em outros casos, são os filhos que apresentam comportamentos de resistência contra as tentativas de alienação do progenitor alienador. Ao ver-se ameaçado, o progenitor alienador pode ainda tentar mudar de cidade, de estado e de país de modo abrupto, privando os filhos de contato com o progenitor alienado, com os familiares e com os amigos da escola onde estudavam (Fonseca, 2006).

Em menor proporção, quando o genitor alienador não obtém êxito em conseguir a alienação desejada, ela é alcançada por meios trágicos, tais como assassinato do ex-cônjuge ou ainda o assassinato dos próprios filhos seguido de suicídio. Neste último exemplo, a mãe, segundo Fonseca (2006), acredita que ninguém mais saberia cuidar de seus filhos e, de forma desesperada e egoísta, tira-lhes a vida.

As consequências da Síndrome de Alienação Parental

Os pais que cometem Alienação Parental podem causar inúmeros danos à vida da criança, entre os quais se destacam o baixo desempenho escolar, o comportamento de rebeldia, as condutas antissociais, as regressões afetivas, os sentimentos de culpa, a conduta de indiferença frente à situação, o risco de suicídio, o aparecimento de doenças psicossomáticas etc. Como consequência, na vida adulta, alguns indivíduos podem envolver-se com álcool e drogas, podendo ainda repetir em seus conflitos conjugais a tirania cometida pelo progenitor alienador (Fonseca, 2006; Pinho, 2009).

Da mesma forma, para os pais alienados, vítimas e excluídos, acusados de agressores e negligentes, as consequências são igualmente dolorosas, e podem tomar várias formas: estresse, depressão, perda de confiança em si mesmos, paranoia, isolamento, desvio de personalidade, delinquência e suicídio.

> Cabe aqui salientar que a Alienação também se dá – e na maioria das vezes assim ocorre – não de maneira explícita sob forma de *brainwash*, mas, sim, de maneira velada, bastando, por exemplo, que a mãe, diante de despretensiosa e singela resistência do filho em visitar o pai, por mero cansaço ou por querer brincar, nada faça, pecando por omissão e não estimulando nem ressaltando a importância do contato entre pai e filho ou mesmo transformando e publicizando uma trivial discussão caseira em verdadeiro ambiente de caos e motivo para desencadear o egoístico processo destrutivo. (Pinho, 2009, p. 11)

Fonseca (2006) explica que a alienação parental não afeta apenas o progenitor alienado, mas também todos aqueles que o cercam: familiares, amigos etc., privando a criança de um convívio saudável com todo um núcleo familiar e afetivo do qual faz parte e ao qual deveria permanecer integrada. Assim, com a ruptura do vínculo afetivo entre a criança e as figuras de pai ou mãe, a criança torna-se vulnerável, sente ansiedade e medo do abandono, podendo desenvolver sentimentos depressivos.

Para formar sua identidade de maneira saudável, a criança precisa da presença amistosa do pai e da mãe. Entretanto, Silva e Resende (2008) ressaltam que, com o afastamento progressivo do progenitor que não detém a guarda da criança, mediado por aquele que a detém, dois comportamentos marcam a instalação da SAP: o *desapego* com o progenitor ausente e a *simbiose* forçada com o progenitor presente, combinando a dependência exacerbada por um e o ódio pelo outro. Dessa forma, segundo Gardner (2004), a criança é violentada emocionalmente, pois tem seus sentimentos, pensamentos e comportamentos atrelados ao genitor guardião, chegando a confirmar as acusações de abuso (que não ocorreram) feitas pelo progenitor alienador.

Silva e Resende (2008) argumentam que muitos pesquisadores acreditam que o comportamento alienante, descontrolado e sem nenhuma relação com os fatos da realidade surge com a separação do casal. Entretanto, tendo por base a perspectiva psicanalítica, ambos ressaltam que, além dessa hipótese, acreditam que, em muitos casos, os comportamentos do progenitor alienador remetem a uma estrutura psíquica já constituída, manifestando-se de forma patológica quando algo sai do controle.

> São pais instáveis, controladores, ansiosos, agressivos, com traços paranoicos, ou, em muitos casos, de uma estrutura perversa. Referidos sintomas podem ficar parcialmente controlados, durante parte da vida, ou no caso, no casamento, mas em muitos eclode com toda a sua negatividade e agressividade ante a separação litigiosa. (Silva & Resende, 2008, p. 27)

Assim, a perversão pode ser dissimulada em pequenas atuações, que também passam despercebidas durante o casamento. "Mas de fato estavam lá, não é a separação que os instaura, ela apenas os revela" (Silva & Resende, 2008, p. 27).

O progenitor alienador acredita, mesmo que inconscientemente, poder formar entre ele e o filho uma díade completa, em que nada falta, privando a criança do contato com o outro progenitor e até mesmo de expressar sentimentos e percepções. Entretanto, segundo Silva e Resende (2008), essa completude simbiótica precisa ser quebrada.

Normalmente, os pais alienadores consideram os filhos objetos de sua posse e controle. Para tal, "[...] transformam a percepção da criança, que passa a agir e sentir de acordo com o que o alienador lhe impõe" (Silva & Resende, 2008, p. 28). Aos poucos, as crianças, vítimas da SAP, vão substituindo todos os sentimentos que tinham pelo progenitor alienado na época em que viviam juntos por sentimentos de ódio e desapego. Por outro lado, desenvolvem o sentimento de desamparo.

Desamparada e só, resta à criança um grito de solidão que não é ouvido, mas que se transforma em sintoma:

> Aquilo que não pode ser simbolizado, que não teve significantes para significá-lo, vira sintoma, que aponta para uma verdade do sujeito. E é no corpo, na doença, que a criança vai deslocar aquilo

> que teve de abrir mão, o que de mais próprio possui, sua individualidade, subjetividade e desejo. (Lacan, 1988, citado por Silva & Resende, 2008, p. 29)

Essas crianças vivem numa ansiedade constante, patológica, prontas para se defenderem e para não decepcionar o progenitor alienador. Mas à medida que são fiéis ao progenitor alienador, afastam-se do outro progenitor e se sentem traidoras. Isso provoca culpa e sentimentos depressivos. Em alguns casos, Dolto (1989) ressalta que o afastamento e a ausência de um dos pais podem desencadear quadros psicóticos. Além disso, a autora explica que tanto a menina quanto o menino precisam da presença masculina para se desenvolver bem. Assim, o afastamento da figura paterna tem como consequência impedir o filho de se identificar com ele e de estabelecer sua identidade masculina. Por isso, mesmo havendo uma separação, os pais não podem confundir seu papel conjugal com seu papel parental.

Nesse sentido, Féres-Carneiro (2008) argumenta que, embora o divórcio seja, às vezes, a melhor solução, ele é sempre vivenciado como uma situação extremamente dolorosa e estressante para toda a família. A separação provoca no casal sentimentos de fracasso, impotência e perda, havendo um luto a ser elaborado. Os filhos, por sua vez, vivenciam um conflito denominado "conflito da lealdade exclusiva", quando exigida por um ou ambos os pais. É esse o conflito que ocorre na situação da alienação parental.

Contudo, a capacidade de a criança lidar com a crise que a separação deflagra vai depender, sobretudo, da relação que se estabelece entre os pais separados e da capacidade destes de distinguir a função conjugal da função parental. Quando os pais conseguem fazer essa distinção com clareza, conseguem transmitir aos filhos a certeza de que as funções parentais de amor e de cuidado continuarão sendo desempenhadas por ambos.

Féres-Carneiro (2008) salienta que muitos pais confundem conjugabilidade com parentalidade, e acreditam que os problemas do relacionamento conjugal se estendem à criança; outros, geralmente os que detêm a guarda do filho, transformam-no em confidente, compartilhando suas mágoas e decepções, como se ele fosse um par, um igual, negando a sua relação de dependência ao adulto. Tais comportamentos dos pais podem levar a criança ao desenvolvimento de inúmeros sintomas, entre os quais a depressão infantil e as dificuldades de aprendizagem.

É importante ressaltar que, segundo Reis e Figueira (2001, citado por Calderaro & Carvalho, 2005), realizar o diagnóstico da depressão infantil não é um processo fácil, uma vez que crianças e adolescentes não conseguem identificar ou nomear os sintomas que aparecem de maneira multifacetada. Assim, os pais geralmente procuram ajuda médica por problemas que inicialmente não são identificados como sendo depressão e que são relatados como queixas orgânicas, tais como cefaleia, dores abdominais e diarreia. Os pais mencionam também a falta de apetite ou apetite exagerado, insônia, irritabilidade, agressividade ou passividade exagerada, choro sem razão aparente, dificuldades cognitivas, comportamento antissocial, indisciplina, ideias ou comportamento suicidas. Contudo, é importante ressaltar que esses sintomas são frequentes em situações familiares críticas, como o divórcio dos pais, e merecem atenção especial, uma vez que o problema pode-se agravar, tendo em vista que, em alguns casos, a criança passa a ter dificuldades de aprendizagem e reprova na escola (Soifer, 1982; Lipp, 2000). Essas dificuldades expressam uma tentativa desesperada da criança para mobilizar a atenção das pessoas, especialmente dos pais, a fim de que percebam o seu sofrimento.

O papel do psicólogo diante da Síndrome de Alienação Parental

Nas Varas da Família ou nos consultórios de atendimento clínico, o psicólogo deve ficar atento aos casos de conflitos conjugais que desencadeiam a SAP, uma vez que os efeitos dessa síndrome causam sofrimento psíquico nos filhos, no progenitor alienado e também no progenitor alienador.

Se a SAP se instalar e nada for feito, o rompimento do vínculo afetivo entre os filhos e o progenitor alienado poderá ser irreversível ou demandará muitos anos até que os filhos se tornem adultos e percebam que foram cúmplices do comportamento doentio do progenitor alienador (Gardner, 2002).

Contudo, Silva e Resende (2008) afirmam que a SAP pode ser revertida, mesmo nos casos em que o discurso do progenitor alienador tenha muito poder sobre a criança. Mas para que isso ocorra, não basta o trabalho de psicoterapia individual com a criança. É preciso que os pais se conscientizem do seu papel nesse processo de ajuda à criança. Assim, a psicoterapia infantil se justifica para que a criança se fortaleça a fim de se proteger contra a alienação parental.

Além disso, nos casos em que o juiz determina que a criança seja acompanhada por um psicólogo, é fundamental que haja uma intervenção judicial que garanta a continuidade do tratamento, uma vez que o progenitor alienador fará de tudo para boicotar esse tratamento.

Silveira e Resende (2008) argumentam, ainda, que o progenitor alienado deve passar por um processo de intervenção psicoterapêutica para se tornar mais apto a resgatar o vínculo afetivo perdido. O progenitor alienador, por sua vez, também deve ser submetido à psicoterapia para que perceba os danos que causou ao filho e possa elaborar o luto pela separação conjugal. É necessário que os pais entendam que mesmo separados devem estar unidos em prol do bem-estar dos filhos.

Nessa mesma perspectiva, Féres-Carneiro (2008) argumenta que em qualquer família, estando os pais separados ou não, é necessário que haja um clima que permita o desenvolvimento dos filhos.

> A família precisa ser um lugar onde os filhos possam crescer em segurança, ou seja, onde eles possam ter na figura dos pais, dos adultos por eles responsáveis, modelos de identificação saudáveis. É fundamental o modo como os adultos desempenham as suas funções parentais frente à criança, estejam eles separados ou não. (Féres-Carneiro, 2008, p. 67)

O importante é que os pais possam ter maturidade emocional e possam assumir suas funções parentais. Assim, nos casos dos pais separados, a guarda compartilhada seria uma alternativa mais adequada à saúde psíquica da criança, uma vez que ambos poderiam dividir direitos e deveres (Féres-Carneiro, 2008; Silva, 2009).

Considerações finais

O presente estudo teve como objetivo investigar as relações entre a SAP e suas repercussões sobre o desenvolvimento infantil. Verificou-se que em muitos casos de separação conjugal um dos cônjuges pode criar artifícios e manobras para obstruir os encontros do ex-cônjuge com os filhos, realizando assim a alienação parental. Essa situação, segundo Fonseca (2006), pode dar origem ao aparecimento de uma síndrome, a qual surge do apego excessivo e exclusivo da criança a um dos genitores e do afastamento do outro. Assim, a criança se nega de forma obstinada a manter qualquer tipo de contato com um dos genitores (geralmente o que não detém a guarda), independentemente de qualquer motivo, o que acaba gerando o rompimento do vínculo afetivo entre ambos. A SAP traz sequelas emocionais graves à criança e ao progenitor alienado que foi excluído pelo progenitor alienador.

Dessa forma, tendo em vista o sofrimento psíquico vivenciado pela criança quando da separação dos pais, torna-se de extrema importância identificar a existência de sintomas que permitam reconhecer que se está diante da SAP, e que o comportamento abusivo do guardião foi causado por espírito de vingança (consciente ou inconsciente), como instrumento para acabar com o relacionamento do filho com o outro genitor.

Para isso, é indispensável não só a participação de psicólogos, psiquiatras, assistentes sociais e professores, mas também que o juiz se capacite para distinguir o sentimento de ódio exacerbado do progenitor alienador que o leva ao desejo de vingança a ponto de programar o filho para reproduzir falsas denúncias contra o outro progenitor.

A realização desta pesquisa foi de suma importância para compreensão da SAP e seus desdobramentos. A discussão proposta neste artigo sobre a SAP permitiu sua caracterização, bem como o conhecimento dos contextos em que ocorre e suas principais consequências na vida de crianças e adolescentes. Contudo, novas pesquisas devem ser desenvolvidas sobre esse assunto para que os profissionais da saúde, especificamente os psicólogos, possam estar preparados para reconhecer e intervir de forma adequada diante de casos que envolvam essa síndrome. Além disso, os professores também precisam ser esclarecidos a respeito dos sintomas que se manifestam no contexto escolar, uma vez que é comum que crianças e adolescentes apresentem dificuldades de aprendizagem durante e após o processo de separação dos pais.

Referências

Calderaro, R. S. S., & Carvalho, C. V. (mai.-ago. 2005). Depressão na Infância: um estudo exploratório. *Psicologia em Estudo, 10*(2), 181-189.

Dias, M. B. (2006). Síndrome da alienação parental. O que é isso? *Jus Navigandi, 10*(1119). Recuperado em 25 abr. 2010, de <http://jus2.uol.com.br/doutrina/texto.asp?id=8690>.

Dolto, F. (1989). *Quando os pais se separam*. Rio de Janeiro: Zahar.

Féres-Carneiro, T. (2008). Alienação parental: uma leitura psicológica. In Associação de Pais e Mães Separados (Org.), *Síndrome da alienação parental e a tirania do guardião: aspectos psicológicos, sociais e jurídicos* (pp. 63-68). Porto Alegre: Equilíbrio.

Fonseca, P. M. P. C. (2006). Síndrome de Alienação Parental. *Pediatria, 28*(3), 162-168.

Gardner, R. (1985). Recent trends in divorce and custody litigation. *The Academy Forum, 9*(2), 3-7.

Gardner, R. (2002). Parental Alienation Syndrome vs. Parental Alienation: Which Diagnosis Should Evaluators Use in Child-Custody Disputes? *American Journal of Family Therapy, 30*(2), 93-115.

Gardner, R. (2004). The Relationship Between the Parental Alienation Syndrome (PAS) and the False Memory Syndrome (FMS). *American Journal of Family Therapy, 32,* 79-99.

Grzybowski, L. S, & Wagner, A. (2010). Casa do pai, casa da mãe: a coparentalidade após o divórcio. *Psicologia: Teoria e Pesquisa, 26*(1), 77-87.

Lipp, M. E. N. (Org.). (2000). *Crianças estressadas: causas, sintomas e soluções.* Campinas: Papirus.

Motta, M. A. P. (2008). A síndrome da alienação parental. In: Associação de Pais e Mães Separados (Org.), *Síndrome da alienação parental e a tirania do guardião: aspectos psicológicos, sociais e jurídicos* (pp. 35-62). Porto Alegre: Equilíbrio.

Machado, H. V. (2005). Reflexões sobre concepções de família e empresas familiares. *Psicologia em Estudo, 10*(2), 317-323.

Orsi, M. J. S. (2003). *A família atual: constituição, organização e repercussões na educação dos filhos e na aprendizagem escolar.* Dissertação de Mestrado em Educação, Universidade Estadual de Maringá, Maringá.

Pinho, M. A. G. (2009). Alienação parental. *Jus Navigandi, 13*(2221). Recuperado em: 25 de abr. 2010, de <http://jus2.uol.com.br/doutrina/texto.asp?id=13252>.

Silva, L. S., & Resende, M. (2008). SAP: a exclusão de um terceiro. In Associação de Pais e Mães Separados (Org.). *A síndrome da alienação parental e a tirania do guardião: aspectos psicológicos, sociais e jurídicos* (pp. 26-34). Porto Alegre: Equilíbrio.

Silva, D. M. P. (2009). *Guarda compartilhada e Síndrome de Alienação Parental. O que é isso?* Campinas: Armazém do Ipê.

Soifer, R. (1982). *Psicodinamismos da família com crianças: terapia familiar com técnica de jogo.* Petrópolis: Vozes.

Yaegashi, S. F. R. (2007). Família, desenvolvimento e aprendizagem: um olhar psicopedagógico. In E. Rodrigues & S. M. Rosin (Orgs), *Infância e práticas educativas* (cap. 6, p. 68-80). Maringá: EDUEM.

PARTE II – OS PROCESSOS DE ENSINO-APRENDIZAGEM

Aspectos afetivos: elementos importantes no ensino e aprendizagem de matemática

Evelyn Rosana Cardoso

Ana Maria T. Benevides-Pereira

Valdeni Soliani Franco

Introdução

O interesse pelo tema surgiu da constatação de que, apesar da importância da emoção como elemento fundamental no processo de aprendizagem, ela tem sido constantemente ignorada e desconsiderada no ambiente escolar, no qual apenas os componentes cognitivos possuem lugar.

O tratamento dado aos aspectos afetivos no sistema educacional pode ser consequência de vários fatores, como a preparação dos professores que não contemplam esses temas, ou abordam apenas como elemento desejável, mas não como essencial. Para corroborar essa linha de formação, os concursos para admissão de profissionais da educação não consideram esses aspectos como relevantes para a docência.

No entanto, Codo e Gazzotti (1999) afirmam que o investimento afetivo está presente em todo trabalho, mas, para o professor, a relação afetiva é obrigatória. Segundo esses autores, a relação afetiva tem que ser estabelecida para que o professor atinja seus objetivos.

A grande maioria dos docentes, ao assumir aulas, acredita que o seu desempenho profissional está atrelado somente ao seu domínio dos conteúdos ministrados, à quantidade de conteúdos trabalhados em sala de aula e à "ordem" que os alunos mantêm durante as aulas. Mas a situação de ensino mostra que o conhecimento suficiente para a admissão não basta para ensinar, pois outros fatores estão presentes nos processos de ensino e de aprendizagem. Diante de alunos reais e não ideais, muitas vezes, fracassamos na tentativa de ensinar, e, em vez de mediador, o professor pode ser mais um obstáculo à aprendizagem.

Mesmo que o docente tenha arraigada a concepção de ensino na qual apenas os aspectos cognitivos são privilegiados, alguns perceberão que outros fatores são extremamente importantes no convívio com os alunos, como a história e a expressão de cada um deles. No entanto, como essas percepções contrariam a formação, elas podem ser eliminadas ou desvalorizadas pelo próprio professor.

A influência da afetividade no ensino está presente em todas as disciplinas do currículo escolar, logo deveria fazer parte da formação inicial e continuada dos professores de todas as áreas. A matemática se destaca como uma das disciplinas que mais reprovam em todos os níveis de ensino, o que nos leva a aventar a hipótese de o ensino dessa disciplina também ser um dos mais prejudicados por não considerar relevantes os aspectos afetivos. No ambiente escolar é frequente a opinião de que quem ensina matemática é mais rigoroso, mais organizado, mais exigente, mais racional e menos emocional.

Investigações sobre como os alunos aprendem ou o fato de que, mesmo sem apresentar problemas que comprometam a sua capacidade de aprendizagem, não alcançam resultados positivos, são importantes para a prática docente. A formação acadêmica alicerçada apenas nos conhecimentos das disciplinas específicas é insuficiente para garantir o sucesso no ensino, visto que nas salas de aula encontramos um aluno que é um ser humano integral. Concordamos com Maturana (1998) que o humano é o resultado do entrelaçamento do emocional com o racional, que é levado à ação pela emoção, não pela razão. Essa característica é uma condição de possibilidade, e não uma limitação do ser racional.

Afetos e emoções têm sido constantemente apontados como elementos indissociáveis e necessários para o estabelecimento de uma efetiva aprendizagem (Camargo, 2004), no entanto, há poucos estudos empíricos sobre a importância atribuída pelos alunos e docentes a esses aspectos. Assim, a proposta dessa pesquisa foi cooperar com os demais professores e contribuir com os alunos, os quais, devido às nossas atitudes nas salas de aulas, aproximam-se ou se afastam da matemática.

O ser humano e as emoções

As emoções e os sentimentos estão interligados de tal maneira que é natural que muitas vezes sejam compreendidos como sinônimos. Na realidade, ambos fazem parte de um processo no qual "[...] as emoções e as reações a elas relacionadas parecem preceder os sentimentos na história da vida e constituir o alicerce dos sentimentos" (Damásio, 2004, p. 35).

Para Damásio, as emoções

> [...] são ações ou movimentos, muitos deles públicos, que ocorrem no rosto, na voz ou em comportamentos específicos. [...] Os sentimentos, pelo contrário, são necessariamente invisíveis para o público, como é o caso com todas as outras imagens mentais, escondidas de quem quer que seja exceto do seu devido proprietário, a propriedade mais privada do organismo em cujo cérebro ocorrem. (2004, p. 35)

Ou seja, "[...] as emoções ocorrem no teatro do corpo. Os sentimentos ocorrem no teatro da mente" (Damásio, 2004, p. 35).

De acordo com Maturana (2001), pertencemos a uma cultura que não valoriza as emoções. Muitas vezes elas são percebidas como entorpecentes da razão, sendo comum relacionar a manifestação das emoções apenas aos seus aspectos nefastos.

A capacidade de raciocinar é enfatizada como um fator de unidade entre homens. No entanto, ao observarmos o nosso planeta, são perceptíveis as diferenças estabelecidas entre os povos devido ao raciocínio, mas na forma de expressar as emoções somos parecidos. De acordo com Darwin (2000), até mesmo as pessoas surdas e cegas, desde o nascimento, expressam a mesma gama de emoções no rosto.

Maturana afirma que

> [...] dizer que a razão caracteriza o humano é antolho, porque nos deixa cegos frente à emoção, que fica desvalorizada como algo animal ou como algo que nega o racional [...] e não vemos o entrelaçamento cotidiano entre razão e emoção, que constitui nosso viver humano, e não nos damos conta de que todo sistema racional tem um fundamento emocional. (1998, p. 15)

PSICOLOGIA E EDUCAÇÃO: CONEXÃO ENTRE SABERES

Ao estudar as emoções, Darwin (2000) registrou a universalidade das expressões e emoções nos diferentes grupos humanos, mesmo sem proximidades geográficas ou comunicações entre si. Por isso, somos capazes de reconhecer as emoções expressas por outras pessoas sem termos nenhum conhecimento da sua história ou das motivações que geraram essa emoção. Ekman (2008) também desenvolveu pesquisas coletando evidências de que existem expressões faciais que são universais.

A emoção é o elo que nos identifica como humanos. Podemos diferir de outros grupos sociais pelos regimes políticos, hábitos alimentares, religião, mas nas manifestações das emoções somos semelhantes.

Os benefícios resultantes da razão são amplos e inquestionáveis, mas muitas decisões importantes que tomamos são emocionais. Terra (1999) diz que as respostas emocionais são mais rápidas e, por isso, ditam o rumo de grande parte de nossas vidas. São as emoções que nos orientam e aceleram o processo de decisão. Maturana (2001, p. 46) ressalta que "[...] nada ocorre nos animais que não esteja fundado numa emoção", portanto, não existem atividades humanas que não estejam embasadas e sustentadas por uma emoção.

É comum a relação entre emoção e explosões emocionais, no entanto

> [...] as emoções não são apenas aqueles surtos espasmódicos de sentimento que surgem em resposta a estímulos externos. Elas são os alicerces sobre os quais repousa grande parte de nossa vida social e cultural, se não toda ela. É esta percepção que dispersa a ideia de que, em uma utopia futura, poderemos evoluir a um estágio em que não sentiremos emoção – de que, se chegarmos a alcançar este estágio, teremos deixado completamente a condição humana. (Walton, 2007, p. 20)

São comuns expressões se referindo às ações realizadas com a "cabeça quente" como não sendo as melhores, considerando a presença das emoções como perturbadoras e inibidoras do raciocínio. Entretanto, estudos realizados por Damásio (1996) com pessoas que tiveram comprometimento dos aspectos emocionais devido a lesões cerebrais apontam os efeitos nocivos causados pela ausência de emoções e sentimentos, pois podem comprometer a racionalidade.

Enfatizar a importância das emoções não implica a desvalorização da razão, mas sim afirmar que no ser humano os aspectos racionais não estão desvinculados dos aspectos emocionais. De acordo com Damásio (1996, p. 15), "[...] os sentimentos, juntamente com as emoções que os originam, não são um luxo. Servem de guias internos e ajudam-nos a comunicar aos outros sinais que também os podem guiar".

As emoções no ambiente escolar

No ambiente escolar, as mudanças são difíceis e lentas. Talvez seja o espaço mais conservador da nossa sociedade. As carteiras continuam enfileiradas da mesma forma, a mesa do professor no mesmo lugar na sala de aula, por mais de um século, enquanto o giz e o quadro-negro continuam tendo a mesma importância por anos.

A disciplina, vista como bom comportamento, permanece sendo confundida com aprendizagem. De acordo com Nunes (2009), muitas pessoas ainda creem que, para educar, é preciso ser rígido, e nessa busca pela ordem a escola se especializa em reprimir as emoções, acreditando que elas perturbam ou inibem o raciocínio, considerando os alunos "educados" os mais competentes em sufocar seus sentimentos. Camargo (2004, p. 22) considera lamentável "[...] constatar que ensinar crianças e adolescentes a se 'comportarem', reprimindo suas emoções, tem sido uma das 'grandes' tarefas dos professores".

Em estudos sobre as fontes de estresse no estudante, Dal Vesco (2002), após observações em sala de aula, relata que os professores pedem silêncio durante as aulas, como se o fato de o aluno estar calado implicasse em estar atento e aprendendo. Da mesma forma, o diálogo entre os alunos é caracterizado como indisciplina.

No ambiente escolar, os professores

> [...] valem pelo grau de conformismo com que acatam as determinações da direção e de seus assessores e pelo grau de eficácia com que submetem seus alunos às normas de comportamento e de aprendizagem vigentes na escola. (Patto, 1990, p. 181-182)

No entanto, a crença disseminada no ambiente escolar de que para aprender a criança precisa estar sentada e quieta não é verdadeira. "Sendo o movimento

PSICOLOGIA E EDUCAÇÃO: CONEXÃO ENTRE SABERES

fator implicado ativamente no funcionamento intelectual, a imposição de imobilidade por parte da escola pode ter efeito contrário sobre a aprendizagem, funcionando como um obstáculo" (Galvão, 1995, p. 110).

Segundo Galvão (1995), a criança pode estar com a postura que a escola julga adequada para aprender (ou seja, sentada, imóvel e olhando para o professor) sem estar prestando atenção no que, de fato, o professor pretende ensinar.

As definições de aprendizagem no ambiente escolar, muitas vezes, contemplam apenas o aspecto cognitivo, "[...] reduzindo a aprendizagem apenas à aquisição de conhecimento" (Brito, 2005, p, 70) e, consequentemente, como destaca Gómez Chacón (2003), a aprendizagem é avaliada pelos resultados acadêmicos dos aspectos cognitivos.

Ao priorizar apenas a perspectiva intelectual, a escola não considera relevante a história pessoal dos educandos. Camargo (2004) ressalta que a escola desconhece a vida afetiva da maior parte de seus alunos, se restringindo, muitas vezes, a encaminhar para tratamento os alunos que causam transtornos no ambiente escolar, assumindo cada vez mais o papel de "repressora" de emoções.

As implicações de uma compreensão limitada da aprendizagem são inúmeras, Chabot e Chabot (2005) alertam que ao considerarmos a aprendizagem decorrente apenas da cognição, os problemas de aprendizagem serão interpretados como intelectuais. Analisando os problemas enfrentados no ensino, os aspectos cognitivos "[...] nos parece insuficiente e incapaz de responder a todas as questões relativas ao aprendizado e às suas dificuldades" (Chabot & Chabot, 2005, p. 11).

A negligência dos aspectos afetivos no ambiente escolar dá a impressão de ser este um tema com debates recentes, mas Comenius (1997), no século XVII, já mencionava a importância de o aluno não se assustar com a austeridade do professor e ser atraído para a escola pelo afeto.

Chabot e Chabot (2005) relatam que as emoções negativas são responsáveis por um número expressivo de dificuldades na aprendizagem, pois elas influenciam consideravelmente as nossas funções cognitivas e intelectuais.

O ensino alicerçado na perspectiva do aluno racional deixa de usufruir das potencialidades emocionais, pois as emoções, além de todas as funções vitais descritas por Darwin (2000) também têm a "[...] capacidade de sensibilizar ante o novo" (Camargo, 2004, p. 133).

Os acontecimentos em uma sala de aula são imprevisíveis, e o professor por mais que se prepare para trabalhar com os alunos, sempre poderá ser surpreendido.

Esses fatos impossibilitam a existência de manuais para a formação docente indicando como agir em cada situação percebida no ambiente de ensino. Mas isso não compromete o desempenho da profissão, pois o que importa é que o professor compreenda o "[...] valor dos sentimentos, das emoções, do desejo, da insegurança a ser superada pela segurança, do medo que, ao ser 'educado', vai gerando a coragem" (Freire, 1996, p. 45).

Observa-se no ambiente acadêmico que estudos envolvendo assuntos subjetivos em geral são considerados um tópico menor, de pouca importância.

Todavia, com o fracasso do ensino considerando apenas os aspectos cognitivos,

> [...] torna-se necessário aceitar como área legítima de investigação não somente aqueles aspectos da experiência que possam parecer essencialmente racionais, mas também os fenômenos considerados subjetivos, pois a emoção e a cognição coexistem em um mesmo indivíduo e interferem amplamente em sua vida mental e em seu comportamento. (Loos, Falcão, & Acioly-Régnier, 2005, p. 235)

Independentemente dos nossos métodos pedagógicos, de opiniões sobre aprendizagem, de quais conteúdos devem ser abordados, é importante a reflexão proposta por Morales (1999) sobre o contato com o aluno, uma relação humana que resulta em influências mútuas para o bem ou para o mal, mesmo que o educador não acredite ou tenha consciência desse fato. No entanto, se o professor estiver consciente dessa influência, ele a utilizará de forma mais positiva.

As emoções no ensino de matemática

Dentre as disciplinas do Ensino Fundamental, a matemática se encontra entre as mais seletivas do ensino. As avaliações nacionais e internacionais, bem como o cotidiano escolar apontam que a matemática escolar é excludente. Da forma como é percebida,

> [...] a matemática possui um alto poder de seleção, delimitando uma fronteira entre os "inteligentes" – os bem-sucedidos em seus domínios, e os outros. Por isso, a matemática é ao mesmo tempo temida, frequentemente vivenciada como "perigosa" e ameaçadora.

Figura, além de tudo, como a campeã de reprovação em todas as séries do ensino básico. (Loos, Falcão, & Acioly-Régnier, 2005, p. 237)

D'Ambrósio (2001, p. 16) afirma que "[...] a matemática é o maior fator de exclusão nos sistemas escolares. O número de reprovações e evasões é intolerável".

Além do *status* de superioridade da matemática em relação aos demais domínios de conhecimento, o professor também contribui para que essa disciplina seja seletiva, visto que parece incorporar o rigor do saber matemático e, da mesma forma, relacionar-se com os demais à sua volta empregando a mesma austeridade. Imenes (1989) relata que os professores de matemática apresentam as posturas mais difíceis para assimilar mudanças e acatar inovações e são os mais exigentes.

O ensino para todos, defendido por Comenius (1997), ainda não é uma realidade nas nossas escolas. Está garantido o acesso à escola, mas não ao conhecimento. Em muitos casos, há preocupação de ensinar apenas a quem já sabe, e a inaptidão daqueles que apresentam dificuldades para aprender é reforçada. Dessa forma, a escola se torna exclusiva, e a sala de aula se transforma em um teatro, no qual as cenas são desenvolvidas com poucos atores, e uma grande parte dos alunos não chega a ocupar nem a posição de figurante, restando-lhes apenas a função de espectador.

Quando alunos que não apresentam problemas de outra natureza (neurológicos, psicopatológicos, congênitos ou outros) capazes de comprometer a aprendizagem não conseguem entender algum conteúdo ou alguma disciplina, outros aspectos da vida escolar precisam ser investigados para romper com a ideia aceita por muitos professores de que "[...] o aluno que já sabe, aprende bem; o aluno que não sabe, não aprende nunca" (Becker, 1993, p. 43).

Como, geralmente, a aprendizagem está relacionada apenas aos aspectos cognitivos, Chabot e Chabot (2005) referem que, quando um aluno apresenta dificuldades para aprender, é comum buscar indícios para explicar o fracasso ou nas suas capacidades intelectuais ou em nossas metodologias pedagógicas, sendo as competências emocionais omitidas pela escola.

Quando a escola ignora a emoção, desconsiderando a individualidade do aluno, como consequência torna-se mais excludente. Alguns estudantes conseguem aprender, mas os que possuem mais emoções negativas em relação aos professores e às disciplinas que eles ministram tendem a apresentar um histórico escolar com baixo rendimento e abandonam com mais frequência o ambiente escolar.

Se as pesquisas, considerando os aspectos afetivos no ensino de matemática, são poucas e recentes (Gómez Chacón, 2003), em contrapartida temos nas escolas problemas de ensino antigos, que atingem muitas crianças e jovens. São dificuldades que os estudos contemplando apenas aspectos cognitivos não eliminaram, abrindo espaços para pesquisas holísticas de educação. Acreditamos que "[...] podemos separar a matemática da psicologia do pensamento enquanto ciências, mas não podemos separá-las enquanto fenômenos acontecendo na prática" (Carraher, Carraher, & Schliemann, 1995, p. 11).

A mesma opinião apresenta Macedo (1994) ao afirmar que teoricamente podemos estudar isoladamente os aspectos afetivos, sociais e cognitivos da criança, mas nas salas de aula eles estão simultaneamente presentes determinando os efeitos de nossa ação.

A pesquisa sobre os aspectos emocionais no ensino de matemática é um campo vasto, com diversas possibilidades de investigações. Optamos desenvolver o estudo com alunos por concordar com Camargo (2004, p. 19) que os discursos do professor, de modo geral, apresentam "[...] uma postura cristalizada como categoria profissional e corporativa [...] enquanto o aluno apresenta um discurso livre, permitindo flagrar a manifestação das mais diversas emoções e sentimentos".

Contexto da pesquisa

Neste estudo, procuramos averiguar se havia diferença na manifestação afetiva em relação à matemática em estudantes considerados excelentes (médias bimestrais superiores a 9,0), medianos (médias bimestrais entre 6,0 e 9,0) e sofríveis (médias bimestrais inferiores a 6,0, e com histórico contendo reprovação).

Para esse corte de notas, considerou-se o sistema de avaliação das escolas públicas paranaenses, que exige média anual mínima 6,0 para aprovação.

Os objetivos desta pesquisa foram observar as manifestações de emoções presentes em alunos de 5ª série[1] nas suas respostas a um questionário aberto e durante entrevistas semiestruturadas, gravadas em áudio, para detectar possíveis consequências em seus aprendizados; contribuir para uma reflexão no âmbito escolar sobre as emoções e as razões que devem ser consideradas no ensino e na aprendizagem e realizar um estudo que possa subsidiar professores na compreensão da relação entre afetividade e cognição.

---

1 Atual 6º ano do Ensino Fundamental.

Considerando que esta investigação tinha como meta abordar fenômenos, e não fatos, a opção metodológica foi a pesquisa de cunho qualitativo, visto que fenômenos tais como amor, angústia, afeto, emoção, crença, atitude, alegria, tristeza, ansiedade, medo, entre outros, são muito complexos e difíceis de serem analisados quantitativamente.

Na pesquisa psicológica e educacional, de acordo com Martins e Bicudo (2005, p. 22), a expressão fenômeno "[...] assume o sentido da entidade que se mostra em um local situado". São exemplos os afetos, as emoções, os medos, entre outros. Esses autores salientam que esses fenômenos "[...] só se mostram em situação onde alguém (um ser específico) está sentindo, [...] e o acesso a eles se dá pelo sentir e indiretamente por meio da descrição do sentir" (p. 22).

Para a realização dessa interpretação, este estudo foi embasado na análise de conteúdo proposta por Bardin, que corresponde a

> Um conjunto de técnicas de análise das comunicações visando obter por procedimentos sistemáticos e objetivos de descrição do conteúdo das mensagens indicadores (quantitativos ou não) que permitam a inferência de conhecimentos relativos às condições de produção/recepção (variáveis inferidas) destas mensagens. (2006, p. 44)

Para a coleta de dados foram utilizados questionários de complementação de sentenças e entrevistas com questões semiestruturadas.

Cada aluno participou de dois encontros, nos quais individualmente foram entrevistados e observados apenas pela mesma pesquisadora. Para facilitar a análise e garantir sua precisão, as entrevistas foram gravadas em áudio.

No primeiro encontro, os alunos completaram um questionário e responderam verbalmente a uma entrevista semiestruturada com questões previamente formuladas. No segundo encontro, foi realizada uma segunda entrevista.

A pesquisa de campo foi realizada com alunos de um colégio público de um município do noroeste paranaense. Esse colégio, em 2008, ao término do ano letivo, atendia 930 alunos em 27 turmas, sendo dezessete turmas dos anos finais do Ensino Fundamental e dez turmas do Ensino Médio.

Apresentação e discussão dos resultados

Para efeito de identificação dos respondentes, assinalou-se como A_1, A_2 e A_3 os alunos classificados como excelentes, B_1, B_2 e B_3 os alunos classificados como medianos e C_1, C_2 e C_3 os estudantes tidos como sofríveis.

Os questionários e entrevistas

O questionário de sentenças foi a primeira atividade desenvolvida no encontro inicial. As entrevistas ocorreram nos dois encontros. As respostas dos alunos ao questionário de complementação de sentenças e entrevistas foram agrupadas por temas: a) matemática; b) sensação em aprender matemática; c) lembranças das aulas de matemática; d) desigualdades de desempenho escolar dos alunos; e) comportamento adequado para aprender; f) fracasso escolar; g) perfil do professor de matemática; e h) importância da relação professor-aluno.

A seleção desses temas foi realizada após a análise das informações obtidas com os instrumentos da coleta de dados. Foram considerados os aspectos que contribuíam em profundidade ou quantidade com os objetivos da pesquisa mencionados.

A matemática

Nenhum dos alunos apresentou a crença de que a matemática seja inacessível para muitos e de domínio de poucos "iluminados". Todos afirmaram que poderiam aprendê-la, mas alguns acreditavam que existem pessoas com mais capacidade, e outros, com menos. A matemática também não foi descrita como algo ruim.

Todos os alunos, quando se referiram à capacidade de aprender matemática, não a perceberam como uma aptidão natural. Ao contrário da opinião de professores que acreditam ter alunos que aprendem e outros que não aprendem nunca (Becker, 1993), os alunos afirmaram que é possível aprender com dedicação, esforço, concentração e atenção nas aulas.

Os alunos consideraram a matemática uma disciplina diferenciada das demais, a qual necessitava de mais empenho para compreendê-la. Devido a esse fato, durante as aulas de matemática os alunos informaram que ficavam mais atentos para conseguir aprender.

Lerner (1995) diz que a matemática é uma disciplina temível para a grande maioria das pessoas, inclusive para quem teve boas experiências com ela. Nas falas dos alunos, esse aspecto também se evidenciou. Todos os estudantes, independentemente do seu desempenho escolar, consideraram a matemática difícil e que precisavam se dedicar muito para aprender.

Essa percepção da matemática como uma das disciplinas mais difíceis resulta em obstáculos psicológicos, que, segundo Pedrosa e Aguiar (2006, p. 182), "[...] provocam recusas a aprender ou comportamentos inesperados".

Quando indagados sobre o que consideravam mais difícil em matemática, a maioria dos alunos citou conteúdos específicos. Também apontaram dificuldades pessoais, tais como lentidão para raciocinar.

Sensação de aprender matemática

A sensação de aprender matemática foi descrita por todos os alunos como uma sensação muita boa. A representação social da matemática faz dela uma disciplina classificatória. Não obter bons resultados em matemática, no senso comum, implica não raciocinar muito bem, em ser menos "inteligente"; por isso, quando os alunos conseguiam assimilar o que fora ensinado, sentiam-se inteligentes, realizados e felizes.

A possibilidade atribuída pela sociedade à matemática de qualificar as capacidades mentais de um indivíduo confere a ela o *status* de superioridade entre as disciplinas do currículo escolar. Dessa forma, aqueles que conseguem aprendê-la, obtêm um prazer maior do que quando aprendem as demais disciplinas. Embasados na aprendizagem de conteúdos matemáticos, percebem-se inteligentes, o que resulta em realização pessoal e felicidade.

Os familiares dos alunos também possuem mais expectativas em relação ao desempenho escolar do aluno em matemática. Geralmente, as notas obtidas nessa disciplina são o principal referencial no boletim escolar, sendo utilizadas pelos pais para questionar as demais notas caso sejam inferiores às de matemática, com exceção das notas de artes e educação física, pois nesses casos geralmente considera-se que a capacidade de raciocinar não é primordial.

Por outro lado, as notas de matemática, quando inferiores às demais disciplinas, são acatadas com mais naturalidade, pois os pais, tal como para a maioria das pessoas, acreditam que a matemática é uma das mais difíceis de aprender. Muitos argumentam sobre tal fato relatando que também tinham dificuldades no período escolar.

Esses depoimentos são constantes, pois, como observa Imenes (1989), é impressionante como as pessoas gostam e fazem questão de falar sobre o seu desempenho escolar em matemática. Essas necessidades de expor e recordar a própria experiência são mais frequentes sobre essa disciplina, o que fornece indícios de que a matemática deixa marcas mais intensas e inesquecíveis no indivíduo.

As reações que os alunos descreveram ocorrer durante as aulas de matemática foram variadas. Há quem gostava a ponto de desejar que houvesse uma carga horária maior dessa disciplina, e quem se sentia mal e ficava na expectativa para que terminasse. Foi também mencionada a necessidade de se manter a atenção durante a aula para conseguir aprender.

Os três alunos que tinham bom desempenho relataram que gostavam das aulas de matemática, sentiam-se bem, mas precisavam prestar atenção. Os alunos com desempenho médio, quando ocorria a aprendizagem, sentiam-se bem, mas sentiam vontade de que a aula terminasse logo. Para os alunos com desempenho abaixo da média, as expectativas eram mais desanimadoras, consideravam as aulas de matemática monótonas e praticamente não participavam das atividades propostas.

Verificou-se nessa questão a relação direta entre gostar da aula e a aprendizagem do aluno. Os alunos com as médias bimestrais mais elevadas sentiam-se bem e gostavam das aulas de matemática, mas os alunos com desempenho inferior relataram outras reações.

Lembranças das aulas de matemática

Os alunos relataram mais lembranças positivas do que negativas das aulas de matemática. As lembranças negativas reportavam a: a) casos de indisciplina; b) primeira vez que um conteúdo específico foi trabalhado; c) dúvidas que não foram sanadas na sala de aula; d) avaliações surpresas; e) substituições de professores; e f) ao fato de o professor gritar durante as aulas.

As lembranças mais agradáveis das aulas de matemática estavam relacionadas a: a) aulas diferenciadas com a utilização de jogos; e b) aulas nas quais o professor conseguia manter a atenção dos alunos, evitando a indisciplina na sala de aula e o excesso de barulho de conversas entre os estudantes. Quando o professor motivava todos os estudantes para participar de uma atividade, o clima da sala era benéfico para todos. Para esses alunos, o prazer resultante da aprendizagem de matemática não acontecia apenas quando se referia à experiência de si próprio, ele também aflorava quando percebia outras pessoas aprendendo.

Também ouvimos relatos de alunos que não tinham lembrança positiva, nem mesmo das outras disciplinas, a exemplo de C_1, que reclamou dos gritos dos professores nas salas de aulas.

C_2 descreveu o bem-estar proporcionado por realizar a contento uma atividade. O fato de conseguir concluir corretamente os exercícios torna o aluno mais confiante; se esses fatos se repetirem, o indivíduo pode gradativamente alterar suas crenças a respeito de suas próprias potencialidades de aprendiz. A relação estabelecida entre os afetos e a aprendizagem é cíclica:

> [...] por um lado, a experiência do estudante ao aprender matemática provoca diferentes reações e influi na formação de suas crenças. Por outro, as crenças defendidas pelo sujeito têm uma consequência direta em seu comportamento em situações de aprendizagem em sua capacidade de aprender. (Gómez Chacón, 2003, p. 23)

Ao comentar sobre os anos escolares anteriores, a maioria informou que foram bem, e a análise do histórico na secretaria da escola comprovou essa informação. Mas a dificuldade para aprender matemática foi lembrada, e reprovações foram também mencionadas:

B_3 afirmou ter inaptidão para aprender matemática, evidenciando a crença de que não tem talento para aprender e a dificuldade para romper com esse fato, que se vai afirmando como uma característica pessoal.

C_3 mencionou as inúmeras mudanças da quarta para a quinta série, isto é, atual 6º ano do Ensino Fundamental, que, para alguns alunos, acabam repercutindo negativamente, tais como espaço físico, maior número de professores e de disciplinas, alternância de professores em curto espaço de tempo, entre outras.

Desigualdades de desempenho escolar dos alunos

Todos os alunos foram indagados sobre em quais disciplinas apresentavam o melhor e o pior desempenho, e a opinião acerca desse mesmo aspecto dos demais alunos da escola. Ao falar sobre o próprio desempenho nas disciplinas escolares, todos os alunos fizeram menção à matemática, sendo a mais lembrada e confirmando a observação de Imenes (1989, p. 288) de que "[...] as pessoas têm o que dizer a respeito dessa experiência e que sentem necessidade de fazê-lo".

Quando interrogados se acreditavam que havia pessoas com mais facilidade para aprender matemática, a maioria disse que não, o diferencial é a dedicação e a atenção. O fato de gostar da disciplina também colaborava com a aprendizagem.

A afirmação de que a atenção é necessária para que se possa aprender foi repetida inúmeras vezes por todos os alunos. Na realidade, essa atenção mencionada se referia ao comportamento do aluno durante as aulas. Foi muito presente entre os entrevistados a crença de que para aprender mais o estudante precisa ficar, de preferência, imóvel e silencioso.

Comportamento adequado para aprender

Lerner (1995) observou que crianças da primeira série (atual pré-primário) já consideravam o comportamento apresentado pelo aluno na sala de aula como um aspecto relevante na avaliação da aprendizagem. Tal como as crianças entrevistadas por essa autora, os alunos das quintas séries (atuais sextos anos) que participaram desta pesquisa acatavam com naturalidade os critérios de avaliação do desempenho acadêmico recebido. As crianças justificavam as próprias reprovações ou de colegas reportando ao comportamento apresentado por eles durante as aulas. A opinião de que o aluno para aprender precisa ficar quieto, com mínimos movimentos físicos e conversar pouco, estava amplamente disseminada e aceita pelos alunos e era utilizada inclusive como justificativa para explicar a retenção na série.

Assim como o estudo desenvolvido por Lerner (1995), a espontaneidade e firmeza demonstradas pelos alunos entrevistados nesta pesquisa ao expressar suas opiniões sobre o "comportamento" adequado para aprender, nos levam a acreditar que as crianças "[...] devem ter boas razões para estarem tão seguras de que o comportamento influi de forma decisiva na avaliação que se faz do seu desempenho" (Lerner, 1995, p. 22).

Argumentos relacionados ao comportamento foram verbalizados pelas crianças para explicar diferenças de resultados de desempenho escolar entre os alunos. Os estudantes justificaram as melhores notas de alguns alegando que prestavam atenção e ficavam quietos.

De acordo com Fernández (1995, p. 172), nós, professores, "[...] temos um modelo inconsciente de aluno que aprende". Este possui as seguintes características: é aplicado, obediente, respeitoso, cumpridor, agradável, limpo, estudioso, trabalhador e de bons modos.

Segundo a autora, geralmente esse modelo de aprendizagem é mais aceito pelas meninas do que pelos meninos, pois

> [...] como ele coincide com o modelo daquilo que a sociedade espera delas como mulheres, é menos contraditório. Quer dizer, há concordância entre o modelo que a escola lhes pede como uma boa aluna e o modelo que a sociedade lhes pede como mulher. Há uma coincidência. Para ele, o modelo de bom aluno não coincide com o modelo de ser homem que a sociedade lhe pede. Então, muitos meninos constroem problemas de aprendizagem. (Fernández, p. 173, 1995)

Na escola onde foi desenvolvida a pesquisa de campo, das 163 matrículas finais de 2008 nas quintas séries, (atuais sextos anos) 84 eram meninos e 79 meninas. Entre os meninos, 30,95% foram reprovados; já no caso das meninas, o índice de retenção foi de 3,79%.

Os discursos dos alunos que colaboraram com este estudo revelaram que o rendimento escolar reflete além da aprendizagem, o comportamento que o aluno apresentou durante as aulas.

Fracasso escolar

Assim como muitos professores, percebeu-se que para as crianças "[...] o ensino não é responsabilizado como fator determinante do êxito precário na aprendizagem discente. Ao contrário, procura-se isentá-lo" (Becker, 1993, p. 95). O fracasso escolar, na maioria das vezes, é atribuído apenas ao aluno.

As crianças também atribuíram a culpa pelo fracasso aos próprios estudantes. Entre os alunos existia consenso sobre o merecimento da retenção e sobre a atribuição de responsabilidade pelo insucesso escolar aos próprios repetentes. No entanto, Piaget (2007, p. 34) afirmou que "[...] a escola fica com boa parte da responsabilidade no que diz respeito ao sucesso final ou ao fracasso do indivíduo, na realização de suas próprias possibilidades e em sua adaptação à vida social". Neste estudo, a isenção da escola foi aceita até mesmo pelos alunos repetentes, que citaram o fato de fazerem bagunça para justificar a reprovação.

Perfil do professor de matemática

Entre os alunos entrevistados, houve consenso de que o professor de matemática possuía um perfil diferenciado, seja pela forma de ensinar ou pelas capacidades intelectuais.

A percepção dos alunos sobre os professores de matemática refletiu as suas opiniões sobre essa disciplina. Como a matemática era vista pelas crianças como uma das disciplinas mais difíceis e que era preciso muita atenção para compreendê-la, para elas o professor de matemática era uma pessoa muito inteligente, com capacidade de aprendizagem superior aos demais professores.

Como qualidades principais de um bom professor de matemática, na opinião dos participantes, figuraram a capacidade cognitiva, a forma de ensinar, atenção e paciência que dispensava aos discentes, sem distinção quanto ao lugar que o estudante ocupava em sala de aula.

De acordo com os estudantes, o professor de matemática teria de ser inteligente. Neste aspecto há consenso entre as crianças e as instituições que formam o professor, pois, como relata Klausmeier e Goodwin (1977, p. 202), o "[...] término da universidade e outras exigências para o ensino estão mais baseados nas características cognitivas do que nas afetivas". Entretanto, os anseios dos alunos incorporavam aspectos que apenas a capacidade cognitiva do professor seria insuficiente para alcançar. Segundo os alunos, a sensibilidade do educador era fundamental.

É relevante salientar que a diversidade de atitudes que o professor deve demonstrar para atingir positivamente os alunos em uma única aula confere a essa profissão características peculiares. Por isso, "[...] as diferenças afetivas entre professores são provavelmente mais importantes na determinação do sucesso do ensino do que as diferenças cognitivas" (Klausmeier & Goodwin, 1977, p. 202).

Se na formação do professor as questões subjetivas podem ter sido ignoradas, na docência elas são imprescindíveis para que o professor estabeleça com o aluno uma relação propícia para a aprendizagem.

Importância da relação professor-aluno

De acordo com Fernández (1991, p. 47), para que ocorra a aprendizagem "[...] necessitam-se dois personagens (ensinante e aprendente) e um vínculo que se estabelece entre ambos".

No discurso do professor, segundo Saltini (2008), aparecem outros itens como prioritários para obter melhores índices de aprendizagem, tais como construção e manutenção de laboratórios e salas de aulas e a aquisição de materiais pedagógicos e componentes de informática, mas os discursos dos alunos entrevistados nesta pesquisa corroboraram Fernández (1991). Para essas crianças, o professor e as relações estabelecidas em sala de aula são os fatores primordiais para a qualidade do ensino.

Os estudantes consideraram que essas relações estavam intimamente ligadas aos seus desempenhos escolares, podendo ter facilitado ou atrapalhado a aprendizagem. Foi generalizada entre os alunos pesquisados a opinião que se não gostar do professor, não tem como gostar da disciplina.

Como descreve Camargo (2004), sempre que as pessoas se referem às experiências com a matemática, recorrem às lembranças dos professores da disciplina, sendo o vínculo afetivo necessário à aprendizagem. No entanto, uma boa aprendizagem também facilita um bom vínculo afetivo.

Para os alunos, a capacidade do docente de ensinar e a forma de se relacionar com os estudantes foram os principais aspectos mencionados para explicar a diferença de desempenho dos alunos nas disciplinas.

Verifica-se que as questões afetivas são importantes para os alunos de todos os níveis. O clima emocional da sala de aula pode favorecer ou atrapalhar até os alunos que são considerados excelentes. Estudantes com problemas de aprendizagem falaram que essas dificuldades podem ser propositais, como forma de expressar a insatisfação com o professor. Gostar ou não do professor da disciplina, na opinião de todos os entrevistados, fazia muita diferença na aprendizagem.

Nas respostas obtidas às questões propostas, pode-se perceber que se as escolas não dão a devida importância aos aspectos afetivos, o mesmo não acontece com os alunos. Para eles, o ensino e aprendizagem eram uma relação, como afirmaram Codo e Gazzotti (1999), permeada por afeto e, por gostar ou não do professor, podem aprender mais ou, até mesmo, se negar a aprender. É importante salientar, como descreve Morales (1999), que existem muitas maneiras de ser um bom professor na concepção do aluno.

Uma das palavras mais citadas pelos alunos durante as entrevistas foi "atenção". A palavra tão mencionada referia-se à atenção dispensada aos alunos pelo professor durante as aulas. Sendo esse um dos principais aspectos, na opinião destes, para favorecer a aprendizagem e a falta da atenção, responsável pelo desempenho insuficiente dos estudantes. De acordo com alunos que sentavam nas carteiras do fundo, a dedicação do professor ficava restrita aos que se sentavam na frente.

Os dados obtidos, expressos tanto nos questionários como durante as entrevistas, levam-nos a concluir que para o ensino ter saltos de qualidade não é necessário que haja grandes transformações físicas no ambiente escolar, nem aquisição de equipamentos eletrônicos modernos. Para os estudantes, a grande diferença que pode favorecer o ensino está nas relações humanas. Essa seria a grande revolução que poderia favorecer a aprendizagem na sala de aula.

As opiniões dos participantes sobre o ensino vão ao encontro dos resultados de uma pesquisa desenvolvida por Casassus (2002) na América Latina. Para esse autor, entre as diversas variáveis analisadas, tais como o número de alunos por sala, salário do professor, capacitação e experiência docente, infraestrutura e recursos da escola, contexto familiar e outros aspectos, "[...] a variável que aparece como a mais importante é a que se refere ao clima favorável à aprendizagem existente na escola, mais especificamente se for um clima emocional favorável dentro da sala de aula" (Casassus, 2002, p. 127).

Considerações finais

Ao ouvir um único aluno, independente de sua idade e do seu desempenho escolar, deparamo-nos com uma fonte repleta de informações e sugestões sobre o funcionamento do sistema educacional.

Todos os alunos participantes da pesquisa evidenciaram a importância da dimensão emocional no ensino. Houve convergência entre a fundamentação teórica e as informações obtidas na coleta de dados. Dessa forma, o discurso do professor, o qual, segundo Saltini (2008), no geral ignora a importância da dimensão afetiva no âmbito escolar, não deveria excluir os aspectos emocionais como essenciais para o progresso e aprimoramento do ensino e aprendizagem.

Para os participantes, a matemática era uma disciplina diferenciada. A representação social conferida a ela se refletiu no discurso das crianças, que a consideraram difícil e cuja aprendizagem só acontecia com muito esforço e concentração. No entanto, ao contrário das opiniões dos docentes, conforme afirma Becker (1993), os alunos acreditavam que todos podem aprender matemática, bastando ter dedicação.

Como os alunos não consideravam a matemática fácil, nem mesmo os que possuíam boas notas nessa disciplina, quando conseguiam compreender os conteúdos ministrados durante as aulas, sentiam-se muito bem. Embasados nessa aprendizagem, se percebiam como pessoas inteligentes.

Possuir uma emoção positiva em relação às aulas de matemática estava diretamente relacionado com a aprendizagem do aluno. Quanto mais esse conseguia aprender, mais gostava das aulas, e os que tinham mais dificuldades para aprender sentiam-se mal, desejando que a aula terminasse logo.

Nas lembranças negativas das aulas de matemática, permaneceu a indisciplina dos alunos, o descontrole do professor, as avaliações, as substituições de professores e os conteúdos novos que não foram compreendidos. Já as lembranças positivas se referem aos momentos em que o professor conseguiu envolver todos os alunos nas atividades propostas ou ofereceu uma aula diferenciada, com a utilização de jogos, por exemplo.

Ao comentar sobre o seu próprio desempenho escolar, todos citaram a matemática como sendo a que possuía as melhores ou as piores notas e, novamente, repetiram o discurso de que a aprendizagem de matemática é o resultado da atenção que cada um dispensava durante as aulas.

Para os participantes, existia um comportamento adequado para aprender, o que coincide com a opinião dos professores, conforme relata Dal Vesco (2002). Tanto para os discentes como para docentes, a imobilidade é sinal de atenção. Por isso, de acordo com alguns estudantes, ela era utilizada como critério pelo professor para atribuir as notas.

Como esse modelo de bom aluno é mais frequentemente seguido pelas meninas, segundo Fernàndez (1995), essa é uma justificativa para os números mais elevados de reprovação dos meninos. Na escola na qual foi realizada a pesquisa de campo, a reprovação dos meninos foi quase dez vezes maior do que a das meninas em 2008.

Os participantes acatavam com naturalidade esses índices e percebiam a retenção como uma punição para a indisciplina apresentada pelo aluno durante o ano letivo. Para justificar a reprovação, todos recorreram a questões disciplinares, e em nenhum momento foi mencionada a aprendizagem. A culpa pelo insucesso também foi atribuída aos próprios alunos.

Sendo a matemática considerada uma disciplina diferenciada, consequentemente o professor dessa matéria também foi percebido como tendo características peculiares. Os alunos acreditavam que os professores de matemática eram mais inteligentes do que os professores das demais disciplinas, e que ensinavam mais. No entanto, os alunos sabiam que somente as potencialidades intelectuais eram insuficientes para ensinar, e a empatia do docente foi citada como um quesito fundamental.

Segundo os participantes, a capacidade do professor de perceber e dar atenção para os estudantes era fundamental na sala de aula, e a qualidade dessa relação repercutia no ensino e aprendizagem. Tal como para diversos autores (Camargo, 2004; Casasus, 2009; Codo & Gazzotti, 1999; Gómez Chacón, 2003; Morales, 1999), o ensino e aprendizagem era, na opinião dos pesquisados, uma atividade influenciada pela afetividade. Para aprender, precisam sentir-se bem na sala de aula, e a relação com o professor era fundamental para obter bons resultados.

Neste estudo, os alunos considerados excelentes eram os que possuíam os melhores vínculos com os professores, acreditavam que os docentes de matemática eram os mais "legais", inteligentes e com uma forma de ensinar diferenciada. Os reprovados apresentaram os piores vínculos e o maior número de reclamações dos professores. Esse fato corrobora a constatação de Camargo (2004) de que o vínculo afetivo entre professor e aluno é um aspecto muito importante para a aprendizagem, assim como uma boa aprendizagem pode favorecer vínculos afetivos positivos entre ambos.

Se por um lado os docentes reclamam da indisciplina e do desinteresse dos alunos, esses também não aprovavam algumas atitudes dos educadores. As reclamações mais constantes foram referentes à atenção aos estudantes por parte do professor, sem fazer distinção do lugar que estes ocupavam na sala de aula.

Neste estudo também ficou evidenciada a importância da capacidade de ouvir os estudantes. Macedo, Petty e Passos (2000, p. 22) relataram que é "[...] muito comum, quando há um problema ou 'queixa', falar sobre a criança e não com ela. Geralmente, as conversas acontecem entre os pais, professores e diferentes profissionais, sem que ela participe", quando nos propomos a ouvir os alunos, por mais reduzido que tenha sido o grupo, verifica-se que eles possuem percepções importantes que devem ser compartilhadas com todos os envolvidos na educação.

Os alunos possuem informações e opiniões em quantidade e intensidade sobre o sistema educacional, que podem contribuir com as discussões sobre o ensino e aprendizagem. O conhecimento do estudante é amplo, pois é oriundo da própria experiência, análise dos acontecimentos que presencia, e também porque entre eles a conversa sobre os assuntos escolares é constante. Os educandos possuem o hábito de compartilhar e discutir os acontecimentos do ambiente escolar.

As falas das crianças entrevistadas confluíram para evidenciar a importância dos aspectos afetivos no ensino e como eles influenciam o rendimento escolar. Essa é outra perspectiva do sistema educacional que necessita ser melhor considerada. O que não significa que os professores devem abandonar a luta por questões salariais, melhores condições físicas dos prédios escolares para o desenvolvimento do seu trabalho, bem como a promoção sistemática da formação continuada, mas eles devem também estar conscientes que esses aspectos isolados são insuficientes para a melhoria da qualidade do ensino.

Referências

Bardin, L. (2006). *Análise de conteúdo*. Lisboa: Editora 70.

Becker, F. (1993). *A epistemologia do professor: o cotidiano da escola*. Petrópolis: Vozes.

Brito, M. R. F. (2005). A aprendizagem significativa e a formação de conceitos na escola. In M. R. F. Brito (Org.), *Psicologia da educação matemática* (pp. 69-84). Florianópolis: Insular.

Camargo, D. (2004). *As emoções e a escola*. Curitiba: Travessa dos Editores.

Carraher, T. N., Carraher, D. W., & Schliemann, A. D. (1995). *Na vida dez, na escolar zero*. São Paulo: Cortez.

Casassus, J. (2002). *A escola e a desigualdade*. Brasília: Plano Editora.

Chabot, D., & Chabot, M. (2005). *Pedagogia emocional: sentir para aprender*. São Paulo: Sá editora.

Codo, W., Gazzotti, A. A. (1999). Trabalho e afetividade. In W. Codo (Org.), *Educação: Carinho e trabalho* (pp. 48-59). Petrópolis: Vozes.

Comenius. (1997). *Didática magna*. São Paulo: Martins Fontes.

Dal Vesco, A. A. (2002). *Alfabetização matemática e as fontes de estresse no estudante*. Passo Fundo: UPF.

Damásio, A. R. (1996). *O erro de Descartes: emoção, razão e cérebro humano*. São Paulo: Companhia das Letras.

Damásio, A. R. (2004). *Em busca de Espinosa: prazer e dor na ciência dos sentimentos*. São Paulo: Companhia das Letras.

Darwin, C. (2000). *A expressão das emoções no homem e nos animais*. São Paulo: Companhia das Letras.

D'Ambrósio, U. (dez. 2001). Desafios da educação matemática no novo milênio. *Educação Matemática em Revista*, 8(11), 14-17.

Ekman, P. (Ed.). (2008). *Consciência emocional: uma conversa entre Dalai Lama e Paul Ekman*. São Paulo: Prumo.

Fernández, A. (1991). *A inteligência aprisionada*. Porto Alegre: Artes Médicas.

Fernández, A. (1995). Agressividade: qual o teu papel na aprendizagem? In E. P. Grossi & J. Bordin (Orgs.), *Paixão em aprender*. Petrópolis: Vozes.

Freire, P. (1996). *Pedagogia da autonomia: saberes necessários à pratica educativa*. São Paulo: Paz e Terra.

Galvão, I. *Henri Wallon: uma concepção dialética do desenvolvimento infantil*. Petrópolis: Vozes, 1995.

Gómez Chacón, I. M. (2003). *Matemática emocional: os afetos na aprendizagem matemática*. Porto Alegre: Artmed.

Imenes, L. M. (1989). *Um estudo sobre o fracasso do ensino e da aprendizagem da matemática*. Dissertação de Mestrado em Educação, Universidade Estadual Paulista Júlio de Mesquita Filho, Assis.

Klausmeier, H. J., & Goodwin, W. (1977). *Manual de psicologia educacional: aprendizagem e capacidades humanas*. São Paulo: Harbra.

Lerner, D. Z. de. (1995). *A matemática na escola: aqui e agora*. Porto Alegre: Artes Médicas.

Loos, H., Falcão, J. T. R., & Acioly-Régnier, N. M. (2005). A ansiedade na aprendizagem da matemática e a passagem da aritmética para a álgebra. M. F. Brito (Org.), *Psicologia da educação matemática* (pp. 235-261). Florianópolis: Insular.

Macedo, L. de. (1994). *Ensaios construtivistas*. São Paulo: Casa do Psicólogo.

Macedo, L. de, Petty, A. L. S., & Passos, N. C. (2000). *Aprender com jogos e situações-problema*. Porto Alegre: Artes Médicas Sul.

Martins, J., & Bicudo, M. A. (2005). *A pesquisa qualitativa em psicologia: fundamentos e recursos básicos*. São Paulo: Centauro.

Maturana, H. (1998). *Emoções e linguagem na educação e na política*. Belo Horizonte: Ed. UFMG.

Maturana, H. (2001). *Cognição, ciência e vida cotidiana*. Belo Horizonte: Ed. UFMG.

Morales, P. (1999). *A relação professor-aluno: o que é, como se faz*. São Paulo: Edições Loyola.

Nunes, V. (2009). *O papel das emoções na educação*. São Paulo: Casa do Psicólogo.

Patto, M. H. S. (1990). *A produção do fracasso escolar: histórias de submissão e rebeldia*. São Paulo: T. A. Queiroz.

Pedrosa, M. I., & Aguiar, M. C. A. (2006). Ontogênese e práticas educativas na educação infantil. In Maria Thereza C. Coelho de Souza (Org.), *Razão e emoção: diálogos em construção*. São Paulo: Casa do Psicólogo.

Piaget, J. (2007). *Para onde vai a educação?* Rio de Janeiro: José Olympio.

Saltini, C. J. P. (2008). *Afetividade e Inteligência*. Rio de Janeiro: Wak Ed.

Terra, O. (1999). *Entenda melhor suas emoções*. Porto Alegre: Mercado Aberto.

Walton, S. (2007). *Uma história das emoções*. Rio de Janeiro: Record.

A fala e a expressão do pensamento da criança na ação docente em instituições de educação infantil

Regina de Jesus Chicarelle

Marieta Lúcia Machado Nicolau

Introdução

A linguagem em ambiente escolar é uma questão que sempre foi objeto de reflexão em nossa atuação como professoras de Educação Infantil e Ensino Fundamental. Além disso, esse interesse intensificou-se a partir do momento em que passamos a atuar como docente-orientadoras de uma disciplina de estágio curricular supervisionado do curso de Pedagogia em uma universidade pública do Paraná. Nesta pesquisa, o tema geral da linguagem é delimitado, contemplando, especificamente, a fala, a expressão oral da criança da faixa etária da educação infantil. O *lugar* da fala da criança na ação docente está vinculado às oportunidades de a criança falar, de participar, de expressar seu pensamento, seu sentimento. Relaciona-se às interações da criança com o outro, bem como ao tipo de valorização que sua fala ocupa nas atividades, nas situações vivenciadas em seu ambiente educativo. Para tanto, o objetivo deste estudo é apresentar parte dos resultados obtidos da pesquisa acerca do lugar que ocupa a fala da criança na ação docente realizada em instituições de educação infantil.

Buscou-se a fundamentação acerca da fala em argumentos e pressupostos nas teorias psicológicas de Vygotsky, Piaget e Wallon, nas quais o ser humano é visto como um ser ativo, em processo de construção de si mesmo e de seu meio. São abordados alguns estudiosos colaboradores, contemporâneos aos referidos autores dessas teorias, bem como alguns interlocutores atuais de cada uma delas. Foram bases para a coleta de dados as ações educativas, as relações construídas e realizadas com a criança, especificamente enfatizando-se aquelas direcionadas à fala da criança. A pesquisa envolveu três turmas da referida faixa etária da educação infantil, uma de cada Centro Municipal de Educação Infantil (CMEI) de

PSICOLOGIA E EDUCAÇÃO: CONEXÃO ENTRE SABERES

uma cidade do norte do Paraná para a coleta de dados. Foram utilizadas também as informações concedidas pelos profissionais das instituições para a construção da caracterização dos sujeitos e dos locais de coleta, e a consulta aos documentos, como o Regimento Escolar, a Proposta Curricular da referida rede e os Planejamentos gerais da rede, das unidades educacionais e os específicos das três turmas observadas, os quais foram igualmente importantes para compor os dados e analisá-los. As observações foram realizadas, principalmente, por meio do recurso da filmagem dos sujeitos inseridos em suas atividades de rotina, em situações diárias e habituais, nas instituições de educação infantil. Buscou-se registrar os diferentes momentos, as atividades, as situações vivenciadas pelos sujeitos nas instituições de educação infantil, tais como: a) assembleias, relatos do cotidiano realizados pela criança, encenação do contar e ouvir histórias, músicas cantadas; b) desenho, escrita, pintura, modelagem; c) brincar livre e dirigido; d) higienização (banho, escovação de dentes, lavação das mãos) e troca de roupas; e) chegada das crianças à instituição ou sua saída; f) refeição (café da manhã, almoço, lanche da tarde, jantar); e g) sono, descanso.

Diante dos dados, percebeu-se que, em alguns tipos de situação, havia a intencionalidade por parte da docente de envolver a criança em sua participação oral, mas em outros tipos de situação não havia tal intencionalidade. Frente a esse fator, o qual representa um dado inicial da pesquisa, foi necessário seguir um primeiro critério de organização dos dados. Esse critério se concretizou na separação das situações observadas em dois grandes agrupamentos. Embora neste capítulo não seja possível expor os resultados obtidos no primeiro agrupamento, destaca-se que nele estejam presentes as situações que demonstraram a não intencionalidade docente de promover a participação da criança por meio da fala nas atividades realizadas. Essas situações ficaram aglutinadas assim: a higienização (uso do sanitário, lavação das mãos, o despertar do sono e a arrumação pessoal, a escovação dos dentes e o projeto sobre higiene bucal); as refeições (café, almoço, lanche e jantar); o recreio das crianças e intervalo das professoras; o sono; a chegada das crianças à instituição e a espera pela docente; e a espera pelos pais e a saída das crianças da instituição.

Nas situações que compuseram o segundo agrupamento, as quais demonstraram a intenção por parte da docente de promover a participação da criança, envolvendo-a por meio da fala nas atividades realizadas, os sujeitos realizavam atividades como assembleias, relatos do cotidiano realizados pela criança, encenação, o contar e ouvir histórias, músicas cantadas; desenho, escrita, pintura, modelagem; brincar livre e dirigido.

Para a análise dos dados, especificamente das situações provenientes do segundo agrupamento, fez-se necessária a elaboração de categorias que traduzissem os possíveis resultados: a fala e a participação. Assim, a partir dos dados, foram obtidos, para cada categoria, diferentes tipos de fala, bem como tipos de participação, tanto da criança como da docente. Para a análise dos dados do segundo agrupamento de situações, essas duas categorias foram utilizadas relativamente aos dois tipos de sujeito, quais sejam, a criança e a docente, compondo--se assim: a fala da criança e a fala da docente; a participação da criança e a participação da docente. Quando os dados do referido agrupamento foram aplicados a essas categorias, desencadearam-se tipos de fala e de participação da criança e da docente. Para a diferenciação e identificação da instituição, do sujeito docente, bem como da respectiva turma de cada profissional sujeito docente, foram delimitadas as letras A, B e C. Assim, 21 situações compuseram o segundo agrupamento: PA (professora da instituição A, quatro situações); AA (atendente da instituição A, três situações); PB (professora da instituição B, cinco situações); AB (atendente da instituição B, quatro situações); PC (professora da instituição C, três situações); AC (atendente da instituição C, duas situações).

Com a definição das categorias, foi possível estabelecer as relações dos dados provenientes das situações de observação do segundo agrupamento, em que foi percebida intencionalidade por parte da docente em promover a participação da criança, especialmente por meio da fala. Quando os dados do referido agrupamento foram aplicados a essas categorias, desencadearam-se tipos de fala e de participação da criança e da docente, os quais são apresentados a seguir.

A fala

A fala da criança – tipo de fala da criança

1) Choros, brigas, todos falando ao mesmo tempo, em tom alto, fazendo muito barulho, constatou-se que houve maior incidência (quatorze situações); 2) conversas entre as crianças, em brincadeiras nas quais expressaram os próprios desejos, necessidades, sentimentos, pensamentos, produções e conquistas; muitas

interações, com todas as crianças participando da atividade, falando, cantando e se movimentando com alegria, satisfação e interesse (três situações); 3) Poucas palavras ou frases curtas e fragmentadas para responder às exigências ou indagações da docente quando solicitado (treze situações).

A fala da docente – tipo de fala da docente

1) Fala com uma tonalidade de voz alta e estridente; nervosismo; severidade; rigidez na imposição de regras, autoritarismo e comando, perda de controle da orientação da turma (cinco situações); 2) poucas palavras, gestos corporais e faciais; ouviu a fala da criança somente para negar ou permitir algo a ela; ouviu algumas crianças, mas não respondeu nada; não conversou com as crianças (quatorze situações).

A participação

A participação da criança – tipo de participação da criança

1) Ajuda mútua entre as crianças; brincar juntos; tranquilidade e concentração na realização da atividade; alegria, satisfação e interesse das crianças pela atividade (três situações); 2) desobediência, indisciplina; insatisfação, desinteresse, agitação; ficar calado ou isolado (quatorze situações); 3) ausência de orientações da docente para a realização da atividade; organização própria das crianças (uma situação).

A participação da docente – tipo de participação da docente

1) Tomou conhecimento das falas e dos assuntos das crianças somente quando perguntou e a criança respondeu em voz alta; ouviu a fala das crianças com aflição, só para cumprir a formalidade da atividade (quinze situações); 2) organização das atividades e intervenções docentes que facilitaram a participação das crianças; expressão de afeto, amizade, confiança, segurança e atenção com a criança; satisfação com o trabalho (três situações); 3) desatenção às falas das crianças; atividades propostas não exigiram preparação, planejamento, esforço nem dedicação da docente; ausência de iniciativa; aspereza; insegurança nas decisões e ações; cansaço; desânimo; desinteresse com relação às atividades realizadas; descontinuidade e fragmentação dos conteúdos desenvolvidos nas atividades; ausência de experiências práticas dos conteúdos expostos pelas falas dos docentes (dezoito

situações); 4) cuidou das crianças, observando-as de longe, com a intenção de que elas não se machucassem ou brigassem (três situações).

Em relação à categoria fala, especificamente, a fala da criança, observou-se em um dos tipos de sua fala, choros, brigas, todos falando ao mesmo tempo, em tom alto, fazendo muito barulho. Além disso, verificou-se o tipo de fala da criança em que ocorreu o uso de poucas palavras ou de frases curtas e fragmentadas para responder às exigências ou indagações da docente quando solicitado.

Com base nos pressupostos de Piaget (1973), interpretou-se que, nesse primeiro tipo de fala da criança, havia características da linguagem egocêntrica, especificamente o monólogo coletivo. Quanto ao segundo tipo de fala da criança, pode-se dizer que possui características da linguagem socializada, como define Piaget (1973), especificamente da fase das perguntas e respostas, não se tratando de diálogos, mas de um momento em que a linguagem egocêntrica vai-se atenuando conforme a criança desenvolve relações de conversações com os adultos.

À luz da teoria de Wallon (2007), os referidos tipos de fala da criança destacam-se como autêntica expressão de que cada etapa do desenvolvimento infantil representa uma pessoa completa, constituída tanto de obstáculos a serem superados como de conquistas já estabelecidas. Os sujeitos crianças desta investigação se encontram em uma faixa etária cujas características de linguagem transitam pelo estágio do personalismo. Conforme descreve Tran-Thong (1987), estudioso da teoria walloniana, é nesse período que ocorre a diferenciação entre a criança e o outro. Ou seja, a criança passa a ter maior consciência de sua existência separada e permeada de autonomia no vínculo familiar e percebe, com mais clareza, os diferentes papéis sociais por meio de confrontos, buscando assegurar-se no meio social. Em busca de autoafirmação, ela tenta centralizar em si as atenções do outro, bem como se mostra possessiva em relação aos objetos, oposição esta que lhe permite distinguir-se do outro, quebrando, portanto, o sincretismo entre ela e seu meio social.

Sob a perspectiva de Vygotsky (2000a), no referido tipo de fala dos sujeitos crianças, pode-se perceber que a criança de quatro a cinco anos de idade, nos momentos de enfrentamento de problemas e dificuldades, emite uma fala não dirigida ao seu interlocutor. O autor denominou de fala socializada, que se trata da fala da criança com os outros que a rodeiam, consistindo em uma fala externa à criança com a função da linguagem, que é a comunicação. Ocorre aí o que o autor nomeou como primórdios do pensamento ou inteligência prática.

A criança soluciona os problemas e usa instrumentos em um nível concreto, contudo sem mediação simbólica.

Apenas no tipo de fala da criança, em conversas entre as crianças em brincadeiras nas quais expressaram os próprios desejos, necessidades, sentimentos, pensamentos, produções e conquistas, com muitas interações e com todas as crianças participando da atividade, falando, cantando e se movimentando com alegria, satisfação e interesse, a criança ocupou um lugar importante para falar, já que lhe foram propiciadas muitas oportunidades.

Contudo, em um total de 21 situações do segundo agrupamento, somente três delas apresentaram esse tipo de fala. Interpretando o que foi encontrado em vista dos postulados de Piaget (1973), verificou-se que esse tipo de fala possui características da linguagem socializada, da informação adaptada e da crítica, momento em que ocorre a compreensão da fala ou da ação do outro.

Sob a perspectiva de Vygotsky (2000a), ocorre, no referido tipo de fala da criança, um momento em que a voz da criança se converte em um instrumento que substitui a linguagem em suas formas mais elementares. Assim, a linguagem passa por três momentos em seu desenvolvimento: o som, o significado e a união da palavra com uma determinada imagem. Para Vygotsky (1994), a linguagem possui um significado decisivo na formação dos processos mentais, uma vez que o desenvolvimento mental humano tem origem na comunicação verbal entre a criança e o adulto, sendo que a palavra contribui para a organização da conduta individual.

Quanto à categoria da fala, especificamente a da docente, observou-se o primeiro tipo: a fala com uma tonalidade de voz alta e estridente; nervosismo; severidade; rigidez na imposição de regras; autoritarismo e comando; perda de controle na orientação da turma. Por sua vez, em relação ao segundo tipo de fala da docente, verificou-se a seguinte ocorrência: poucas palavras, gestos corporais e faciais; ouviu a fala da criança somente para negar ou permitir algo a ela; ouviu algumas crianças, mas não respondeu nada; não conversou com as crianças.

Na interpretação desses dados à luz dos pressupostos de Piaget (1973), pode-se dizer que, conforme a criança cresce e desenvolve sua relação com o adulto, as conversas baseadas em indagações gradativamente se transformam em discussões, em diálogos e, consecutivamente, ocorre a redução da linguagem egocêntrica e o desenvolvimento do pensamento socializado. Nos referidos tipos de fala da docente, ocorreu precariedade na qualidade das conversas ou, até mesmo, a falta de conversa da docente com as crianças. Se, nas situações observadas, tais conversas tivessem ocorrido segundo explicita o autor acima referido, constatando-se intensidade na liberdade para a criança falar e a ocupação da criança com trabalhos e brincadeiras em relação à intervenção do professor, certamente seriam outros os tipos de fala dos sujeitos crianças anteriormente citados, descritos e evidenciados. Desse modo, pode-se dizer que, nos mencionados tipos de fala da docente, demonstrou-se a inexistência da relação da criança com o adulto, nesse caso com a docente, que a auxiliasse a superar sua fala egocêntrica, transformando-a em diálogo, em discurso, conforme postula Piaget (1973). No entender desse autor, não ocorreria o aproveitamento, por parte dos sujeitos docentes desta investigação, desse tipo de fala da criança de forma a contribuir para a evolução dessa fala, ou seja, os docentes não buscaram envolver a criança em conversas.

Esse fato também ocorreu sob o ponto de vista da fala da docente, conforme a óptica de Vygotsky (2000a). Isso porque, no que diz respeito especialmente à palavra da docente, sujeito desta investigação, evidenciou-se um tipo de fala que não parece ter contribuído para o alargamento do lugar ocupado pela criança para falar em seu ambiente escolar. Segundo o autor, a linguagem, especificamente a fala da docente, possui ação decisiva para a criança, sendo sua palavra capaz de contribuir para que ocorram novas apropriações. Contudo, nas referidas situações, não houve qualquer preocupação com a qualidade das conversas e das interações da docente com a criança, pois não foram estabelecidos momentos de discussão, concluiu-se que entre ambos, nem conversas entre as crianças durante a brincadeira. Com isso, desencadeou-se a formação da ideia de que, mediante esses dois tipos de fala da docente, não houve lugar nem oportunidade para a criança se expressar por meio de sua fala.

Vygotsky (2000a), assim como seus colaboradores Luria e Yodovich (1985), mencionam a forma de compreender a ação da palavra do outro na organização e no desenvolvimento dos processos mentais. A criança, ao estabelecer verbalmente as complexas associações e relações existentes entre os fenômenos percebidos, introduz modificações essenciais na percepção das coisas que influem sobre ela: começa a atuar de acordo com influências elaboradas verbalmente ao reproduzir as associações verbais reforçadas pelas anteriores instruções do adulto, e as modifica em seguida, isolando verbalmente os objetivos imediatos e últimos da sua conduta. Dessa maneira, indica os meios para alcançar esses objetivos, subordinando-os a instruções formuladas verbalmente. É na relação adulto-criança que ocorrem profundas e complexas configurações que não aconteceriam se partissem de experiências individuais. Destaca-se, assim, a participação ativa do outro, com o outro, em experiências práticas e coletivas do uso e da influência ativa da linguagem.

Diante do exposto, conclui-se que os sujeitos docentes, por meio de sua fala, não contribuíram para a existência, o alargamento ou a ocorrência da fala dos sujeitos crianças.

Quanto à categoria da participação, especificamente da participação da criança, um dos tipos de participação encontrado foi assim descrito: ajuda mútua entre as crianças; brincar juntos; tranquilidade e concentração na realização da atividade; alegria, satisfação e interesse das crianças pela atividade.

Para subsidiar a análise, recorre-se à teoria de Piaget (1973), que aponta para a cooperação, o interesse da criança em se relacionar com seus pares e a intervenção dos adultos como importantes aspectos que favorecem a diminuição do egocentrismo. Dessa forma, para a criança, sair do egocentrismo significa conquistar novos conhecimentos sobre o mundo, de modo a ocorrer a descentralização e separação dela em relação ao objeto. Inicia-se, portanto, como postula o autor, uma nova forma de relação e posicionamento diante da realidade, pois a criança passa a compreender a si mesma e o objeto como instâncias distintas. Ela passa a considerar não somente o seu ponto de vista, mas também o do outro, iniciando, portanto, ações fundadas na reciprocidade e na cooperação. Nicolau e Saisi (2004), ao discutirem as ideias de Piaget com relação à construção do sujeito ativo, reportam-se ao período vivenciado pelos sujeitos crianças deste estudo. Dessa forma, no período pré-operatório, como sublinham as autoras, ocorre o aparecimento da linguagem e acontece o início da representação, do movimento de causa e efeito, da construção intensiva da fantasia, do faz de conta. Surge a função simbólica da linguagem, que contribui para o desenvolvimento do pensamento.

Sobre a relação da criança com o outro, Vygotsky (2001) destaca que ocorre a apropriação da linguagem interior, que se desencadeia por meio da conquista do aparato simbólico, na esfera psicológica interna, não sendo mais necessário que a criança fale alto. Nesse momento, o pensamento é percebido mentalmente nas palavras, nos conceitos. Dessa maneira, a fala permite o trânsito pelo plano simbólico, no campo psicológico. Inicia-se, de acordo com Vygotsky (1994, 2001a), um momento na vida infantil em que os signos representam internamente a mediação, de forma semiótica ou simbólica. Vygotsky (2000a) conclui que o processo de desenvolvimento da linguagem da criança acontece independentemente do seu pensamento, por caminhos diferenciados, mas que, em certo momento, se encontram. O referido autor postula que o pensamento infantil parece desenvolver-se por um caminho e a linguagem por outro, na idade inicial. Contudo, em uma dada ocasião do desenvolvimento infantil, esses caminhos se interligam, fazendo com que a linguagem se intelectualize ao unir-se ao pensamento. Por sua vez, o pensamento se verbaliza ao unir-se à linguagem. A internalização da linguagem desencadeia a organização e o desenvolvimento do pensamento da criança. Os caminhos da linguagem e os do pensamento se encontram, se unem, se relacionam, e daí por diante pensamento e linguagem seguem juntos por um novo caminho, representando um importante elemento do funcionamento psicológico humano. Quando isso ocorre, a criança passa a ser capaz de transitar por um sistema simbólico. Ela se torna capaz de imaginar, criar, inventar, passar por fatos passados ou atuais, fazendo uso de recursos verbais e direcionando sua fala às pessoas presentes ou ausentes de seu espaço ou campo perceptual.

Essa capacidade consiste na segunda função inicial da linguagem, que é o que Vygotsky (2000a) chamou de pensamento generalizante, ou seja, uma inteligência, um pensamento de caráter simbólico. Dessa forma, a relação entre o pensamento e a linguagem é contínua, envolvendo uma estreita e complexa afinidade, a qual permite que o pensamento se concretize por meio das palavras. Nesse momento, a criança é capaz de nomear objetos, animais, pessoas e plantas; ela realiza um ato de classificação dos objetos, agrupando-os em uma mesma categoria que lhe permite distinguir uns dos outros. Isso representa uma transposição qualitativa na relação humana com o mundo, porque se evidencia a capacidade de abstração, generalização e classificação, devido a um aparato composto de signos e instrumentos relacionados, dispostos e compartilhados pelos membros sociais do grupo: a linguagem.

Mediante a concepção de Vygotsky (2001, 2000a), bem como com a análise dos dados deste estudo, permite-se avaliar que o referido tipo de fala dos sujeitos crianças pode ser apontado e compreendido como uma maneira adequada de a criança se expressar no ambiente educativo. Contudo, pode-se dizer que os sujeitos crianças desta investigação, por meio desse tipo de fala, expressaram-se muito pouco ou praticamente não se expressaram, diante do total de situações analisadas. Pode-se dizer ainda que, no referido tipo de participação dos sujeitos crianças, a docente promoveu diferentes atividades e de procedimentos, cuja mediação foi extremamente pontual e adequada, capaz de envolver as crianças de forma ativa e cooperativa. Desse modo, as crianças puderam expressar-se de diversas maneiras, principalmente por meio da fala.

No que se refere ao tipo de participação da criança em que ocorreu desobediência, indisciplina, insatisfação, desinteresse, agitação e no qual a criança permaneceu calada ou isolada, sua análise suscitou questionamentos à luz da perspectiva walloniana. Galvão (1995) mostrou que Wallon se posicionou contrário a um grupo escolanovista que propagava que o ensino deveria dar-se se houvesse interesse da criança, sem nenhuma interferência do adulto, considerada danosa para a criança. Wallon, segundo a autora, foi contrário às ideias que propunham a ação concreta infantil, como a capacidade de a criança aprender somente pela manipulação dos objetos e pelos sentidos, bem como pelo modo excessivamente livresco do ensino tradicional. Contrário às práticas educativas, pode-se dizer que aquelas ações mais impróprias e nocivas, como o constante autoritarismo no trabalho com a criança pequena, puderam ser observadas no tipo de fala dos sujeitos docentes em questão.

Em vista dessas considerações, retoma-se um tipo de fala da criança em que houve choros, brigas, todos falando ao mesmo tempo, em tom alto, fazendo muito barulho. Esse tipo de fala da criança parece ser muito próximo do tipo de participação ora discutido, em que houve desobediência, indisciplina, insatisfação, desinteresse, agitação e no qual a criança permaneceu calada ou isolada.

Retomam-se nesse momento, também, dois tipos de fala da docente. Em um deles, houve tonalidade de voz alta e estridente; nervosismo; severidade; rigidez na imposição de regras, autoritarismo e comando, perda de controle na orientação da turma. O outro tipo de fala foi assim caracterizado: poucas palavras, gestos corporais e faciais; ouviu a fala da criança somente para negar ou permitir algo a ela; ouviu algumas crianças, mas não respondeu nada; não conversou com as crianças. Esses dois tipos de fala da docente desencadeiam indagações a respeito dos motivos que levariam os sujeitos crianças a apresentarem os referidos tipos de fala e de participação acima citados. Há indícios muito fortes, respaldados na análise desses tipos de fala das crianças, bem como no referencial teórico abordado, de que eles ocorreram da forma descrita, devido ao tipo de fala da docente. Isso permite responder a um dos objetivos específicos desta investigação, já que se evidenciou a desvalorização ou a ausência da importância atribuída à fala da criança na ação docente.

O tipo de participação dos sujeitos crianças em que se constatou a ausência das orientações da docente para a realização da atividade, tendo havido organização própria das crianças, remete a reflexões voltadas aos postulados acerca das ações de cooperação, como destaca Piaget (1973). As crianças se relacionaram com seus pares e não houve intervenção da docente. A situação em questão, caracterizada pelo comportamento autônomo e cooperativo das crianças, poderia até ser interpretada como uma forma de autoritarismo, de desatenção da docente e desobediência das crianças. É claro que os sujeitos crianças ainda estão em uma faixa etária em que não saíram totalmente da linguagem egocêntrica, ou seja, ainda se encontram em um período de transição para a conquista, segundo Piaget (1973), da linguagem socializada, bem como da construção da cooperação. Logo, não conquistaram ainda o processo de autonomia, o qual ocorre em estágios posteriores. Todavia, arrisca-se dizer, até mesmo considerando que, para o autor, tais processos não se desenvolvem de maneira linear, nem mesmo são aprisionados a um estágio, que os sujeitos crianças tiveram indício de estarem ingressando no desenvolvimento do processo de autonomia, o que pode ser constatado na fala, nas organizações dos grupos e nas brincadeiras. Elas não permaneceram passivas diante da ausência de atuação docente.

Quanto ao tipo de participação da docente em que houve organizações das atividades e intervenções que facilitaram a participação das crianças; expressão de afeto, amizade, confiança, segurança e atenção com a criança; e satisfação com o trabalho. Sua análise suscita reflexões acerca da importância da qualidade das discussões entre criança e adulto, fator que Piaget (1973) destaca para um tipo de educação ativa, que envolve as conversas. O autor afirma que a intervenção do adulto modifica, de forma significativa, a conversação da criança. Pode-se perceber que a docente, de forma muito simples, envolveu as crianças em diferentes conversas, em um mundo imaginário, proposto nas diferentes brincadeiras. Trata-se de um dado de grande importância ressaltado por Piaget (1973) ao enaltecer uma educação ativa, na qual a criança brinca, toma decisões e conversa, o que é muito importante. Esses fatores foram percebidos nas referidas situações que revelaram esse tipo de fala, tanto na forma de intervenção da docente como na fala dos sujeitos crianças.

Dessa forma, é preciso retomar os estudos de Rappaport (1981) acerca da teoria piagetiana, que tratam de uma visão interacionista do desenvolvimento humano, uma vez que a criança é compreendida em um processo ativo de ininterrupta interação. A autora salienta que a realidade externa ao sujeito representa um componente que regula e corrige o desenvolvimento do conhecimento de forma adaptativa. O papel do desenvolvimento consiste em alavancar estruturas lógicas para que o sujeito possa agir sobre seu meio, de maneira cada vez mais certeira e complexa. Sendo assim, como complementa a mencionada autora, os processos iniciais da mente, aqueles herdados, passam por um processo de organização, influenciado pelo meio físico e social, desencadeando uma relação indissociável entre o sujeito e o objeto de conhecimento. Davis (1981) acrescenta que, na estreita relação de interação entre o sujeito e o objeto de conhecimento, do ponto de vista piagetiano, o outro é o grande responsável pela emergência dos conflitos cognitivos.

É nessa relação de sujeito epistêmico e objeto de conhecimento que Piaget (1978) postula que os esquemas, ou seja, os processos mentais, são os responsáveis pela coordenação do comportamento do sujeito. Ao ocorrer o processo de adaptação do organismo ao meio, ou ao objeto de conhecimento, tal adaptação é norteada pela base biológica, a qual ajusta a ação dos esquemas e do ambiente em que o sujeito se encontra inserido.

Rappaport (1981) destaca que Piaget considerou a relação com o objeto fundamental, todavia ela não se basta no processo de desenvolvimento cognitivo humano. É imprescindível que haja o estímulo e a prática do raciocínio, que está estreitamente atrelado à construção do pensamento lógico, proveniente, por sua vez, de processos internos de reorganização. Tais processos são estudados exaustivamente por Piaget: a maturação do organismo, a experiência do sujeito com os objetos, a convivência do sujeito no âmbito social e, por fim, o processo de equilibração.

Dessa forma, para Piaget (1978), o processo de conhecimento implica uma estreita relação entre o sujeito e o mundo no qual está inserido. Implica uma importante relação desse meio e do objeto com as estruturas internas do sujeito. Trata-se, como ressalta Piaget (1978), de uma relação ativa de interdependência entre uma instância, que é o sujeito, e a outra instância, que é o objeto; assim, o que ocorre é a assimilação da relação de intercâmbio. Nesse sentido, "[...] a interação do sujeito e do objeto é tal, dada a interdependência da assimilação e da acomodação, que se torna impossível conceber um dos termos sem o outro" (Piaget, 1978, p. 388). Ocorre, portanto, uma constante inovação e reorganização dos processos mentais, o que confere à ação do sujeito um papel fundamental.

Também a respeito da intervenção do adulto, Luria e Yodovich (1985) salientam o papel decisivo da linguagem no desenvolvimento infantil, que pôde ser comprovado em uma investigação que os autores realizaram com gêmeos que apresentavam severo atraso na linguagem. Mediante a separação dos meninos, que foram inseridos em grupos diferentes de crianças, provocou-se neles a necessidade de comunicação verbal, extinguindo a causa que perpetuava o atraso na linguagem dos gêmeos. Com os primeiros resultados, ocorreram melhoras nos dois meninos. Os autores iniciaram um ensino especial da linguagem com um dos gêmeos, e os resultados positivos vieram rápido no que diz respeito à linguagem e sua função inicialmente incipientes. Houve vários fatores de avanços e, até mesmo, de apropriações totais antes inexistentes, resultando, finalmente, na apropriação de um sistema linguístico pelo gêmeo submetido à intervenção. A comprovação de Luria e Yodovich (1985) acerca da função da linguagem no desenvolvimento infantil auxilia na reflexão sobre as situações referidas em que foi constatado esse tipo de fala da criança.

Além do exposto, ainda é necessário tecer reflexões a respeito da participação dos sujeitos docentes, segundo a perspectiva de Wallon (1981). Esse autor discute acerca da psicogênese da pessoa, na formação do eu, na compreensão da pessoa integrada ao meio do qual é parte constitutiva e o qual simultaneamente constitui, integralizando os domínios funcionais que compõem a pessoa: a inteligência, o movimento e a afetividade. Como ressalta o autor, não é possível analisar os processos psíquicos separadamente, devido ao fato de que tais processos formam um todo indissociável. Mediante a atividade da criança, nas diferentes funções (motora, afetiva e cognitiva), apresenta-se a psicogênese da pessoa completa. Para Wallon (1981), a afetividade, que integraliza todas as dimensões do desenvolvimento humano, possui maior constância, sendo fundamentalmente social. Sentimentos como a alegria, o medo, a tristeza, dentre outros, representam um papel significativo na relação da criança com o meio. O autor preconiza que a criança, por meio da afetividade, suscita, no outro sujeito, a atitude de se voltar para ela e atender às suas necessidades. Assim, emite uma forma de comunicação, de expressão tônica e orgânica, pois interfere na respiração, no ritmo cardíaco e no tônus muscular e postural, contagiando o outro e tornando-se visível a ele, fator importante que contribui para a formação da consciência e da inteligência.

O movimento, como postula Wallon (1981), é um fator inicial da existência de vida no âmbito psíquico da criança. Fator este que acompanha todas as fases da vida humana, perpassando todos os domínios funcionais. Os movimentos possuem um papel denominado instrumental, segundo Wallon (1981), por favorecerem as possibilidades de deslocamento, ou mesmo a ação direta do sujeito com o meio (andar, pegar objetos, mastigar, dentre outros), abrangendo as áreas relacionadas ao aspecto biológico. O autor preconiza o desempenho do movimento como ferramenta de expressão do pensamento, já que contém uma significativa função de comunicação interior, que se associa ao outro sujeito e, sobretudo, contribui para a organização do pensamento do sujeito. Portanto, a fala e o sorriso podem ser citados como evidência dos movimentos cujo papel é denominado expressivo.

A inteligência ou a cognição, de acordo com Wallon (1981), é compreendida mediante o vínculo das significativas atividades da cognição humana, que são o raciocínio simbólico e a linguagem. Conforme a criança aprende a falar sobre o objeto e a pensar nele em sua ausência, tanto se amplia a capacidade linguística como se desencadeia, de forma inter-relacional, o desenvolvimento do raciocínio simbólico e da capacidade de abstração. Essa capacidade simbólica, peculiar ao homem, se concretiza por intermédio dos signos e da representação de objetos e ideias. Tais capacidades, potencializadas na espécie humana, se desenvolvem devido à vida em sociedade.

O papel da afetividade é fundamental na apropriação da linguagem, consistindo, portanto, em uma ferramenta importante para a organização e estruturação do pensamento infantil. Wallon (2008) ressalta que é a especificidade da cognição o fato de o sujeito direcionar-se para o meio em que ele se insere, objetivando conhecê-lo e buscando, por exemplo, classificar, seriar, resolver, definir, conceituar. Isso porque é justamente em meio aos conflitos, diante do confronto de ideias opostas vividas no meio exterior social e na sua solução ou decisão, sob a forma de encaminhamento, que ocorre a evolução da inteligência.

Na concepção de Wallon (2008), o domínio funcional da inteligência passa a existir a partir da afetividade. A criança vive um período inicial de fusão emocional e, mediante a sua relação com seu meio social, se apropria da linguagem e constrói a inteligência. Pode-se dizer que a afetividade permite o acesso da criança à linguagem, provocando o desenvolvimento da inteligência. Inicialmente, a inteligência denominada por Wallon (1989) como discursiva organiza a ação, por meio da representação, de modo autônomo; assim, o sujeito fala sobre um objeto da realidade, sem que ele necessariamente esteja presente. Segundo o autor, o desenvolvimento da inteligência caminha a partir de uma condição do sujeito de indiferenciação rumo a uma situação de diferenciação. Esse estado é denominado sincretismo. A atuação do processo de diferenciação é de significativa importância para a construção do sincretismo. É nesse processo que a criança se apropria do "pensamento categorial", que significa a capacidade de pensar por meio de categorias, de conceitos. Tal processo se firma no término da primeira infância.

A pessoa, na perspectiva de Wallon (2008), incumbe-se de coordenar os demais domínios. Ao fazer isso, atua no desenvolvimento da consciência e da própria identidade, buscando integrar as outras áreas. Nesse sentido, Santos e Lima (2009) acrescentam que é o corpo humano o responsável por agregar em si as emoções e as relações sociais; desse modo, alarga-se o entendimento de que tal corpo é capaz de se expressar e de se comunicar mediante sua inserção em uma situação.

Em vista desses apontamentos, considera-se que os fatores relacionados à participação dos sujeitos docentes, sua intervenção, seus procedimentos pedagógicos, enfim, sua ação, podem ser considerados adequados para possibilitar a fala da criança e a ampliação do lugar de sua fala na ação docente. Esse tipo de participação da docente, ao entrecruzar os tipos de fala e de participação da criança, ocorreu exatamente no tipo de fala da criança: conversas entre as crianças, em brincadeiras nas quais expressaram os próprios desejos, necessidades, sentimentos, pensamentos, produções e conquistas; muitas interações, com todas as crianças participando da atividade, falando, cantando e se movimentando com alegria, satisfação e interesse.

Nas situações em que a docente apresentou ação que provocou a fala da criança, também ocorreu uma fala da docente adequada aos referidos fatores da fala da criança. Ademais, nessas situações, as crianças apresentaram uma fala mais desenvolvida, puderam falar e ser ouvidas. Sua fala foi valorizada, de modo que a criança pôde expressar seu pensamento e agir de forma cooperativa. A participação docente foi capaz de provocar a expressão da fala da criança, bem como uma participação permeada por uma relação que visou ao desenvolvimento da pessoa completa e integrada nas dimensões afetiva, cognitiva e do movimento, segundo os pressupostos wallonianos.

Pode-se dizer, portanto, que o referido tipo de participação docente favoreceu a apropriação, o desenvolvimento e a ocorrência da fala da criança em seu ambiente escolar, respondendo a um dos objetivos específicos desta investigação. Isso porque as categorias da *fala* e da *participação* da docente se traduzem em atitudes e em diferentes ações que estão intensamente envolvidas de concepções, conhecimentos, valores, crenças, dentre outros elementos, com relação ao seu trabalho com as crianças. A ação dos sujeitos docentes mostrou-se essencial, tanto para o desenvolvimento e o alargamento da fala, como para o desenvolvimento geral das funções psicológicas superiores dos sujeitos crianças.

Quanto à categoria participação, especificamente a participação da docente, pontuam-se os três tipos que se aproximam entre si: 1) tomou conhecimento das falas e dos assuntos das crianças somente quando perguntou e a criança respondeu em voz alta; ouviu a fala das crianças com aflição, só para cumprir a formalidade da atividade; 2) desatenção às falas das crianças; atividades propostas não exigiram preparação, planejamento, esforço nem dedicação da docente; ausência de iniciativa; aspereza; insegurança nas decisões e ações; cansaço; desânimo; desinteresse com relação às atividades realizadas; descontinuidade e fragmentação dos conteúdos desenvolvidos nas atividades; ausência de experimentações práticas dos conteúdos expostos pelas falas dos docentes; e 3) cuidou das crianças de longe, com a intenção de que elas não se machucassem nem brigassem.

Sob o prisma de Vygotsky (2000b), a imitação se constitui em um dos caminhos fundamentais rumo ao desenvolvimento dos processos psicológicos superiores do ser humano. Assim, as relações sociais podem ocorrer de forma direta ou mediada, sendo fundamentais para a constituição das funções psíquicas superiores do sujeito. Entende-se por mediação, conceito desenvolvido por Vygotsky (1994), a interação entre homem e ambiente, com base no uso de instrumentos e de signos. Ao se apropriar dos signos produzidos culturalmente, o homem modifica sua consciência sobre a realidade, resultando no desenvolvimento dos seus processos mentais superiores. Salienta-se a importância da compreensão do referido conceito, o qual significa a interferência de um fator em um determinado processo, na relação do homem com o seu meio. Tal relação, segundo Vygotsky (1994), não ocorre de forma direta, mas mediada pelos instrumentos e signos, especialmente por uma mediação semiótica, por meio da relação com o outro e com o mundo.

Os tipos de participação da docente, revelados pelos dados deste estudo, podem ser interpretados à luz dos pressupostos vigotskianos anteriormente apresentados acerca da dimensão semiótica da mediação promovida por essa participação. Nota-se que a participação ocorreu de forma corporal, "de corpo presente", despida de uma relação participativa semiótica. Esses fatores desencadearam uma ação docente extremamente precária, não contribuindo, com efeito, para o alargamento da fala da criança e para a criação de oportunidades para a criança falar e, consequentemente, expressar seus pensamentos e sentimentos.

No referido tipo de participação do sujeito docente, pontuado nessa subcategoria, evidenciou-se o avesso da participação docente, constatando-se a omissão da participação do sujeito como profissional docente. Os motivos e problemas enfrentados pelos sujeitos docentes são inúmeros e devem ser considerados neste estudo pelo fato de envolver a pessoa docente, não sendo possível elaborar um estudo dissociado das dimensões que envolvem o sujeito, como, por exemplo, os problemas relacionados às condições de trabalho, aos baixos salários que obrigam o docente a assumir uma exaustiva carga horária, a formação precária, entre outros. Todavia, a transformação da ação docente é necessária, porque tem-se mostrado decisiva na proposta de oportunidades para a expressão da fala dos sujeitos crianças.

Os fatores evidenciados no referido tipo de participação do sujeito docente demonstram a ausência da participação docente, de modo a efetivamente atuar no desenvolvimento integral da criança, sujeito desta investigação. Interpretam-se tais pressupostos teóricos, vinculando-os ao enfoque deste estudo, de modo que seja cabível dizer que, frente ao exposto, é provável que ocorra o desenvolvimento do lugar da fala da criança, se for realizada com ela uma ação docente voltada à sua pessoa completa.

É preciso, ainda, que sejam considerados, de forma integral e simultânea, como destaca Wallon (2008), os aspectos da afetividade, da cognição e do movimento. Pode-se dizer que não foi possível a realização desse tipo de ação, pelo fato de a docente permanecer corporalmente longe das crianças e, principalmente, pelo fato de ela não ter estabelecido qualquer tipo de interação, qualquer envolvimento, por meio da fala, com os sujeitos crianças. É possível afirmar, portanto, que os fatores anteriormente mencionados dificultam a apropriação, o desenvolvimento e a ocorrência da fala da criança em seu ambiente escolar, o que responde a um dos objetivos específicos desta investigação. Isso porque, em relação à análise do referido tipo de participação dos sujeitos crianças e das práticas educativas, pode-se constatar que aquelas ações mais impróprias e nocivas, como o constante autoritarismo no trabalho com a criança pequena, puderam ser observadas no tipo de fala dos sujeitos docentes em questão.

É necessário conceber a problemática revelada nas categorias da fala e da participação da criança e da docente, o que significa procurar conceber e identificar uma problemática silenciosa que, se não for olhada de perto e estudada, pode passar despercebida ou ser entendida como fator habitualmente praticado na dinâmica professor-aluno. As contribuições teóricas são claras em relação à necessidade de ações docentes direcionadas às peculiaridades da criança para que sua fala ocupe lugar na ação docente e para que esse lugar seja sinônimo de criança participativa, ativa e sujeito de seu desenvolvimento.

Retoma-se o referencial teórico desta investigação, principalmente as concepções de Vygotsky, Piaget e Wallon acerca do desenvolvimento infantil e, especificamente, suas contribuições para a realização de uma ação docente que alargue o lugar da fala da criança, de modo que esta seja sujeito ativo e a docente contribua para que a criança deixe para trás a fala egocêntrica e construa uma fala socializada, assim como a cooperação, conforme propõe Piaget (1973, 1975). É preciso que a fala da criança e a da docente contribuam decisivamente para o desenvolvimento do pensamento e das funções psicológicas superiores, como preconiza Vygotsky (1994, 2000a, 2000b, 2001). Assim, é preciso que a ação docente considere a criança completa, conforme assevera Wallon (1975, 1981, 1989, 2008), nas dimensões da afetividade, da cognição e do movimento, envolvendo sua pessoa de forma integral, com vistas à conquista do lugar da fala na ação docente.

O professor é um profissional que se encontra em constantes e conflitantes mudanças em sua formação. Por isso, não se deve esquecer, como já mencionado, da criação e inovação de políticas públicas voltadas ao desenvolvimento da área da educação infantil, nas dimensões referentes à legislação, às formações inicial, contínua e em serviço, à infraestrutura, entre outros. O foco central desta investigação é a ação, mas ela se reduz a nada se for realizada de forma cega, mecanizada ou indissociável dos aspectos mencionados, mesmo porque se a ação docente estiver desvinculada do todo em que está inserida, desencadeia-se um equívoco sem precedentes.

Portanto, houve, desde o início desta investigação, a preocupação em considerar os sujeitos desta pesquisa, crianças e docentes, e os objetos de estudo, que são a fala da criança e a ação docente, inseridos em um contexto, que os influencia e é influenciado por eles, frente à realidade vivenciada em uma dada sociedade, em um dado grupo social, em uma dada realidade educativa. Sendo assim, não se adota uma postura de "culpabilização" dos docentes pelos tipos de problemas evidenciados. Procura-se, antes, construir uma postura científica para esta investigação, unida a todas aquelas que visam contribuir com a educação infantil, possa com ela e para ela representar um subsídio teórico-prático na busca de soluções aos problemas evidenciados nesta investigação.

Os dados apontaram para a necessidade de refletir sobre a formação docente, para que se possa repensar os saberes teórico-práticos elaborados em cursos de formação inicial. É importante destacar que, ao analisar a formação dos sujeitos docentes (atendente de creche e professora), verificou-se que todos completaram a formação inicial exigida para a atuação com crianças de educação infantil. Sendo assim, o que é realmente necessário não diz respeito ao tipo de formação realizada pelos sujeitos, visto que ela traz bagagem teórica e também experiência na atuação com a criança pequena. Ao que parece, o que tais profissionais estão precisando é de outro estilo de formação, voltada à ação docente. Nesse sentido, os resultados desta pesquisa sinalizam um questionamento ao tipo de influência formadora que as universidades mantêm na formação inicial e contínua dos docentes atuante nas instituições de educação infantil. É necessário uma formação docente que proporcione a construção do *como fazer*, da prática, mas com todos os sentidos abertos à teoria, de modo que se conquiste um tipo de formação capaz de proporcionar ao professor um posicionamento crítico e reflexivo para que desenvolva autonomia em sua forma de pensar e agir, resultando em um profissional cooperativo e criativo.

Desse modo, é preciso criar as condições para que eles participem, como profissionais atuantes, na elaboração e transformação das políticas educativas, construindo, assim, uma identidade enquanto profissionais da educação. Todavia, para que isso ocorra, torna-se necessário verificar se os cursos de formação inicial e continuada oferecem respaldo teórico-prático às especificidades da educação infantil para uma formação que possibilite aos professores uma atuação em que eles percebam a criança em seu desenvolvimento social, físico e cognitivo e afetivo. Isso porque, na etapa de ensino da educação infantil, há uma série de peculiaridades, necessitando-se de um profissional cujo perfil atenda a elas.

Tendo em vista tais pressupostos, constatou-se, em todas as situações do primeiro agrupamento, a ausência de intencionalidade docente para envolver as crianças em atividades em que elas pudessem expressar-se, principalmente, por meio da fala. Além disso, constatou-se, principalmente, a inexistência do lugar para a criança falar na referida ação docente. Por isso, é premente a concretização de uma ação docente baseada em pressupostos intencionais que sejam capazes de equilibrar as dimensões do cuidado e da educação. Para tanto, deve-se contar com o encaminhamento de profissionais docentes que possam realizar atividades que tenham significados para a vivência e o desenvolvimento da criança, não a obrigando a ficar tanto tempo em situação de espera, como quem deve ouvir calado. Tampouco a criança deve ficar imersa em uma situação de confusão, desentendimentos, brigas e choros, ou fazer uso contínuo do brinquedo como um artifício de ocupação do tempo, no intuito de esperar o horário de fazer alguma atividade, qualquer que seja ela. A docente deve estar imbuída das mesmas exigências de competências e de formação, para cumprir quaisquer atividades com as crianças, pois essas atividades não são menos importantes do que qualquer outra realizada na educação infantil.

É preciso, portanto, combater rupturas no processo de formação da criança, as dicotomias e dissociações encontradas nas práticas docentes, a descontinuidade no processo de apropriação de conhecimento, de desenvolvimento e de educação da criança pequena. Vale dizer que não importa o fato de uma determinada atividade parecer simples ou mesmo corriqueira, pois o que não deve ocorrer é a mecanização e sua dissociação da vida das crianças. A atividade necessita ter significado e proporcionar desenvolvimento à criança. Por isso, aquelas atividades realizadas nas diferentes situações, como brincar com o Lego; a contação e recontação da história da arca de Noé pela docente e pelas crianças, com personagens de brinquedo; pintar o desenho de um peixe mimeografado; brincar com peças em madeira com formas geométricas e coloridas, são ações que não contribuíram para o desenvolvimento do lugar da fala da criança, contudo podem ser consideradas como "interessantes" instrumentos de crítica, questionamento e forma de conscientização dos profissionais em sua prática na educação infantil.

Considerações finais

Frente às discussões a respeito da ação docente na educação infantil, verificou-se que a ação docente analisada proporciona influências importantes e significativas no desenvolvimento e alargamento do lugar da fala da criança em seu ambiente educativo. Seu papel é significativo, motivo pelo qual se configura a necessidade premente de um profissional inovado, capaz de repensar sua formação, em um constante diálogo com seus pares, com pesquisadores, teóricos, com os pais e com a sociedade, de maneira que possa definir e construir novos significados relacionados ao trabalho com a criança pequena (Chicarelle, 2010).

Diante do exposto, conforme mencionado anteriormente, reafirma-se que os próprios dados puderam apontar caminhos a serem trilhados acerca do tipo apropriado de ação docente. Isso pelo fato de que as três situações em que se constatou uma ação docente imbuída de conhecimentos e de concepções, voltadas aos tipos de fala e de participação da docente que provocaram a fala e a participação da criança, foram apontadas como aquelas capazes de exercer um papel preponderante no alargamento do lugar ocupado pela criança para falar, possibilitando e desencadeando seu desenvolvimento integral.

Nessas três situações, a docente atuou de modo a envolver as crianças nas atividades, conversou com elas, provocou sua fala de modo descontraído, espontâneo e lúdico, ao brincar de "lobo" e "dirigir um carro", de "modelar massinha" e "brincar no pátio com vagens, pedrinhas entre outros objetos". A ação da docente foi decisiva, visto que as falas das crianças tiveram espaço, lugar. Houve oportunidade para a criança falar, ser ouvida e valorizada em sua expressão. Contudo, esse tipo de ação docente, de encaminhamento das atividades, representou uma pequena parcela diante de todas as situações observadas. Por outro lado, mesmo representando uma pequena parcela de situações, elas podem ser consideradas como pistas importantes para a ação docente na educação infantil. Há, assim, necessidade de que ocorram sérias transformações na ação docente, em suas formas de encaminhamentos, no âmbito do como fazer.

Referências

Chicarelle, R. de J. (2010). *O lugar da fala da criança na ação docente em instituições de educação infantil*. Tese de Doutorado em Educação, Faculdade de Educação, Universidade de São Paulo, São Paulo.

Davis, C. (1981). Modelo da aprendizagem social. In C. R. Rappaport, W. R. Fiori & Davis, C. *Teorias do desenvolvimento: conceitos fundamentais* (v. 1, pp. 76-91). São Paulo: EPU.

Galvão, I. (1995). *Henri Wallon: uma concepção dialética do desenvolvimento infantil*. Petrópolis: Vozes.

Luria, A. R., & Yodovich, F. I. (1985). *Linguagem e desenvolvimento intelectual na criança*. Porto Alegre: Artes Médicas.

Nicolau, M. L. M., & Saisi, N. B. (2004) A constituição do sujeito ativo em Piaget. In *USP/Programa de Educação Universitária Continuada*. São Paulo, v.4, pp. 379-399. (Material impresso).

Piaget, J. (1973). *A linguagem e o pensamento da criança*. Rio de Janeiro: Fundo de Cultura.

Piaget, J. (1975). A passagem dos esquemas sensório-motores para os esquemas conceptuais. In: J. Piaget, *A formação do símbolo na criança: imitação, jogo e sonho, imagem e representação* (cap. 8, p. 285). Rio de Janeiro: Zahar.

Piaget, J. (1977). *O julgamento moral na criança*. São Paulo: Mestre Jou.

Piaget, J. (1978). Introdução: o problema biológico da inteligência. In J. Piaget. *O nascimento da inteligência na criança* (pp. 13-29). Rio de Janeiro: Zahar.

Rappaport, C. R. (1981). Modelo piagetiano. In C. R. Rappaport, W. R. Fiori & C. Davis, *Teorias do desenvolvimento: conceitos fundamentais* (v. 1, pp. 51-75). São Paulo: EPU.

Santos, E. G. dos, & Lima, J. M. de. (abr.-jun. 2009). A ação pedagógica sob a perspectiva de Henri Wallon. *Motriz, 15(2)*, 340-348, Rio Claro.

Tran-Thong. (1987). *Estádios e conceito de estádios de desenvolvimento da criança na psicologia contemporânea*. Lisboa: Afrontamento.

Vygotsky, L. S. (1994). *A formação social da mente*. São Paulo: Martins Fontes.

Vygotsky, L. S. (2000a). *A construção do pensamento e da linguagem*. São Paulo: Martins Fontes.

Vygotsky, L. S. (2000b). Estudo do desenvolvimento dos conceitos científicos na infância: experiência de construção de uma hipótese de trabalho. In L. S. Vygotsky, *A construção do pensamento e da linguagem* (pp. 241-394). São Paulo: Martins Fontes.

Vygotsky, L. S. (2001). Aprendizagem e desenvolvimento intelectual na idade escolar. In L. S. Vygotsky, A. R. Luria & A. N. Leontiev, *Linguagem, desenvolvimento e aprendizagem* (pp. 103-142). São Paulo: Ícone.

Wallon, H. (1975). *Psicologia e educação da criança*. Lisboa: Estampa.

Wallon, H. (1981). *A evolução psicológica da criança*. São Paulo: Martins Fontes.

Wallon, H. (1989). *As origens do pensamento na criança*. São Paulo: Manole.

Wallon, H. (2007). *A criança turbulenta: estudos sobre os retardamentos e as anomalias do desenvolvimento motor e mental*. Petrópolis: Vozes.

Wallon, H. (2008). *Do ato ao pensamento: ensaio de psicologia comparada*. Petrópolis: Vozes.

Educação e linguagem: reflexões sobre a prática pedagógica no ensino-aprendizagem da língua materna

Tacianne Mingotti Carpen

Solange Franci Raimundo Yaegashi

Introdução

A literatura aponta que há no Brasil um número escasso de reflexões teóricas envolvendo os problemas de aprendizagem da língua materna. A prática pedagógica do ensino-aprendizagem da língua portuguesa reforça essa constatação à medida que não se tem apresentado associada às determinações sociais e sociolinguísticas que fundamentam os conhecimentos acerca das relações entre linguagem, sociedade e escola.

Durante muito tempo, os educadores foram formados segundo uma visão homogênea que ignorava a existência de uma multiplicidade de variedades do português falado no Brasil. A valorização de um currículo monocultural e de uma língua monolítica privilegiou o uso da gramática normativa, menosprezando as demais culturas, as quais foram relegadas à inferioridade. Portanto, as questões referentes às variações linguísticas são de suma importância, sobretudo no início da escolarização, quando o aluno passa a ser alfabetizado e introduzido no ensino formal da linguagem escrita.

Embora a variedade linguística no contexto escolar seja teoricamente reconhecida como crucial no processo de ensino-aprendizagem da língua portuguesa, parece ser negligenciada quer na elaboração de programas pedagógicos, quer na própria formação do professor. Sendo assim, faz-se necessária a busca de maior compreensão da natureza do processo linguístico, visando, sobretudo, alertar a escola para a necessidade de assumir a existência de muitos tipos de língua falada, compreender as variações linguísticas levando em consideração a linguagem apresentada pelo aluno, para melhor intervir nas possíveis dificuldades de aprendizagem da língua escrita e, certamente, propiciar que o alfabetizando torne-se um sujeito autônomo em seu discurso e em suas produções gráficas.

Variedade linguística

Segundo Soares (2002), variedades linguísticas são modalidades da língua caracterizadas por peculiaridades fonológicas, sintáticas e semânticas determinadas, de um modo geral, por três fatores: geográfico, sociocultural e nível da fala. O fator geográfico seria responsável pela variedade linguística entre comunidades fisicamente distantes, resultando nos dialetos ou falares regionais. O responsável pela divergência linguística entre diferentes subgrupos de uma comunidade local seria o fator sociocultural, estando entre os aspectos distintivos a idade, o sexo, a classe social, a profissão e, o grau de escolarização. O nível de fala refere-se ao nível de formalidade da situação em que ocorre a comunicação.

É consenso que, em linguagem, o que cientificamente pode ser considerado "erro" são apenas construções que impedem ou dificultam a comunicação em termos fonológico, sintático, semântico ou pragmáticos, por não estarem previstos no sistema de linguagem falada pela comunidade. Esses referidos "erros" estão presentes em determinados dialetos, ou seja, em variantes do uso da língua. Entretanto, no âmbito escolar, podem ser mal interpretados e até mesmo confundidos com "alterações de fala", comumente associadas aos aspectos cognitivos do indivíduo.

Cagliari (2001) considera que os diferentes modos de falar acontecem porque a língua portuguesa, assim como qualquer outra língua, é um fenômeno dinâmico, em constante evolução. Portanto, o uso diferenciado ao longo do tempo e em diferentes grupos sociais faz com que a língua se transforme em um conjunto de falares diferentes ou dialetos, todos muito semelhantes entre si, embora cada qual apresentando suas peculiaridades com relação aos aspectos linguísticos. A língua, quando transformada, não se degenera, mas adquire novos valores sociolinguísticos e, nessa perspectiva, não aparece o certo ou o errado, mas sim o diferente.

Bagno (2002) classifica as variações linguísticas como *variedade padrão* e *variedade não padrão*. A diferença entre variedade padrão e variedade não padrão não está relacionada a diferenças entre linguagem coloquial e formal. Como a língua está estreitamente ligada à estrutura social e aos valores impostos pela sociedade, as variedades linguísticas são avaliadas de modo diferente. A variedade padrão é considerada como correta, bonita, elegante, enquanto a variedade não padrão é frequentemente tida como errada, feia, esquisita, devido à indolência, à ignorância ou à falta de inteligência. Bagno (2002, p. 40) enfatiza que "[...] qualquer manifestação linguística que escape desse triângulo escola-gramática-dicionário é considerada, sob a ótica do preconceito linguístico, 'errada, feia, estropiada, rudimentar, deficiente', e não é raro a gente ouvir que 'isso não é português'".

Em seus estudos sobre preconceito linguístico, Bagno (2002, p. 41-42) concluiu que a transformação de /l/ em /r/ nos encontros consonantais, como em /Cráudia/, /chicrete/, /praca/, é consequência de um fenômeno fonético que contribuiu para a formação da língua portuguesa. Portanto, falar /fror/, /broco/, /grobo/ não é errado, é apenas um resquício da colonização no Brasil. Contudo, o autor adverte que nem sempre esse modo de falar é resultado de variedade linguística, pois existem falantes da norma culta escolarizados que apresentam dificuldade para pronunciar os encontros consonantais com /l/, e, nesses casos, há realmente uma alteração que poderá ser tratada com intervenção fonoaudiológica.

O que acontece, de fato, é que as consoantes /l/ e /r/ são, do ponto de vista articulatório, muito próximas. Yavas, Hernandorena e Lamprecht (1991) apontam que os sons da língua não são segmentos individuais porque resultam de um conjunto de propriedades que caracterizam a sua produção. Essas unidades que se unem para a composição de um segmento da língua são denominadas de "traços distintivos".

Os traços distintivos apresentam três funções básicas: descrever as propriedades articulatórias ou acústicas que entram na composição do som; diferenciar itens lexicais; e agrupar os sons em classes naturais, ou seja, em grupos de sons que mantêm correlação entre si e que sofrem as mesmas mudanças fonológicas (Yavas, Hernandorena & Lamprecht, 1991).

A primeira função dos traços distintivos engloba as três categorias fonéticas básicas: modo de articulação, ponto de articulação e sonoridade. Os autores utilizam como base para a análise fonológica o modelo proposto por Chomsky e Halle (1968) (citados por Yavas, Hernandorena & Lamprecht, 1991), que possibilita enquadrar os traços nas referidas categorias e verificar o relacionamento existente entre eles.

As três funções exercidas pelos traços distintivos determinam a importância da subdivisão dos sons da fala em unidades menores. Os estudiosos da área sentiram necessidade de segmentar os sons em traços distintivos porque a simples divisão em consoantes e vogais não era suficiente para caracterizar os aspectos responsáveis pelo funcionamento da língua, como os processos de assimilação, distâncias fonéticas e a existência dos chamados sons intermediários (Yavas, Hernandorena & Lamprecht, 1991).

118 | PSICOLOGIA E EDUCAÇÃO: CONEXÃO ENTRE SABERES

Salienta-se que as noções de distâncias ou similaridade fonética são estabelecidas com base nas semelhanças ou diferenças dos pontos de articulação e dependem do número de traços distintivos que os fones têm em comum. Assim, observando-se a matriz dos segmentos consonantais do português, pode-se constatar que /l/ e /r/ são muito parecidos, pois se diferenciam em apenas um dos traços distintivos: /l/ é [+ lateral], enquanto /r/ é [- lateral] (Yavas, Hernandorena & Lamprecht, 1991). Esse fato explica a substituição entre si na fala de muitas crianças e adultos, diferentemente de /t/ e /lh/ que apresentam uma grande distância fonética, o que torna improvável a comutação. Em /t/ e /d/, pode-se observar muitos traços distintivos em comum: ambos são: [- soante], [- silábico], [+ consonantal], [- contínuo], [- metástase retardada], [- nasal], [- lateral], [+ anterior], [+ coronal], [- alto], [- posterior], [- estridente], contudo, distingue-se por uma diferença de valor do traço sonoridade, sendo /t/ [- sonoro] e /d/ [+ sonoro].

Linguagem oral e linguagem escrita

Linguistas e estudiosos do processo ensino-aprendizagem do português como língua materna vêm apontando em suas pesquisas algumas contradições e equívocos desse processo. Embora haja iniciativa e esforço tanto de pedagogos quanto dos profissionais de áreas afins, ainda não se chegou a um consenso e, lamentavelmente, a uma prática efetiva no ensino-aprendizagem da língua materna. Autores como Geraldi (1996), Lemle (2000) e Marcuschi (2001) acreditam que esse fato está diretamente relacionado ao modo como a oralidade e a escrita têm sido tratadas e relacionadas na prática pedagógica.

Para compreender a relação entre oralidade e escrita é fundamental considerar as relações que a linguística estabelece entre essas duas modalidades da linguagem, como adverte Santana (2002). Para essa autora, a linguística tradicional relacionava dicotomicamente a oralidade e a escrita, numa caracterização baseada em diferenças. Um dos autores desse pressuposto foi Saussure (1981), que define língua e escrita como dois sistemas distintos de signos, e considera este como representação da fala. Entretanto, tal função representacional da escrita ainda prevalece para alguns autores, implicando em diversos aspectos, sobretudo no ensino da língua materna.

Luria (1986) admite que pela sua própria estrutura a linguagem escrita é considerada uma linguagem em ausência de interlocutor, em que os meios de codificações da ideia em enunciações verbais, meios dos quais não se têm consciência na linguagem oral, na escrita são objetos de uma ação consciente. Por não possuir meio não verbal, a linguagem escrita deve ser gramaticalmente completa, possibilitando, dessa forma, sua compreensão. A linguagem oral inserida na situação permite a abreviação, as elipses e os agramatismos. Para Luria, o processo de compreensão da linguagem escrita diferencia-se do processo de compreensão da linguagem oral, principalmente pelo fato de ser sempre possível reler aquilo que foi escrito, ou seja, retornar voluntariamente a todos os elementos que estão incluídos no texto, o que é praticamente impossível na linguagem oral. Luria (1991) exemplifica a análise da construção do ato de escrita, mostrando que elos complexos integram esse sistema funcional.

Para escrever uma determinada palavra é necessário, antes de tudo, discriminar os sons que integram a sua composição, ou seja, fazer a sua análise acústica, decompondo o fluxo permanente de sons das unidades sonoras componentes da língua (fonemas). A separação desses fonemas não é feita só "de ouvido", inclui a participação imediata da articulação. Somente após esse trabalho prévio, a composição sonora da palavra é definida e a palavra torna-se pronta para o registro. A partir dessa etapa, o processo da escrita passa à fase seguinte, em que os elementos sonoros (fonemas) devem ser recodificados em elementos motor-visuais da escrita (grafemas). Para a execução dessa ação, é fundamental dispor tanto de um esquema motor-visual de grafemas como manter a correta disposição destes no espaço.

Vygotsky (1998) reforçou as concepções de Luria e caracterizou a escrita como uma função linguística distinta, que difere da oralidade, tanto na estrutura como no funcionamento. Para o autor, a escrita exige uma ação deliberada por parte do sujeito que escreve. Na fala, ele não tem consciência dos sons que emite, estando inconsciente das operações mentais que executa. Na escrita, é necessário adquirir conhecimento da estrutura sonora de cada palavra, dissecá-la e reproduzi-la em símbolos alfabéticos, que devem ser estudados e memorizados previamente. Da mesma forma deliberada, as palavras precisam ser colocadas em certa sequência para formar frases. A escrita exige um trabalho consciente, porque a sua relação com a fala interior[1] é diferente da relação com a fala oral.

A fala oral precede a fala interior no decorrer do desenvolvimento, ao passo que a escrita segue a fala interior e pressupõe a sua existência[2]. Para Vygotsky

---

1 Para Vygotsky, a fala interior é uma fala condensada e abreviada.
2 O ato de escrever implica uma tradução a partir da fala interior.

(1998), a escrita é desenvolvida em toda a sua plenitude, sendo mais completa que a fala. A fala interior é quase inteiramente predicativa, porque a situação e o objeto de pensamento é sempre conhecido por aquele que pensa. A escrita, por sua vez, precisa explicar plenamente a situação para que se torne inteligível.

É importante salientar que, ao mesmo tempo em que se peca por avaliar a escrita como um sistema gramaticalmente mais completo, que permite a leitura e a compreensão da mensagem de modo mais regular que a fala, peca-se por priorizar a primeira em detrimento da segunda. Escrita e oralidade são duas modalidades de uso da linguagem que empregam o mesmo sistema linguístico, mas possuem características próprias, portanto, não devem ser analisadas de modo dicotômico. Assim, para que se promova um ensino-aprendizagem da língua materna, faz-se necessário desfazer o mito que separa essas duas práticas indissociáveis da língua nas sociedades letradas.

Para Santana (2002), é fundamental compreender as relações entre fala e escrita dentro de um *continuum*, sem anular suas diferenças, mas evitando dicotomias. Conforme aponta a autora, essas relações foram estabelecidas tendo como parâmetro o ideal da escrita. Com base nisso, muitos começaram a olhar a linguagem oral pelas lentes de uma gramática projetada para a escrita, resultando em uma visão preconceituosa da fala, ou seja, descontínua, pouco elaborada, fragmentada, pouco organizada e redundante.

Em relação à ideia defendida por alguns teóricos de que ligada à fala está a implicitude, e à escrita está a explicitude, Santana (2002) ressalta que a explicitude é uma função do conteúdo, estratégia de produção textual, não da modalidade da linguagem, uma vez que os textos escritos e orais abstratos apresentam três vezes mais informações inferíveis que as narrativas orais e escritas. Ainda para a autora, os textos escritos podem situar-se tanto dentro da fala conversacional (bilhetes, cartas familiares, por exemplo), como os textos falados podem situar-se dentro da escrita formal (conferências, entrevistas profissionais, entre outros).

Fávero, Andrade e Aquino (2002) afirmam que muitas pesquisas relacionadas à linguagem oral têm sido realizadas atualmente tanto nas ciências humanas quanto nas sociais, e, embora um número crescente de trabalhos compare-a com a modalidade escrita, pouco se sabe sobre elas. Para os autores, a gramática contribuiu para o surgimento de uma postura polarizada e preconceituosa, uma vez que trata as relações entre fala e escrita estabelecendo como parâmetro esta última. O conhecimento superficial de ambas as modalidades de linguagem gera conflitos de âmbito educacional e social, interferindo no processo ensino-aprendizagem.

As práticas formuladas e utilizadas na alfabetização e no tratamento das dificuldades de aprendizagem, denominadas "distúrbios da leitura e da escrita", que propõem atenção na articulação dos sons produzidos e a discriminação auditiva e visual, procuram estabelecer um mecanismo que pode imprimir os chamados erros de escrita. Esta abordagem mecânica, desvinculada do caráter discursivo da linguagem, prioriza atividades descontextualizadas, fragmentadas e, por vezes, desconsidera qualquer manifestação linguística que não esteja preestabelecida em um manual ou catalogada em uma tabela como erro, e nunca como tentativa de acerto (Berberian, 2003).

Com a pretensão de esclarecer e orientar possíveis interpretações das hipóteses ortográficas que apontem marcas da oralidade, Berberian (2003), pautada nas afirmações de Cagliari (1989, citado por Berberian, 2003), discute algumas das distinções características dessas modalidades, decorrentes de diferenças formais e estruturais, assim como de representações, contextos e situações sociais em que se processam. Entre os inúmeros eventos que denunciam a falta de correspondência entre letra e som, cita:

- Uma mesma letra pode ser articulada com base em sons distintos, por exemplo: a letra /s/ pode ser representada pelos fonemas /s/ em "sapato" e /z/ em "casa".

- Um mesmo som pode ser grafado por diferentes letras (o fonema /g/ pelas letras "g" e "j"). Para descrever exemplos dessa natureza, aponta o caso da letra "x" em "próximo", "exame", e os segmentos fonéticos /f/ em "chá", "caixa", /k/ em "casa", "queijo".

- Letras que não têm som na fala, mas que estão presentes na escrita: /h/ em "hoje", /i/ em "lápis".

- As letras podem apresentar ou não um uso alfabético, assumindo, no último caso, um valor silábico, como nas palavras: "apto" /a-pi-to/ ou "afta" /a-fi-ta/.

- A utilização de duas letras para representar um som: "gu" em "guerra", "qu" em "queijo".

- A possibilidade de muitas palavras serem pronunciadas de diferentes maneiras, em função das variedades linguísticas: /leiti/ ou /leite/, conforme as variações regionais.

A escrita é, assim como a oralidade, uma atividade linguística discursiva, uma vez que os processos de (re)construção da leitura e da escrita também ocorrem por meio de momentos discursivos, de interação entre o sujeito, seus interlocutores, a linguagem e o mundo social. Os processos linguísticos não são autônomos, pois, se assim fossem, não seriam interdependentes em sua aquisição e em sua "dissolução". No entanto, quando se toma a linguagem como sinônimo de código, e até mesmo de estrutura, vários aspectos afeitos a ela ficam excluídos. A leitura não deve ser vista apenas como uma forma de decodificação ou apreensão de um só sentido, bem como o texto não pode ser considerado somente um "produto". Procura-se observar sua produção e sua significação. Dessa forma, o leitor não aprende meramente o sentido que está no texto, mas também lhe atribui sentidos (Santana, 2002).

Variedade linguística e aprendizagem

Conforme já mencionado, a complexidade da língua está relacionada às questões históricas, visto que ela sofre variações sociais, culturais e geográficas. Qualquer indivíduo, ao aprender uma língua, assimilará as características pertinentes do meio em que vive. Isso nos mostra que a linguagem é um fenômeno social e, como consequência, o homem se constitui como sujeito ouvindo e internalizando as palavras e os discursos do outro.

Embora ideologicamente comprometida com a questão da diversidade cultural, a escola não tem incorporado uma pedagogia multicultural ao sistema educacional, sendo produtora de desigualdades sociais e sociolinguísticas. A imposição da norma culta como única forma de comunicação rompe o sistema linguístico da criança. A língua portuguesa não se restringe à norma culta. A língua permite os mais diversos registros para que a linguagem seja usada de acordo com o contexto. O falante deve "adequar" a linguagem de acordo com a situação comunicativa ao qual está inserido e diante do falante com o qual interage.

Para Cagliari (2001), a escola percebe a variação linguística como uma questão de certo ou errado. Em sua avaliação, na escola não há espaço para o diferente, embora o diferente seja a maior parte das situações que o professor enfrenta. Ninguém fala errado o português, fala de modo diferente. Mesmo que todos os falantes saibam disso, a escola insiste em manter essa postura errônea diante dessa questão. Para as pessoas que não utilizam a língua falada padrão, a alfabetização não depende do aprender a ler e a escrever. Em outras palavras, não se insere simplesmente na tarefa de transpor os sons da fala para a escrita. Para elas, é o momento de substituição da variedade de língua usual por outra variedade utilizada pela escola, não habitual, desconhecida, sendo assim, difícil de ser internalizada.

De acordo com Souza (2005), os altos índices de analfabetismo, evasão e repetência aparecem na literatura científica como correlacionadas ao baixo nível socioeconômico dos indivíduos. Esse fato sugere que a escola tem-se mostrado "despreparada" para a educação dos alunos pertencentes às camadas populares, acentuando e justificando desigualdades sociais. Entre as principais causas do fracasso escolar dessa comunidade aparecem os problemas de linguagem, porque a escola, muitas vezes, desconhece a realidade linguística do aluno, bem como de seu grupo social e familiar. Ao não compreender suficientemente o papel da variação linguística no processo de ensino e aprendizagem da língua portuguesa, passa a ver o aluno que não faz uso da fala padrão como falante de segunda categoria. Com isso, a escola tem sido intolerante com as diferenças linguísticas, trabalhando com o normativo, ou seja, com o certo e o errado, não deixando espaço para o diferente, como bem advertem os autores mencionados anteriormente.

Cagliari (2001) ressalta que o alfabetizando traz para a escola a variedade linguística do meio em que vive, certamente onde adquiriu e desenvolveu a linguagem oral, e ela deve ser respeitada, porque interfere no processo de alfabetização. O respeito à fala do aluno implica em ensinar a variedade padrão como uma das possibilidades de uso da língua, adequada a determinadas situações e contextos. Tal respeito implica, inclusive, o posicionamento da escola em não considerar construções e formas de uma variedade linguística divergente da norma culta como "erros", mas sim como diferenças linguísticas quando comparadas à norma padrão.

O Ministério da Educação (1997), por meio dos *Parâmetros Curriculares Nacionais* (PCN), reconhece as variedades linguísticas existentes no Brasil e o preconceito decorrente do valor atribuído às variedades padrão quando comparadas às variedades não padrão. De acordo com o referido documento,

> [...] a questão não é falar certo ou errado, mas saber qual forma de fala utilizar, considerando as características do contexto de comunicação, ou seja, saber adequar o registro às diferentes situações comunicativas. [...] A questão não é de correção da forma, mas de sua adequação às circunstâncias de uso, ou seja, de utilização eficaz da linguagem: falar bem é falar adequadamente, é produzir o efeito pretendido. (1997, p. 31-32)

Bagno (2002) orienta que a gramática normativa deve ser aplicada com critérios pelo professor, duvidando do que está dito no livro, questionando a validade das explicações e selecionando as informações, tomando como base seu próprio saber linguístico. O professor não deve reproduzir a gramática tradicional, mas refletir sobre tal, para, assim, produzir seu próprio conhecimento. Portanto, é imprescindível conhecer as regras, identificá-las, descrevê-las, pesquisar explicações científicas para compreendê-las e, se possível, apresentá-las aos alunos. O professor deve orientar os alunos que falam /pranta/, /grobo/, /vortá/, /ponhá/, /nois/, /bobra/ que a escrita deve ser diferente da fala, pois precisa obedecer à variedade padrão, para que possa ser compreendida por todos.

Snyders (1988), por sua vez, adverte que o aluno necessita enfrentar dificuldades, realizar exercícios, cumprir uma disciplina, em suas palavras (p. 103): "[...] o saber não sai suavemente do bom senso comum", evidenciando a necessidade de a escola se manter com o que tem de específico, ou seja, no que lhe é característico: a estrutura sistematizada, uma organização sistemática e continuada de situações, avaliações constantes, enfim, a presença do obrigatório, mas de uma forma renovada. Para o autor, não devemos renunciar à escola, ao papel de conduzir os alunos à posse da cultura elaborada, à satisfação cultural, à alegria.

Snyders (1988) trabalha com a ideia de que existem basicamente dois tipos de cultura: a cultura primeira e a cultura elaborada ou escolar. O autor classifica a cultura primeira como uma cultura imediata, formada no cotidiano, não sistematizada. No que se refere à cultura sistematizada, ele ora denomina de cultura elaborada, ora de cultura escolar. O autor procura demonstrar que entre as duas formas de cultura não existem antagonismos. Certamente existem diferenças, mas de uma forma dialética, a cultura escolar, representada pelo professor, encontra-se em continuidade com a cultura primeira, que é a cultura do aluno. Do mesmo modo, entretanto, existe uma ruptura entre elas, uma vez que a cultura elaborada operou uma crítica sobre a cultura primeira, organizou e sistematizou seus conteúdos, o que possibilita uma nova concepção da realidade.

Assim, para que haja alegria e satisfação na escola e aprendizado significativo, a escola deve partir da cultura dos alunos, de sua experiência imediata e, a partir daí, realizar a ruptura, apresentando-lhes a cultura elaborada, o conhecimento escolar que os auxiliarão a ver de forma diferenciada, ampliada, crítica, o que já se pressentia em sua experiência (as)sistemática, não acabada, plena. Ao realizar esse movimento, a escola possibilita ao aluno a compreensão da realidade e lhe dá impulso para agir. Em todo processo de ensino-aprendizagem é necessário ter o professor como guia, mediador, orientador para que o aluno desenvolva um autodomínio (Snyders, 1988).

Um modo interessante de romper com o círculo vicioso do preconceito linguístico é reavaliar a noção de "erro". Sabe-se que a afirmação "o certo é falar assim, porque se escreve assim" é uma prática milenar que reflete negativamente na educação. Confundir língua com escrita e, mais reduzidamente, com ortografia oficial implica em diversos aspectos, a tal ponto que uma elevada porcentagem do que se rotula de "erro de português" é, na verdade, desvio da ortografia oficial.

Ainda para Bagno (2002), ninguém comete erros ao falar sua própria língua materna. Segue um exemplo de "erro" em língua portuguesa. Imagine-se que alguém quisesse expressar: "eu estava na rua" e dissesse ou escrevesse "rua mim a em estava". Aqui, realmente, este indivíduo estaria cometendo um erro morfossintático, pois, na construção, há irregularidade, deformação, equívoco não previsto no sistema da língua, além disso, não é praticado pelo falante no dia a dia. Certamente, um estrangeiro ainda não proficiente na língua portuguesa estaria sujeito a deformar essas construções.

Apesar de não ter sido esse o foco do exemplo, vale lembrar que o uso do "mim" como sujeito, quando seguido do verbo no infinitivo, no lugar do "eu", é bastante comum em linguagem de uso corrente, inclusive por pessoas com formação superior e/ou posição social prestigiada na sociedade, como professores universitários, médicos, advogados, políticos, profissionais liberais, entre outros formadores de opinião. Por exemplo: "o professor pediu para *mim* apresentar o trabalho semana que vem". Por outro lado, a construção "esse trabalho é pra *tu* fazeres", soa pesada ou desagradável a muitos ouvidos, preferindo o falante usar "esse trabalho é pra *ti* fazer". Quem está habituado a usar o pronome "você" não enfrenta esta angústia imposta pelos gramáticos tradicionais que pouco consideram a dinâmica da língua.

Nas regiões Norte e Sul do Brasil, o uso do pronome pessoal "tu" ainda está muito vivo. Na oralidade, contudo, pouco se observa a flexão verbal referente à segunda pessoa gramatical por ele representada. O que funciona na oralidade da maior parte da população é: "tu faz", em vez de "fazes", "tu disse", em vez de "tu disseste", "tu sai", em vez de "tu sais". Entretanto, quando usado na escrita culta, a flexão tradicional é realizada.

Não se está defendendo, com estas afirmações, que vale tudo, que no trabalho de ensino-aprendizagem da língua materna não haja princípios a serem estudados e aprendidos, mas sim que o ensino de língua seria mais interessante se pautado numa reflexão sobre as variedades linguísticas, despojada de preconceitos, para que o aluno pudesse perceber esse trabalho como estudo de uma língua não artificial (Santos, 2004).

De acordo com Bakhtin (1988, p. 108), "[...] os sujeitos não adquirem sua língua materna: é nela e por meio dela que ocorre o primeiro despertar da consciência". Portanto, para o autor, a língua é um fenômeno histórico, e não pode ser desvinculada de suas funções sociais. Ele argumenta que só há compreensão da língua num contexto. Assim, quando a escola, preocupada com os aspectos formais (fonética, gramática, sintaxe), apresenta uma língua desvinculada da vida, da expressão material de sujeitos falantes, ela perde seu caráter social.

Considerações finais

Na discussão desenvolvida, constatou-se que a variedade linguística implica a educação por não ser compreendida como uma das diversas formas existentes da língua, assim como a própria língua não é compreendida como um fenômeno dinâmico que se transforma ao longo do tempo. Esse fato demonstra que a questão da variedade linguística não é abordada na formação do professor, sendo muitas vezes confundida com "alteração de fala" e, não raramente, o aluno falante dessa variedade passa a ser rotulado como "ignorante", "problemático", "deficiente".

É importante que o professor mostre ao aluno que existem muitos tipos de língua falada e que essas variações podem ser usadas de acordo com o contexto comunicativo. Respeitar a linguagem do aluno não significa deixá-lo dominar apenas o registro de seu grupo social. O aluno deverá compreender que existem diferentes situações de comunicação, sendo necessário se adaptar constantemente para evitar possíveis constrangimentos. Dessa forma, os professores deverão ter o domínio da língua culta, uma vez que a escola é um dos raros locais onde o aluno poderá ouvi-la, exercitá-la e apoderar-se dela, para posteriormente conseguir utilizá-la em outros contextos.

O educador como fonte de conhecimento, interlocutor privilegiado, mediador da aprendizagem saberá criar situações discursivas e interacionais para favorecer o aprendizado de seus alunos. Isso implica em uma nova postura, a postura de estar sempre em contato com as questões que podem contribuir para esse processo. O educador como sujeito crítico, em contato diário com seus alunos, buscando compreender suas dificuldades e, sobretudo, valorizando suas potencialidades pode desenvolver uma prática pedagógica transformadora. Trabalhando-se de acordo com essa perspectiva, assegura-se de fato uma educação de qualidade, funcional e efetiva, que possibilite aos educandos o conhecimento da diversidade cultural e linguística, sem discriminações, exclusões e supremacias.

Referências

Bagno, M. (2002). *Preconceito linguístico: o que é, como se faz*. São Paulo: Edições Loyola.

Bakhtin, M. (1988). *Marxismo e filosofia da linguagem*. São Paulo: Hucitec.

Berberian, A. P. (2003). Princípios norteadores da avaliação clínica fonoaudiológica de crianças consideradas portadoras de distúrbios de leitura e escrita. In A. P. Berberian, G. A. Massi & A. C. Guarinello (Org.), *Linguagem escrita: referenciais para a clínica fonoaudiológica* (p. 11-38). São Paulo: Plexus Editora.

Cagliari, L. C. (2001). *Alfabetização e linguística*. São Paulo: Scipione.

Fávero, L. L., Andrade, M. L., & Aquino, Z. G. O. (2002). *Oralidade e escrita: perspectivas para o ensino de língua materna*. São Paulo: Cortez.

Geraldi, J. W. (1996). *Linguagem e Ensino: exercício de militância e divulgação*. Campinas: Mercado de Letras.

Lemle, M. (2000). *Guia teórico do alfabetizador*. São Paulo: Ática.

Luria, A. R. (1986). *Pensamento e linguagem: as últimas conferências de Luria*. Porto Alegre: Artes Médicas.

Luria, A. R. (1991). *Curso de Psicologia Geral*. Rio de Janeiro: Civilização Brasileira.

Marcuschi, L. A. (2001). *Da fala para a escrita: atividades de retextualização*. 2ª ed. São Paulo: Cortez.

Ministério da Educação. Secretaria de Educação Fundamentaal. (1997). *Parâmetros curriculares nacionais: língua portuguesa*. Brasília.

Santana, A. P. (2002). *Escrita e afasia: a linguagem escrita na afasiologia*. São Paulo: Plexus.

Santos, J. S. (jul.-dez 2004). Letramento, variação linguística e ensino de português. *Revista Linguagem em (Dis)curso*, v. 5, n. 1, p. 119-134. Acesso em 17 de agosto de 2005. www.unisul.br/paginas/ensino/pos/linguagem.

Saussure, F. (1981). *Curso de Linguística Geral*. São Paulo: Cultrix.

Snyders, G. (1988). *A alegria na escola*. São Paulo: Monole.

Soares, M. B. (2002). *Linguagem e escola: uma perspectiva social*. São Paulo: Ática.

Souza, M. A. (2005) *Oralidade e aquisição da linguagem escrita*. p. 126. In Congresso Internacional "Alfabetização e Desenvolvimento Humano" na VI Semana da Alfabetização, do programa da Alfabetização Solidária, 2005, São Paulo. VI Semana de Alfabetização, 2005.

Vygotsky, L. S. (1998). *Pensamento e linguagem*. São Paulo: Martins Fontes.

Yavas, M., Hernandorena, C. L. M., & Lamprecht, R. R. (1991). *Avaliação fonológica da criança: reeducação e terapia*. Porto Alegre: Artes Médicas.

Letramento como perspectiva metodológica para a educação literária

Mirian Hisae Yaegashi Zappone

Introdução

Mesmo mergulhados em um mundo em que os estímulos sensoriais, visuais, gustativos e táteis são imensos e agressivos, não seria errado considerar que as histórias são as formas de entretenimento mais apreciadas entre as mais variadas faixas etárias. Histórias, sejam veiculadas pela televisão em forma de novelas, de filmes no cinema, de uma peça de teatro ou mesmo de uma anedota contada por um amigo, atraem nossa atenção. Todas elas são formas de narrativas e estão presentes nas mais diferentes culturas e tempos, assinalando certo fascínio do homem por elas.

Pode-se notar que, muito cedo, as crianças desenvolvem um gosto em escutar as histórias que suas mães lhes contam, e vão adquirindo, aos poucos, uma competência narrativa ao ponto de saber quando um fato é suprimido, ou quando se encurta a história para acelerar seu final. Ao mesmo tempo, sabem que é preciso haver razões plausíveis para que certo personagem angelical se transforme em alguém mau, ou vice-versa. E, mais, conhecem, inclusive, certas possibilidades de encadeamento de fatos, tais como a do casal que é impedido de ficar junto e que vence adversidades até encontrar o "viveram felizes para sempre", ou o do personagem que pratica inúmeras maldades até que é vencido e tem seu castigo merecido, bem como o do personagem cujas trapaças e mentiras são reveladas e punidas ao final da história, revelando fatos desconhecidos que passam a ser conhecidos. Percebem, desde cedo, portanto, que uma história não é um mero ajuntamento de fatos, mas que tais fatos são regidos por uma lógica interna que lhes assegura coerência e plausibilidade ou, em outros termos, *verossimilhança*, como tem teorizado os estudiosos da literatura.

Se em diferentes culturas em todos os tempos as histórias têm exercido esse fascínio sobre homens, mulheres, crianças e jovens, quais seriam as razões de sua permanência nos dias de hoje quando transmitidas por diferentes suportes, tais como a televisão, a *web*, o cinema, os quadrinhos e outros? O que as histórias ou narrativas produzem naqueles que são seus ouvintes ou receptores? O que faz com que tenhamos vontade e até desejo de prosseguir com a leitura de um romance, ou de acompanhar vivamente o próximo capítulo de uma novela?

Aristóteles, primeiro teórico da literatura no mundo ocidental, já se preocupava com tais questões ao discutir em sua *Poética* as razões pelas quais algumas tragédias e comédias eram mais vigorosas do que outras. Em sua explicação, tais histórias produziam junto a seu público prazer por meio da imitação que faziam da vida e também por sua forma de encadeamento de fatos, normalmente fazendo com que houvesse uma reviravolta dos fatos, tal como vemos hoje nas novelas ou filmes em que um fato inesperado e desconhecido transforma radicalmente o curso das coisas. Assim, portanto, as histórias podem divertir seus ouvintes ao apresentarem viradas extraordinárias em situações familiares.

Mas as narrativas também geram prazer porque tematizam, de forma geral, os desejos humanos e os diversos caminhos traçados em busca deles. Ao mesmo tempo, ao ouvir uma história, os leitores ou ouvintes envolvem-se de tal modo que são movidos a descobrir o seu desenrolar, numa ação quase mágica que os impulsiona a querer saber mais e mais até que se chegue ao final, quando surgem os desfechos menos ou mais esperados para os personagens e situações.

Esse envolvimento entre leitores e ouvintes e narrativas tem sua explicação naquilo que alguns teóricos têm chamado de função de conhecimento da vida e do mundo que a literatura e, por extensão, as narrativas e outros gêneros literários possuem. Segundo Candido (1992), essa função se refere ao fato de que a literatura permite um conhecimento dos seres à medida que propicia certo descortinar do mistério da vida por meio da inspiração clarividente dos escritores:

> Neste ponto tocamos numa das funções capitais da ficção, que é a de nos dar um conhecimento mais completo, mais coerente do que o conhecimento decepcionante e fragmentário que temos dos seres. Noutras palavras, o autor [ao produzir um romance] é obrigado a construir uma explicação que não corresponde ao mistério da pessoa viva, mas que é uma interpretação deste mistério; interpretação que elabora com sua capacidade de clarividência e com a onisciência do criador, soberanamente exercida. (Candido, 1992, p. 64-65)

Nos dizeres de Candido, a literatura e, por extensão, os discursos ficcionais, com sua força criadora e mimética do mundo real, são capazes de nos dar um conhecimento mais completo de nós mesmos e do mundo que nos cerca ao fazer com que, catarticamente, coloquemo-nos em lugar de personagens cujas histórias entramos em contato. Nesse processo, a ficção pode, ainda nos dizeres de Candido, educar, não segundo os manuais pedagógicos, mas de acordo com a força da própria vida que nela é representada:

> A literatura pode formar; não segundo a pedagogia oficial, que costuma vê-la ideologicamente como um veículo da tríade famosa, o Verdadeiro, o Bom, o Belo, definidos conforme os interesses dos grupos dominantes, para reforço da sua concepção de vida. Longe de ser um apêndice de instrução moral e cívica (esta apoteose matreira do óbvio, novamente em grande voga), ela age com o impacto indiscriminado da própria vida e educa como ela – com altos e baixos, luzes e sombras. (Candido, 1971, p. 805)

Assim, além de uma necessidade intrínseca do ser humano – não vivemos sem histórias, sem fantasias –, a ficção pode desempenhar um papel fundamental em nossas vidas, auxiliando-nos em nosso conhecimento do mundo, dos seres e da vida, razão pela qual a escola não pode negligenciar sua leitura, sob o risco de anular tão importante fonte de humanização, já que, em menor ou maior grau, costuma ser uma síntese de muitos saberes, tal como proprõe Barthes: "Se, por não sei que excesso de socialismo ou barbárie, todas as nossas disciplinas devessem ser expulsas do ensino, exceto uma, é a disciplina literária que devia ser salva, pois todas as ciências estão presentes no monumento literário" (Barthes, 1980, p. 18).

Tendo como horizonte essa perspectiva sobre a importância do discurso ficcional na vida humana, este texto terá como objetivo discutir e problematizar alguns aspectos sobre educação literária a partir da abordagem dos estudos de letramento, razão pela qual pode e deve interessar a educadores, pedagogos, professores e a todos os que se interessam pela formação de leitores críticos.

Letramento e modelos de letramento: conceitos-chave

Leitura, escrita e alfabetização sempre constituíram temas importantes para diversas áreas, da educação à psicologia, das ciências sociais à línguística, constituindo temas de grande interesse e, por isso, compreendidos sob diferentes perspectivas. A partir dos enfoques da educação e da linguística, a alfabetização foi estudada durante muito tempo como uma competência individual relativa ao uso da escrita e da leitura. Tais estudos enfocavam as habilidades que as pessoas desenvolviam quando liam ou escreviam e assim surgiram muitas pesquisas explicativas sobre, por exemplo, como a leitura acontecia, sobre os processos cognitivos que as pessoas efetuavam quando liam, sobre as habilidades necessárias para realizar leitura ou escrita e outros, situando sempre as questões da escrita e da leitura no âmbito individual.

Pautando-se em aspectos individuais, eles acabavam não se preocupando com um dado importante relativo aos *efeitos* que os usos da leitura e da escrita poderiam acarretar não só a indivíduos, mas a grupos de pessoas. Ou seja, havia uma lacuna nos estudos sobre escrita e leitura que vieram a ser preenchidos com os estudos do que se chamou *letramento*. Assim, estes últimos expandiram o foco de atenção sobre a leitura e escrita do âmbito individual para o social, ampliando os interesses dos estudiosos em questões como o desenvolvimento social que acompanhou os usos da escrita a partir do século XVII; as mudanças sociais, políticas, econômicas relacionadas aos usos da escrita; os efeitos das práticas de letramento em grupos sociais específicos (Kleiman, 2004).

Como a própria gênese dos estudos de letramento evidencia, a distinção entre letramento e alfabetização é importante para que se possa melhor compreender o conceito de letramento. Segundo alguns pesquisadores (Kleiman, 2004; Soares, 1998), a alfabetização está relacionada a uma tecnologia que se adquire para efetuar a leitura e a escrita. Ela envolve, por exemplo, o treino de habilidades motoras para o uso de instrumentos para a escrita (lápis, caneta, teclado); o modo de associar letras e palavras ao ler; o aprendizado dos elementos gráficos da escrita, tais como a noção de paragrafação, de linhas, da leitura como um movimento dos olhos que se dá da esquerda para a direita e de cima para baixo; a percepção de que letras representam sons, e que alguns sons são representados por mais de uma letra etc. Enfim, a alfabetização envolve os processos de aquisição da escrita e da leitura. Portanto, alfabetizar alguém significa torná-lo capaz de desenvolver essa tecnologia da escrita (codificação de uma língua) e da leitura (decodificação).

Como se trata de uma tecnologia, os processos de alfabetização podem ser diferentes dependo do suporte do texto, ou seja, da materialidade na qual a escrita é veiculada. Escrever em um papel implica uma tecnologia de escrita, ao passo que escrever em um teclado de computador envolve, certamente, outra tecnologia.

Retornando à distinção entre letramento e alfabetização, observamos que a palavra letramento, por sua vez, abarca a ideia de ação, devido à presença do sufixo "-mento" em sua composição. Ao mesmo tempo, tem-se a raiz "letra", que vem do latim "littera", como indica Soares (1998). Assim, letramento indica a ação de letrar-se, de tornar-se letrado. Kleiman (2004) define o termo da seguinte maneira:

> Podemos definir hoje o letramento como um conjunto de práticas sociais que usam a escrita, enquanto sistema simbólico e enquanto tecnologia, em contextos específicos, para objetivos específicos. (p. 19)

O conceito apresentado refere-se a letramento como um conjunto de práticas sociais. Como práticas sociais, podemos compreender todas as ações que fazemos em grupo, como fazer compras, participar de uma missa ou culto, ir a uma reunião de escola de filhos etc. Entretanto, as práticas sociais recebem, no conceito de Kleiman (2004), uma restrição semântica, pois as práticas das quais fala a autora não abarcam *todas* as práticas sociais, mas apenas, a saber, as que usam a escrita. Logo, o campo de compreensão da expressão "práticas sociais" torna-se mais especializado. O conceito envolve as práticas sociais que usam a escrita, tais como assistir a um filme legendado, escrever uma carta para reclamar de algum produto defeituoso a um fabricante, ler um trecho da Bíblia em culto religioso etc. As práticas sociais que usam a escrita, portanto, referem-se a ações que são realizadas em nossa interação social e que envolvem, de algum modo, a escrita.

O conceito apresentado por Kleiman (2004) apresenta também outra especialização: além de abarcar práticas sociais que usam a escrita, essa escrita é usada enquanto tecnologia (no sentido de alfabetização do qual se falou anteriormente) e enquanto sistema simbólico, ou seja, essa escrita é usada como forma de significar coisas, ideias, fatos etc. E, finalmente, a última parte da conceituação: essas práticas sociais que usam a escrita são praticadas em contextos específicos, em situações demarcadas e para objetivos específicos, o que significa que são inúmeras as funções ou objetivos para os quais se podem usar a escrita em nossa sociedade.

Ao observar-se o conceito de letramento apresentado por Kleiman (2004), podemos notar que, efetivamente, ele envolve muitos tipos de usos da escrita, já que há inúmeras práticas sociais nas quais a escrita está envolvida e há inúmeros objetivos para os quais essas práticas podem ser efetuadas nos mais diversos contextos. Logo, podemos inferir que o letramento é um fenômeno muito amplo e não está restrito apenas ao circuito escolar, ao espaço da escola, pois não é apenas nela que a escrita é utilizada, muito embora em tal espaço essas práticas sejam mais recorrentes.

A escola é, certamente, um lugar privilegiado em que se efetuam práticas de letramento, mas tais práticas estão muito ligadas a um tipo de letramento, a alfabetização. Se observarmos algumas atividades escolares com leitura e escrita, veremos que elas se voltam, mais especificamente, para o processo de aquisição de códigos (sejam numéricos ou alfabéticos). A escola tem como uma de suas metas principais o desenvolvimento de capacidades individuais relacionadas ao codificar e descodificar da língua, e poucas vezes volta sua atenção para os modos como essas práticas podem fazer sentido na vida de seus alunos, o que transformaria a leitura e a escrita em atividades muito mais significativas para os estudantes.

Um aspecto importante que se pode apontar com relação ao letramento existente na escola é que ele possui uma característica particular: tal modelo enfatiza sobremodo o texto escrito, considerando-o uma *forma autônoma*, pois a escrita é entendida como produto completo em si mesmo, cujos significados independem de seu contexto de produção, já que o funcionamento lógico da escrita, o modo como as palavras se articulam são considerados aspectos suficientes para que as pessoas interpretem o escrito. Por isso, o letramento escolar foi caracterizado por pesquisadores como um *modelo autônomo de letramento,* já que grande parte das atividades com a escrita propostas nesse ambiente são feitas com base no texto, de modo que este é considerado suficiente para produzir um significado que está nele presente e corporificado.

Embora tal concepção tenha se construído ao longo do tempo em que a escrita ganhou proeminência nas sociedades letradas, certamente tal concepção de texto foi corroborada e difundida mais enfaticamente a partir do estruturalismo, cuja concepção de língua ancorava-se na imanência do texto e em sua funcionalidade como aspectos suficientes para a produção de sentido, centrando suas análises na língua enquanto produto acabado e estático, distanciada, portanto, das situações reais de seu uso.

Outro dado fundamental que decorre da ênfase a essa característica da autonomia é que, vista dessa forma, a escrita é concebida como um tipo de comunicação muito diferente, por exemplo, da linguagem oral. Na oralidade, os sentidos que criamos para a linguagem depende das identidades dos falantes, das relações que esses falantes têm uns com os outros, relações que vão sendo construídas e reconstruídas durante o processo de comunicação. Na fala, os sentidos vão sendo "negociados" entre os envolvidos na interação.

Para discutir de forma mais enfática essas relações entre oralidade e escrita, podemo-nos reportar à distinção entre "escrito" e "escrita", proposta por Rojo (2006), que compreende o primeiro como a grafia ou materialização da palavra falada, ao passo que a escrita relaciona-se à noção de texto ou de discurso, ou seja, trata-se de um escrito que possui uma autonomia em relação à palavra falada, já que tem uma significação que emerge dele próprio e que se põe em relação a outras enunciações. Assim, a escrita deve ser entendida em seu plano enunciativo ou discursivo e "[...] não apenas a partir de sua materialidade gráfica" (p. 54). Balizando sua discussão sobre escrita e oralidade sob esse viés, Rojo (2006) mostra que ambas se diferenciam basicamente pela "[...] relação que o sujeito enunciador estabelece com os parâmetros da situação social e material de produção enunciativa (lugar de enunciação, interlocutores, temas, finalidade da enunciação)"(p. 55), sendo que, na fala, tal relação é de *implicação* do locutor na situação de produção, e de *conjunção* de mundos de referência, ao passo que, na escrita, há uma autonomia do locutor em relação à situação de produção, e de *disjunção* entre os mundos de referência da situação de produção e do texto ou discurso. Entendendo a escrita e a oralidade (língua falada) por uma perspectiva enunciativa, Rojo compreende que há inúmeras relações entre oralidade e escrita:

> Nessa perspectiva enunciativa, de que "língua falada" e da apropriação de que "escrita" ou letramento estamos falando? Abre-se aqui, de imediato, uma multiplicidade enorme de relações entre os orais e os escritos, pensados estes discursivamente e não mais na simplicidade de suas materialidades básicas (som e grafia). Falar, então, da escrita seria falar da multiplicidade de escritos que circulam em esferas privadas e públicas e que mantêm relações complexas com os orais que também circulam nestas esferas, em diferentes situações. (Rojo, 2006, p. 56)

PSICOLOGIA E EDUCAÇÃO: CONEXÃO ENTRE SABERES

Observando, portanto, que oralidade e escrita se aproximam, a autora mostra que parecem infundadas as posições que separam radicalmente o oral e a escrita, pois, discursivamente, entre ambas há "[...] relações complexas de hibridização de gêneros e de modalidades" (Rojo, 2006, p. 68).

Como se pode notar, a interação via oralidade ou a comunicação oral é realizada de forma muito diferente da interação proposta ou subjacente na interação que acontece por meio da escrita tal como observada no modelo autônomo de letramento que se apresentou. Na verdade, no modelo autônomo, a forma de interação com o texto proposta para o estudante acaba se contrapondo e até se chocando com o modelo de interação vivenciado comumente pelo aluno na sua prática com a língua, pois, comumente, os alunos, ao chegarem à escola, mostram-se mais familiarizados com formas textuais orais (tanto nas interações pessoais quanto outras veiculadas por outros suportes como televisão, cinema, rádio etc.) do que com formas escritas.

Fora do espaço escolar, entretanto, podemos observar outras formas de letramento, ou seja, outros usos da escrita em contexto diversos, como os da família, de comunidades religiosas, do ambiente de trabalho das pessoas, de associações ou clubes, das relações sociais etc. Observando esses diferentes modos de letramento, Street (1984) procurou mostrar que todas as práticas de letramento são consequências da cultura e das estruturas de poder da sociedade em que o indivíduo se situa. Por isso, as práticas de letramento mudam segundo o contexto em que se desenvolvem. Assim, ao descrever ou caracterizar essas outras práticas de letramento, Street (1984) as nomeou de *modelo ideológico de letramento*. Ele assim o fez, pois considerou que os significados que a escrita assume para os grupos sociais dependem do contexto e das instituições em que a escrita foi adquirida. Para ele, os sentidos de um texto não estão ligados diretamente à sua forma, ao modo de organização de suas palavras, dos parágrafos e de outros elementos de textualidade, mas dependem dos contextos e das instituições em que a escrita é adquirida e praticada. Portanto, as práticas de letramento são aspectos da cultura e das estruturas de poder.

Como se pode notar, o modelo ideológico proposto por Street (1984) acaba se contrapondo ao modelo autônomo existente na escola, que considera os significados dos textos como uma mera função do modo de organização interna que os textos possuem.

Apresentada a distinção entre os dois modelos de letramento, chegamos à questão que pretendemos discutir: por meio da descrição dos dois modelos de letramento, notamos que a escola desenvolveu um modelo de letramento, ou seja, um uso ou certas práticas de uso da escrita que a transformaram em uma forma autônoma, no sentido já discutido, e que esse modelo de letramento se distingue de outros modelos de letramento presentes em outros espaços sociais diferentes da escola. Discutir de que modo tais conceitos e distinções podem ser pensados no caso da escrita literária e do processo de ensino das formas literárias auxilia na compreensão e problematização do ensino da literatura na escola.

Literatura e letramento: relações e aproximações teóricas

Ao entender o conceito de letramento como o conjunto de práticas sociais que usam a escrita como um sistema simbólico, e que a usam dentro de padrões tecnológicos para finalidades específicas e em contextos específicos, a apropriação do conceito ao campo dos estudos literários pode ser pertinente se operarmos uma modulação fundamental: trabalhar com a acepção de escrita mencionada, mas compreendida dentro das especificidades concernentes aos textos literários. Se considerarmos a literatura como um tipo de escrita que se especifica e se distingue de outros tipos de escrita, o conceito de letramento mostra-se bastante produtivo para o entendimento de alguns aspectos que tangem os modos de produção, recepção e circulação da literatura e, consequentemente, de seu ensino.

Já que uma condição para apropriação do conceito é estabelecer a especificidade da escrita a que nos referimos quando falamos em letramento literário, e o terreno das definições e conceituações são sempre movediços, acata-se, nessa situação, a sugestão de Hansen (2005) que procura compreender a literatura a partir de um traço fundamental: o seu caráter de ficcionalidade, já que antes de outras especificidades apontadas pela crítica ao longo da história, o literário está presente num texto quando é possível lê-lo como sendo o resultado de um ato de fingir (p. 16). Ao mesmo tempo, é importante ressaltar, o texto que operacionaliza esse fingimento do possível é também imotivado, pois:

> [...] suas asserções [do discurso literário] não implicam a identidade entre o discurso e a materialidade das coisas e dos estados de coisas figurados nele. A materialidade das coisas é posicionada,

> situada, perspectivada ou dramatizada: o texto efetua uma materialidade autorreferencial ou pseudorreferencial, pois a existência real das coisas ou eventos representados nele não é pertinente para sua significação. (Hansen, 2005, p. 19)

A fala do autor evidencia que, na escrita literária, ou na forma discursiva ficcional, tem-se um evento linguístico que evoca personagens, falantes, fatos, acontecimentos, objetos, espaços e temporalidades, mas não se refere a eles como se fossem elementos existentes, mas apenas os projeta, os representa, na acepção aristotélica de mímeses. Assim, quando um poeta cria um "eu" em algum de seus poemas, não há uma equivalência entre tal poeta e os sentimentos ou ideias projetados no poema. Como explica Culler (1999), até mesmo os dêiticos, ou seja, os "[...] traços de orientação da linguagem que se relacionam com a situação de elocução, tais como pronomes (eu, você) ou advérbios de tempo e lugar (aqui, ali, agora, então, ontem, amanhã) funcionam de modo especial na literatura" (p. 38), pois não referenciam pessoas, lugares ou temporalidades reais, mas identidades, lugares ou temporalidades que precisam ser construídas, interpretadas e imaginadas. Assim, o ficcional marcar-se nos discursos literários pelo fato de o contexto evocado por ele ser passível de interpretações ou de decisões que o leitor precisa tomar em relação a quem são os atores, em quais situações eles estão e que tipo de sentidos ou significados tais relações podem evocar para tal discurso.

Outro aspecto importante a ser analisado com relação à ficcionalidade é que ela é construída mediante várias formas de figuração, ou seja, diversos modos por meio dos quais se pode criar a imitação da realidade. Tais formas são produzidas pelas convenções estabelecidas pelos diversos gêneros – dramática, lírica, narrativa, épica – e que possuem traços estilísticos e modos de organização textuais específicos que constituem a matéria-prima da teoria literária, que os tem estudado exaustivamente.

Entretanto, se considerarmos a proposição de Rojo (2006) para a compreensão da escrita, ou seja, entendê-la não apenas a partir de sua configuração material – o que caracterizaria para a autora o "escrito", a grafia –, mas numa perspectiva discursiva que leva em conta seu plano enunciativo, podemos considerar que a escrita literária não está presente apenas nos gêneros consagrados pela teoria e pela crítica literária, e nem se corporifica apenas na sua forma mais consagrada, o impresso, o livro.

Ao considerar a escrita literária como um tipo de discurso que institui o ficcional por meio de formas de enunciação específicas, pode-se inferir que essa escrita literária ganha abrangência, sobretudo, no mundo contemporâneo, no qual essas formas de enunciação hibridizam-se em várias mídias, entre as quais se podem citar a televisão, o rádio, o cinema, a *internet*, as revistas em quadrinho. Assim, nos dias de hoje, o discurso literário encontra espaço e modos de criação e de circulação muito mais amplos do que aqueles imaginados, por exemplo, por romancistas e poetas de tempos anteriores.

Balizando o conceito de escrita literária por seu caráter de ficcionalidade e como forma de enunciação, demarca-se, mesmo que sumariamente, os contornos do tipo de escrita que interessa aos estudos literários, a saber, a escrita imotivada, gratuita, cuja marca fundamental seria a ficcionalidade que se constrói por meio de diversas formas de enunciação que podem abarcar desde formas miméticas canônicas, tais como a dramática, lírica, narrativa e épica, até formas híbridas, tais como filmes, seriados e novelas de TV, peças teatrais e muitas outras, constituindo o que se tem nomeado de formas multimodais ou formas multissemióticas (Rojo, 2009)

Com base nesse pressuposto, podem ser feitas algumas colocações sobre letramento literário. Uma primeira observação refere-se ao fato de que, considerando a origem dos estudos de letramento e suas articulações teóricas, o letramento literário não pode ser considerado apenas como o estudo das práticas sociais de leitura do texto literário ou, como tem-se tornado ponto comum, os usos sociais ou públicos de leitura da escrita literária. É preciso matizar melhor tais conceitos. Uma primeira sugestão nesse sentido seria pensar o conceito de letramento aplicado aos estudos literários. Assim, diante da concepção de letramento já exposta, algumas proposições são fundamentais para a compreensão de letramento literário.

Inicialmente, o letramento literário pode ser compreendido como o conjunto de práticas sociais que usam a escrita literária, compreendida do modo como se expôs anteriormente. Isso equivale a dizer que, embora o conceito de literatura tenha sido construído no seio da cultura ocidental e de classes sociais abastadas que, tanto pela produção quanto do consumo de certos textos produziram certo gosto e sensibilidade relativos aos textos, não são apenas os textos que pertencem a essa tradição – ocidental, eurocêntrica, masculina, branca – que podem figurar como literários. É certo que esses textos, arrolados nas histórias da literatura, e dos quais se ocupa prioritariamente a crítica literária, representam o *corpus* mais

140 | PSICOLOGIA E EDUCAÇÃO: CONEXÃO ENTRE SABERES

utilizado no espaço escolar, em que são, efetivamente, legitimados pela autoridade concedida à instituição escolar. Entretanto, essas formas ficcionais não são as únicas que podem figurar como tal. Se o letramento literário pressupõe práticas que usam a escrita literária, pensada esta como um gênero de discurso que pressupõe a ficcionalidade como traço principal, é possível observar letramento literário em inúmeros outros textos, muito além dos textos canônicos. Assim, constituem práticas de letramento literário a audiência de novelas, séries, filmes televisivos, o próprio cinema, alguns *videogames*, a contação de histórias populares, de anedotas etc.

Outro aspecto a se considerar é que, como o letramento implica usos sociais da escrita, saindo da esfera estritamente individual, infere-se que o letramento literário está associado a diferentes domínios da vida (o letramento literário implica usos da escrita literária para *objetivos específicos* em *contextos específicos*). Nesse sentido, seria interessante pensar em quais contextos e com quais objetivos podem ser observadas essas práticas de letramento literário que são plurais. Assim, algumas práticas de letramento literário poderiam ser observadas em: a) adaptações e/ou criações de textos literários para a televisão, teatro, cinema; b) por leituras não canônicas, ou seja, leituras não necessariamente ancoradas na história de leitura de textos produzida por críticos ou pela academia; c) pela leitura de textos não canônicos sobre as quais pouco se sabe ainda hoje (leitura de romances cor-de-rosa, por exemplo, leitura de *best-sellers* e outros textos ficcionais que estão à margem do letramento literário escolar, tais como os textos da série *Crepúsculo* ou *Harry Potter*), mas que já começam a ser estudadas com mais ênfase por historiadores da leitura e do livro; d) a apropriação de textos não produzidos inicialmente como textos ficcionais, mas que funcionam como tal diante de certos públicos que deles se apropriam numa atitude de gratuidade, estabelecendo com eles uma relação de ficcionalidade e de gratuidade, tais como matérias jornalísticas, depoimentos, biografias etc.; e) pela produção e recepção de textos literários em mídias pouco estudadas como, por exemplo, *videogames*, desenhos animados, clipes de músicas que associam diversos sistemas semióticos (música, imagens, cores, verbal oral e escrito etc.).

Por meio dessas diferentes práticas, podem-se observar finalidades e contextos distintos do letramento literário, muito diferentes do letramento escolar. Na escola, a leitura literária serve, precipuamente, para o atendimento de tarefas escolares solicitadas pelo professor (preencher fichas de leitura, fazer resumos da história, fazer provas de leitura etc.). Entretanto, as práticas de leitura e mesmo de produção de textos literários podem estar ligadas a outros objetivos, como o prazer, o conhecimento, evasão, a aquisição de um *status* de leitor diante de um grupo, já que a leitura constitui, para algumas classes sociais, um critério de distinção cultural etc.

Como as práticas de letramento e, consequentemente, as práticas de letramento literário são "enformadas", padronizadas ou determinadas pelas instituições sociais e pelas relações de poder, nota-se que há formas de letramento mais dominantes, mais valorizadas e influentes do que outras. No caso da escrita literária, é evidente que as práticas de letramento literário realizadas no espaço escolar são as mais visíveis e valorizadas, e outras práticas, menos valorizadas e até menosprezadas, como a leitura de romances cor-de-rosa, por exemplo. É evidente também que algumas formas são mais visivelmente compreendidas como formas enunciativas literárias, como um conto, por exemplo, ao passo que outras, um clipe musical, seja por seu suporte midiático, a televisão ou a tela de computador, são mais dificilmente compreendidas como formas ficcionais de caráter literário. Sobre tal questão, os modelos de letramento apresentados anteriormente (autônomo e ideológico) podem ser muito operacionais para se compreender formas de letramento literário.

Finalmente, deve-se considerar que o letramento e o letramento literário são historicamente situados. Quando se observa na conceituação de letramento que os usos da escrita são práticas sociais, deduz-se que tais práticas são efetuadas ou realizadas por indivíduos ou grupos que se constituem como identidades sociais distintas, específicas. Por isso, como tais práticas são realizadas por identidades diferentes, os modos de fazer uso da escrita literária e sua leitura também são diferenciados, pois são construídos historicamente. Isso pode ser facilmente observado, por exemplo, em comunidades minoritárias em que a orientação de letramento é bastante diferente de grupos majoritários. Para certa comunidade, a leitura de textos poéticos pode não fazer sentido e, por isso, nem serem conhecidos textos poéticos, ao passo que os modelos ficcionais veiculados pela televisão podem constituir grande fonte de evasão. Significativo para a compreensão dos diferentes letramentos seria verificar os elementos, situações e contextos que os determinam, tais como nível de escolaridade dos indivíduos, formas de exposição ao escrito, valorização do escrito, formas de interação com outras formas midiáticas. Enfim, para o conhecimento das práticas de letramento literário, torna-se necessário o conhecimento das orientações de letramento literário de diferentes grupos sociais, as quais se podem distinguir por relações culturais, econômicas, étnicas, de gênero e outras.

Como se nota, o conceito de letramento, aplicado ao estudo da literatura, mostra-se bastante fértil, pois permite uma compreensão do literário situada fora dos domínios ou concepções por meio dos quais tradicionalmente ele vem sendo estudado – abarcando apenas os textos escritos veiculados pelo impresso – e abre perspectivas para o estudo de variados aspectos, relacionados ao modo como se constroem os padrões sociais de letramento literário que levam à efetuação de diferentes práticas em diferentes contextos. Conhecer as práticas de letramento literário presentes na escola, bem como as práticas de letramento literário presentes em diferentes âmbitos sociais, pode contribuir para que se possa pensar nas relações entre essas duas esferas (escola e vida social), fazendo-as convergir para a formação de indivíduos com graus de letramento e de letramento literário cada vez maiores. Para tal, a distinção entre o modelo autônomo e ideológico de letramento parece ser bastante significativa e operacional.

Modelos de letramento literário: o embate entre escola e vida social

Ao refletir sobre os modelos de letramento literário, uma primeira observação a ser feita é a de que o letramento literário é mais visivelmente observável no espaço escolar, uma vez que a leitura de textos literários fora da escola é bem menos conhecida e estudada. Afinal, *quem* faz e *como* é feita a apropriação da escrita ficcional no Brasil? A pergunta matiza um importante campo de pesquisa, certamente. Assim, vemos que os usos da escrita literária a que temos maior acesso são aqueles realizados pela escola, e que estes podem ser emoldurados no modelo autônomo de letramento, pois consideram a autonomia do escrito como fonte suficiente para a produção de sentidos do texto.

No caso da escrita literária, o aspecto da autonomia torna-se ainda mais evidente do que em outros tipos de escrita, pois essa autonomia de sentido está relacionada a outros fatores não diretamente relacionados à fatura do texto ou a seu modo de organização, como no caso dos textos não literários. Evidentemente, esse aspecto também é extremamente pertinente, ou seja, contam na leitura do texto literário todos os elementos propriamente textuais, mas, além deles, são de importância capital os códigos relativos aos gêneros literários (da poesia, da epopeia, da narrativa de ficção, da crônica, do romance etc.), as convenções da escrita literária que são particulares de tempos e de espaços específicos (as convenções de escrita do romance brasileiro do século XIX, as convenções da escrita dramática na Inglaterra do século XVI, as convenções de escrita do modernismo, por exemplo, e inúmeras outras). Além dessas convenções, há outro elemento fundamental para a leitura do texto literário na escola que é a voz ou posição da crítica. Mesclando-se com os elementos já abordados, o texto literário só tem seu sentido descortinado por meio das chaves de compreensão oferecidas pela crítica ou pelas vozes da crítica. São essas vozes que organizam tanto as convenções quanto os códigos pertinentes aos textos, conduzindo a leitura do professor e do aluno por meio, inicialmente, da crítica, da historiografia, cujas ideias e valores reverberam no livro didático.

Não se trata aqui de discutir a pertinência desse modelo de letramento literário, pois, certamente, esses elementos são importantes para a leitura do texto literário. O que deve ser questionado é a forma como tal modelo aparece ou se concretiza na vida do aluno e, nesse caso, o que se observa é que não há uma explicitação das regras do jogo. Professor e alunos trabalham com a escrita literária apenas aceitando os sentidos já construídos criados ou propostos para os textos literários, sem compreender as razões porque eles são pertinentes.

Nesse sentido, para que o modelo autônomo alcance, no mínimo, uma coerência, seria preciso explicitar para o aluno o tipo de leitura do texto literário pretendida e oferecer a ele condições para que se apropriasse dos modelos, convenções e códigos fundamentais para a compreensão da escrita literária, tal como é compreendida pela escola. Ainda nessa direção, poderíamos pensar se a escola brasileira, sobretudo as públicas, com a estrutura atual, com poucas horas destinadas ao estudo das linguagens teria condições de oferecer ao seu aluno todo esse embasamento. Sem o conhecimento dessas regras ou convenções, entretanto, a leitura literária fica sendo um grande faz de conta, pois os alunos raramente compreendem o texto, raramente produzem para ele sentidos pertinentes e terminam por acatar as vozes (do professor, da crítica, do livro didático) que dizem que o texto significa isso ou aquilo, pois lhes faltam as chaves de compreensão do texto. Assim, é mais fácil decorar que Clarice Lispector produz uma prosa intimista do que ler seus textos e descobrir como neles se constrói esse intimismo.

Outro aspecto importante a ressaltar com relação a esse modelo autônomo é que ele pressupõe um leitor plenamente situado no mundo da escrita como um

144 | PSICOLOGIA E EDUCAÇÃO: CONEXÃO ENTRE SABERES

leitor já iniciado. Não considera de maneira alguma as orientações de letramento literário dos escolares, desconhece as formas de enunciação ficcionais com os quais eles têm contato antes e concomitantemente à escola (*videogames*, narrativas contemporâneas, videoclipes etc.). No espaço escolar, os estudantes são vistos como um grupo homogêneo, com a mesma orientação de letramento, na qual a leitura e o contato apenas com livros fosse uma condição "natural" a todos eles. Ignora que muitos têm dificuldades, inclusive, com a própria decodificação dos textos (principalmente nos estágios iniciais de escolarização) e trabalha textos literários canônicos como se esses fizessem parte da vida de todos os estudantes quando grande parte deles não está familiarizada com a escrita ficcional, seja ela poética, dramática, narrativa etc.

Assim, muitas vezes, as práticas de uso dos textos literários tornam-se uma atividade completamente sem sentido, já que se somam vários aspectos contrários a uma apropriação crítica deles: a) uma orientação de letramento que não valoriza formas híbridas da escrita literária; b) a ausência, no espaço escolar, de uma formação adequada do estudante de literatura que não favorece o acesso às convenções de leitura literária necessárias à compreensão dos tipos de figuração ou de *mímesis* proposta pela escrita ficcional; c) a valorização excessiva da autonomia do texto literário cujos sentidos são previamente estabelecidos pela crítica e pela historiografia literária e corroborados pelos livros didáticos ou mesmo pelo professor; d) completa desconsideração, por parte da escola, de outras formas de letramento literário vivenciados pelo aluno fora do ambiente escolar (telenovelas, anedotas, *best-sellers*, romances cor-de-rosa, ficções de revistas de variedade, ficção erótica, quadrinhos etc.) que compõem um universo de leituras ficcionais já acessadas e valorizadas pelos estudantes.

No caso de alunos com mais tempo de escolarização, como no caso do Ensino Médio, a desconsideração da orientação de letramento dos alunos leva a supor que todos têm acesso aos textos literários, por isso, o livro didático de literatura apresenta apenas excertos de textos, pressupondo que o aluno possa chegar ao texto integral, já que passou muitos anos de sua escolarização lendo textos literários em outras séries. Ora, se essa não é a realidade de muitos alunos, o texto literário torna-se um objeto inacessível por duas vias, seja pela sua ausência material na vida do aluno, seja pela impossibilidade de acessar sentidos para ele pela falta de um instrumental adequado que deveria ser oferecido pela escola. Assim, configura-se uma cisão entre dois espaços ou contextos em que o letramento literário pode acontecer: a escola e a vida social.

Finalizando o texto – algumas reflexões

Como se nota, o desenvolvimento de certas práticas de leitura levou à prevalência do modelo ideológico de letramento literário na escola brasileira. Como sabemos, as práticas de letramento são padronizadas pelas instituições e pelas relações de poder, e são historicamente situadas, portanto conclui-se que essas práticas foram moldadas por algumas instituições específicas: a escola, a crítica e historiografia literária, que reverberam valores e práticas burguesas de leitura da literatura.

Entretanto, a discussão desenvolvida procurou evidenciar que esse modelo de letramento literário tem falhado no processo de formação de leitores de textos ficcionais. Quase sempre, ao final do processo de escolarização, são muitos os estudantes que deixam de ler os textos literários canônicos, e alguns chegam a demonstrar completo desprezo por eles. No diagnóstico dos problemas do ensino de literatura aqui delineado, soma-se outro problema: a desconsideração pela escola de outras práticas de letramento literário.

Como se viu, o letramento patrocinado pela escola é apenas um dentre vários letramentos. O mesmo se dá com o letramento literário: os indivíduos podem relacionar-se com o ficcional por meio de várias práticas, em contextos diferentes e com objetivos diferentes, tais como a *internet*, a televisão, os livros, o teatro, o cinema que oferecem diversas formas ficcionais – as minisséries, as anedotas, os *best-sellers*, os filmes, o cordel, o RAP, peças teatrais, *videogames* – de variados gêneros com os quais os alunos se relacionam em outros contextos e que são desconsideradas pela escola.

Por tratar-se de uma instituição tradicional, cujas práticas foram moldadas num longo processo histórico e social, é certo que a escola dificilmente modificará os valores que subjazem ao ensino da literatura. Assim, por constituir um conjunto de práticas escolares com a escrita literária, o letramento literário de orientação autônoma presente na escola brasileira deve continuar sendo praticado.

Entretanto, para que o modelo alcance certa coerência, é imprescindível que os alunos sejam esclarecidos sobre seu propósito: formar um gosto literário alinhado ao gosto de classes sociais privilegiadas e formar um leitor capaz de compreender e apreciar a literatura concebida como um construto alinhado a certa cultura. Contudo, a aquisição desse gosto não implica, necessariamente, o descarte da leitura ou apreciação de outras formas ficcionais ou de formas enunciativas ficcionais que não estejam alinhadas ao gosto majoritário, já que o letramento literário está associado a diferentes domínios da vida e o letramento escolar é apenas um deles.

Além da compreensão sobre os objetivos do ensino de literatura, é necessário que a escola propicie aos estudantes as habilidades necessárias para atingir esse fim, ou seja, que escola patrocine o ensino das convenções literárias que regem a construção da escrita ficcional, seja nos mais diferentes gêneros nos quais ela possa se manifestar (lírica, épica, dramática, narrativa etc.). Finalmente, propiciar aos alunos estratégias de leitura que possam ao menos amenizar o caráter de autonomia do texto, levando-os a interagir efetivamente com o texto e produzir para eles sentidos pertinentes que não sejam mera reprodução dos sentidos aventados pela crítica e pelos autores de livros didáticos.

Também importante é o resgate das práticas de letramento literário efetuadas pelos estudantes em contextos diferentes do da escola, que muito podem contribuir para a reflexão sobre o literário, uma vez que, muito embora constituam suportes e linguagens diversas, podem manter relações discursivas muito próximas com os textos tradicionalmente reconhecidos como literatura. Nesse sentido, a distinção que propomos entre *ensino de literatura* e *educação literária* parece ser pertinente: ensinar literatura se assemelha ao alinhar-se ao estudo de textos canônicos, numa perspectiva autônoma, objetivando trabalhar com os alunos os sentidos já produzidos para os textos a partir da historiografia e da crítica literárias. Por outro lado, educação literária abarcaria uma perspectiva mais ampla, na qual se objetivaria o aumento do grau de letramento literário dos alunos, o que implicaria a abordagem não só dos textos canônicos – impressos, escritos –, mas também de formas não canônicas diversas, tais como as multissemióticas, mas sempre levando em conta as relações particulares construídas entre leitores e textos. Assim, no processo de educação literária proposto, desenvolver o letramento literário dos alunos implicaria, necessariamente, trabalhar a escrita ficcional presente no mundo contemporâneo, o que pressupõe, como aponta Rojo (2009), atenção especial aos *letramentos multissemióticos* (leitura e produção de textos em diversas linguagens e semioses), os *letramentos multiculturais* (abordagem de produtos culturais pertencentes tanto à cultura letrada e escolar, como os textos literários canônicos, quanto a textos ficcionais provenientes de culturas populares ou locais com as quais os alunos podem ter contato), os *letramentos críticos* (propiciar aos alunos não só uma abordagem ou leitura conteudística dos textos, mas uma leitura que os leve a uma compreensão dos conteúdos, ideologias, intenções presentes neles a fim de que possam com eles dialogar e sobre eles posicionar-se).

Eis algumas considerações que se pode fazer a propósito da apropriação do termo letramento aos estudos da literatura, compreendendo-o como uma aplicação metodológica para a educação literária. As relações entre letramento e literatura são férteis e apontam para a necessidade de verticalização das ideias aqui aventadas, sobretudo pelos agentes envolvidos na escola e que anseiam por um final feliz nas relações entre textos e leitores de ficção, já que dela não nos podemos desfazer por uma necessidade vital da fantasia que, com menos ou mais força, nos oferta alento e, às vezes, até explicações para o caos da vida.

Referências

Barthes, R. (1980). *Aula*. São Paulo: Cultrix.

Candido, A. (1971). A literatura e a formação do homem. *Ciência e Cultura, 24*(9), 803-809.

Candido, A. (1992). A personagem do romance. In A. Candido, Rosenfeld, A. D. de A. Prado & P. E. S. Gomes, *A personagem de ficção* (pp. 53-80). São Paulo: Perspectiva.

Culler, J. (1999). *Teoria literária: uma introdução*. São Paulo: Beca.

Hansen, J. A. (2005). Reorientações no campo da leitura literária. In M. Abreu & N. Schapochnik, *Cultura letrada no Brasil: objetos e práticas* (pp. 13-44). Campinas: Mercado de Letras.

Kleiman, A. B. (2004). Introdução: O que é letramento? Modelos de letramento e as práticas de alfabetização na escola. In A. B. Kleiman (Org.), *Os significados do letramento* (pp. 15-61). São Paulo: Mercado de Letras.

Rojo, R. (2006). Letramento escolar, oralidade e escrita em sala de aula: diferentes modalidades ou gêneros de discurso? In I. Signorini (Org.), *Investigando a relação oral/escrito e as teorias do letramento* (pp. 51-74). Campinas: Mercado de Letras.

Rojo, R. (2009). *Letramentos múltiplos, escola e inclusão social*. São Paulo: Parábola Editorial.

Soares, M. (1998). *Letramento: um tema em três gêneros*. Belo Horizonte: Autêntica.

Street, B. V. (1984). *Literacy in theory and practice*. Cambridge: Cambridge University Press.

Street, B. V. (out. 2003). *Abordagens alternativas ao letramento e desenvolvimento*. In Unesco, *Teleconferência Unesco Brasil sobre Letramento e Diversidade*. Recuperado em 20 jul. 2006, de <http://www.unisesi.org.br/portal/arquivos/biblioteca/12>.

PARTE III – O COTIDIANO DO TRABALHO DOCENTE

Representações sociais dos professores sobre os pré-adolescentes

Edna Salete Radigonda Delalibera

Solange Franci Raimundo Yaegashi

Introdução

De acordo com Ariès (1981) e Santos (1996), as concepções sobre a infância e a adolescência foram sendo construídas e modificadas culturalmente no decorrer dos tempos e das diversas organizações da sociedade, tornando-se ciclos da vida com características específicas, mediante as modificações exigidas pelas novas formas de organização social.

A partir da intensificação do processo de globalização, levado a termo pelos interesses do capitalismo, o acesso às informações oriundas das mais diferentes partes do planeta se dá em tempo real e engendram transformações políticas, sociais, econômicas e culturais que influenciam todas as instituições e todos os homens.

Nesse sentido, partimos do pressuposto de que a sociedade, no final do século XX, com os avanços tecnológicos, a velocidade no fluxo das informações, as condições sociais, políticas e econômicas, a dinâmica e funcionamento de instituições como a família e a escola fazem emergir um novo pré-adolescente, que demonstra necessidades, interesses, desejos e apreensões que, em outros tempos, não haviam sido percebidos, experienciados e proclamados.

Dessa forma, concebendo o ser humano como uma construção sócio-histórica, na qual ele é produto e produtor de sua história, compreendemos a pré-adolescência como uma fase da periodização da vida que ocorre entre a passagem da infância para a adolescência.

Na literatura psicológica e sociológica, são pouco evidentes as referências à fase "pré-adolescente" propriamente dita, compreendida em nível de parâmetro etário aproximadamente entre os dez e os doze anos de idade. O que comumente notamos é que essa faixa etária se insere ora como integrante da infância, ora como constituinte da etapa designada como adolescência, o que, em nosso entender, provoca ambiguidades e inseguranças a todos que convivem com os pré-adolescentes.

Um exemplo bastante claro dessa controvérsia é o parâmetro adotado pela Organização Mundial da Saúde (OMS) e o adotado pelo Estatuto da Criança e do Adolescente (ECA). Enquanto o primeiro considera a adolescência como a fase do desenvolvimento compreendida entre os dez e os dezenove anos, o segundo classifica como criança, para os efeitos da lei, a pessoa até os doze anos de idade incompletos, e como adolescente, os sujeitos que pertencem à faixa etária entre os doze e os dezoito anos de idade.

Embora temos clareza das controvérsias existentes em se utilizar apenas essa visão naturalizante do desenvolvimento e, sendo nossa postura situar a pré-adolescência no contexto das condições históricas que definem sua especificidade, o que salientamos aqui é o caráter contraditório dessas diferentes instâncias que conduzem, por sua vez, a relações contraditórias e confusas com os sujeitos dessa faixa etária.

Por outro lado, indo além desse problema exposto, de que, em se tratando da idade, o pré-adolescente é visto como integrante da fase final da infância ou como do início da fase da adolescência, conforme alguns o classificam (Blos, 1995; D'Andréa, 1978; Outeiral, 2003), embora apresentem divergências em relação ao âmbito dessa classificação, destacamos que esse período, considerando as condições culturais e históricas, apresenta características específicas nos aspectos cognitivos, afetivos e psicossociais que tornam e transformam esse sujeito de tal forma que confusamente é visto pelos adultos como "nem criança, nem adolescente", ou seja, não apresenta uma categoria identitária.

Essas constatações e inquietações surgiram e foram tomando corpo no contexto de nosso trabalho na área de Psicologia Escolar e Educacional. Diante desse olhar e desta compreensão, passamos a refletir sobre como os professores estavam percebendo esses alunos, o que estavam entendendo de suas atitudes e comportamentos e como essas percepções se faziam presentes na sua prática educativa. Encontramos, na teoria das *representações sociais*, a possibilidade de descortinar essas percepções, valores, sentimentos e pré-conceitos construídos socialmente pelos professores a respeito dos pré-adolescentes.

Nessa perspectiva, o objetivo deste estudo é investigar as representações sociais dos professores sobre os pré-adolescentes e como elas participam e integram a relação professor-aluno.

Pré-adolescência

Pré-adolescência: contando história

Atualmente, a pré-adolescência é considerada uma etapa da vida compreendida entre o final da infância e início da adolescência. Entendemos que, da mesma forma que as concepções de infância e adolescência, como assinalam Santos (1996) e Ariès (1981), foram sendo culturalmente modificadas no processo de desenvolvimento da humanidade em suas diferentes organizações da sociedade, a pré-adolescência também foi sendo construída como fase ou ciclo da vida, com necessidades, interesses e características específicas, de modo a atender às modificações advindas das novas formas de organização social.

Para Ariès (1981), a infância, considerada como um período evolutivo, é uma invenção da modernidade, há cerca de 150 ou duzentos anos. Por outro lado, o autor argumenta ser a adolescência um período de tempestade e tormenta, mais complexo que a infância, e seu conceito não surge antes do final do século XVIII, mas só se difunde no século XX. Em seu estudo, pouco discorreu sobre esse período de desenvolvimento, mostrando que a infância e a adolescência sempre foram muito confundidas.

Embora a adolescência seja um conceito recente e que necessita de aprofundamento e estudos, vemos emergir, neste início de século, um novo grupo ou categoria de sujeitos identificados na literatura às vezes como "adolescência inicial", outras vezes como "pré-adolescência" e outras ainda como integrantes do grupo da infância, mais especificamente ao segundo período desta. Esse grupo, pouco considerado ou estudado nas pesquisas, tornou-se expressivamente significativo na sociedade atual, tanto por questões psicológicas quanto por questões sociais, políticas e econômicas.

Consideramos que a partir do final do século XX, início do século XXI, essa categoria de sujeitos vem se diferenciando, ocupando espaço e *status*, apresentando especificidades e características que precisamos conhecer e apreender para

PSICOLOGIA E EDUCAÇÃO: CONEXÃO ENTRE SABERES

podermos compreendê-los e acolhê-los, objetivando cumprir com sabedoria nosso papel de educadores. Outeiral (2003) assinala que nos seus últimos trinta anos de trabalho com adolescentes tem percebido a ocorrência da "adolescência" antes mesmo do surgimento das características físicas da puberdade. Constata, além disso, que o pré-adolescente, no cotidiano atual, tem "posturas adolescentes", embora não estejam vivendo concretamente, fisicamente e psicologicamente essa fase. Afirma o autor que eles adolescem mais cedo, pois se trata de um fenômeno fundamentalmente psicológico e sociológico.

Pré-adolescência: demarcações que confundem

A pré-adolescência é uma das fases da vida que tem a sua demarcação mais confusa e complexa, conforme o parâmetro assumido pelos pesquisadores. A inclusão dessa categoria em diferentes etapas do desenvolvimento humano, segundo critérios amplamente justificados pelos teóricos, suscita ambiguidades e inseguranças que muitas vezes percebemos na interação dos adultos com sujeitos desse período de desenvolvimento.

A Organização Mundial da Saúde (OMS) considera a adolescência constituída de duas fases: uma que compreende a faixa etária dos dez aos dezesseis anos e a outra que abrange as idades entre dezesseis e vinte anos. Por sua vez, o Estatuto da Criança e do Adolescente (ECA) classifica como criança, para os efeitos de lei, a pessoa até os doze anos incompletos de idade e como adolescente, os sujeitos que pertencem à faixa etária entre os doze e os dezoito anos de idade. Observamos, portanto, que há uma clara diferença de classificação em relação à faixa etária entre onze e doze anos, que é justamente o grupo de 5ª e 6ª série[1] do Ensino Fundamental, foco de nossa pesquisa, considerados ora como crianças (ECA), ora como adolescentes (OMS).

Essas diferenças de parâmetros são também evidenciadas mesmo entre teóricos que aprofundaram seus estudos quer sobre a infância, quer sobre a adolescência. Destacamos, a seguir, alguns desses teóricos que, de uma forma ou de outra, influenciaram o desenvolvimento da psicologia e de seus conhecimentos

---

1 Desde 2006, a duração do Ensino Fundamental, que até então era de oito anos, passou a ser de nove anos. A Lei de Diretrizes e Bases da Educação (LDB 9395/96) foi alterada em seus artigos 29, 30, 32 e 87 pela Lei Ordinária 11.274/2006, e ampliou a duração do Ensino Fundamental para nove anos. Neste estudo, a 5ª e 6ª séries correspondem ao atual 6º e 7º anos, respectivamente.

científicos divulgados, contribuindo assim para a formação das representações sociais emergentes em diferentes épocas e sociedades.

Stanley Hall (citado por Muuss, 1966), considerado o "pai da adolescência", distinguia quatro estágios de desenvolvimento: o estágio da primeira infância, que inclui os primeiros quatro anos de vida; o período da infância, que se estende de quatro a oito anos; a juventude, que abrange dos oito aos doze anos; e a adolescência, que é o período que se estende da puberdade (aproximadamente aos doze ou treze anos) ao estado de adulto pleno.

Jean Piaget (1978), epistemólogo, entende o desenvolvimento como uma equilibração progressiva, no sentido de uma passagem contínua de um estado de menos equilíbrio para um estado de maior equilíbrio, e postula estágios ou períodos de desenvolvimento cognitivo que marcam o aparecimento de estruturas que são necessariamente construídas, a saber: primeiro estágio: sensório-motor, de zero a dois anos; segundo estágio: pré-operacional, inteligência simbólica, dos dois aos seis ou sete anos; terceiro estágio: operacional concreto, inteligência concreta, dos sete aos onze ou doze anos; quarto estágio: operacional formal, adolescência, a partir dos doze anos.

Segundo a classificação de Piaget, portanto, os alunos de 5ª e 6ª séries, que compreendem normalmente a idade de onze e doze anos, poderão estar no final do terceiro estágio (operacional concreto) ou no início do quarto estágio de desenvolvimento (operatório formal), o que pressupõe o quanto é complexo e difícil o trabalho dos educadores nessas turmas, em função da heterogeneidade presente, considerando o nível do desenvolvimento das estruturas cognitivas dos diferentes sujeitos.

Outra abordagem importante e universalmente conhecida é a proposta pela teoria freudiana. Para Freud (1973), a criança atravessa uma série de estágios dinâmicos, sendo os primeiros cinco anos de vida, aproximadamente, decisivos para a formação de sua personalidade. Esses estágios, denominados oral, anal e fálico, são conhecidos como estágios pré-genitais; a partir deles, a criança atravessa um longo período de tranquilidade e calmaria, dinamicamente falando, em que seus impulsos tendem a se manter em estado de repressão, e daí vem a denominação de fase da latência. Nesse período, a criança se volta principalmente para a escola, concentrando seus interesses nos estudos. Com o surgimento da puberdade, por volta dos onze ou doze anos, são reativados os impulsos pré-genitais, e o sujeito deve eleger novos objetos, renunciando aos antigos objetos infantis, iniciando-se a nova fase denominada por Freud de genital, em que os interesses giram principalmente ao redor das relações sexuais.

De acordo com essa teoria, os pré-adolescentes estariam em um processo de transição entre a fase final da latência e o início da puberdade, principalmente porque os limites de idade não são fixos e variam de acordo com fatores constitucionais, sociais, psicológicos, geográficos e culturais.

Outro estudioso do desenvolvimento humano, Erick Erikson (1976), conhecido como neofreudiano, constrói, a partir da teoria de desenvolvimento psicossexual de Freud, a teoria psicossocial da personalidade. Ele concebeu o desenvolvimento da personalidade considerando as atitudes psicossociais originadas da resolução de conflitos próprios de cada fase. Os oito estágios evolutivos descritos por Erikson são: confiança *versus* desconfiança (zero a um ano e meio); autonomia *versus* vergonha e dúvida (um ano e meio a três anos); iniciativa *versus* culpa (três a cinco ou seis anos); produtividade *versus* inferioridade (seis a onze ou doze anos); identidade *versus* confusão de papéis (adolescência, de doze a dezoito anos); intimidade *versus* isolamento (início da idade adulta); generatividade *versus* estagnação (fase adulta); integridade do ego *versus* desesperança (maturidade).

Pela classificação dos estágios propostos por esse autor, percebe-se que, no caso de nosso estudo, os alunos de 5ª e 6ª séries situam-se aproximadamente entre o final do quarto estágio e início do quinto estágio, o que vem ao encontro do exposto anteriormente em relação a se encontrarem em um período intermediário.

Outeiral (2003) considera que a adolescência é composta de três etapas, de início e término não muito precisos, em que "algumas características se confundem, e outras, não, e flutuações progressivas e regressivas se sucedem, alternam-se ou executam um movimento de vai-e-vem" (p. 5). Esse autor classifica a adolescência da seguinte forma: adolescência inicial, de dez a quatorze anos, caracterizada basicamente pelas transformações corporais e alterações psíquicas derivadas desses acontecimentos; a adolescência média, de quatorze a dezessete anos, em que se apresentam como eixo central as questões relacionadas à sexualidade; e a adolescência final, de dezessete a vinte anos, em que se apresentam complexos e aspectos específicos que devem ser estabelecidos na passagem para a idade adulta, como a definição da identidade, a escolha profissional, o estabelecimento de relações e vínculos mais maduros, entre outros. O mesmo autor alerta, entretanto, que essa divisão é arbitrária, visto podermos encontrar adolescentes com menos de dez anos, como também acima de vinte anos, pois sendo um processo psicossocial, a adolescência sofrerá influências sociais, econômicas e políticas.

Quanto às etapas sugeridas por Outeiral, pensamos ser a fase por ele designada como adolescência inicial, compreendida pela faixa etária entre dez e catorze anos, o que no âmbito escolar corresponderia aos alunos de 4ª a 8ª série do Ensino Fundamental, extremamente ampla. Concordamos que se caracteriza pelas transformações corporais e mudanças psíquicas, mas existem muitos outros fatores, como preocupações, interesses, medos, capacidade de raciocínio, de compreensão, entre outros, que são específicos e precisam ser considerados. Nesse sentido, ponderamos ser necessário estudarmos as nuances de cada fase para não cairmos no generalismo injusto como comparar alunos de 4ª série de dez anos com alunos de 8ª série de catorze anos.

As diferentes abordagens demonstram a grande variabilidade da faixa etária que compreende os onze e doze anos de idade, o que torna bastante complexo tanto o trabalho do pesquisador quanto de outros adultos, como pais e professores, que acabam se sentindo confusos frente à diversidade da própria literatura científica.

Observamos que as teorias que discutem as fases de desenvolvimento utilizando principalmente as idades como referências, tais como a teoria freudiana, a teoria psicogenética e a teoria psicossocial, ao discorrerem sobre elas abordam um conjunto de pressupostos teóricos de amplitude e generalização tão extensa que deixam a impressão que de uma extremidade à outra, inerente à sua própria categoria, os indivíduos possuem as mesmas características, necessidades e interesses.

Em nosso entender, é importante ter claro que, dentro do mesmo período ou fase, há diferenças entre as várias etapas ou idades e, além disso, no interior destas também ocorrem as singularidades. Portanto, alertamos para o frequente erro de generalizar, igualar e unificar entidades que, na verdade, deveriam ser diferenciadas e particularizadas.

Pré-adolescência nos tempos atuais

Realizamos um levantamento de artigos publicados nas principais revistas científicas, a partir do ano de 1990, e de artigos publicados em conceituadas revistas não científicas de grande circulação nacional, objetivando verificar as pesquisas que enfocavam especificamente essa faixa etária.

Em um artigo publicado na revista *Veja*, em fevereiro de 2003, com o título "Eles têm a força", Kostman (2003) afirma que os *"tweens"* – entendidos como pré-adolescentes – são um fenômeno atual, uma "nova e poderosa congregação", ainda pouco analisada. Se, antigamente, pertenciam ao vasto e indiferenciado

PSICOLOGIA E EDUCAÇÃO: CONEXÃO ENTRE SABERES

mundo da criança, hoje têm voz ativa em casa, sabem o que querem, namoram, saem com amigos e consomem como gente grande, além de se rebelarem contra o controle dos pais. Nascidos e criados com a tecnologia, lidam com facilidade com o computador, celular, *videogame* e as últimas gerações de eletroeletrônicos; possuem acesso a dinheiro ou mesmo a cartão de crédito, o que já foi amplamente detectado pelos grandes fabricantes, que intensificam a cada dia o *marketing* dirigido a eles, considerados altamente consumistas.

Identificados como autônomos, decididos, precoces, inteligentes e críticos na concepção dos atuais adultos quando comparados a si próprios na época em que tinham a mesma idade, percebemos que essas características, ou mesmo "qualidades", ressaltadas quando explicadas pelos pais, geralmente remetem a sujeitos altamente individualistas e consumistas, orientados pela busca do prazer, cujas vaidades vão além do imaginável. Não obstante, devemos reconhecer que possuem um grande poder de argumentação, o que leva os adultos a mudarem suas próprias decisões e concepções frente a eles.

Uma das pesquisas realizadas em âmbito científico foi a de Günther (1996), que investigou as preocupações de adolescentes entre onze e dezoito anos do ponto de vista deles próprios e dos adultos. No grupo de adolescentes, foram entrevistados 1421 jovens de escolas públicas e particulares em *shopping-centers* e centros comunitários, com grande variância no nível socioeconômico e com nível de escolaridade entre a 5ª série do Ensino Fundamental até o 3º ano do Ensino Médio. Nos resultados que foram apresentados por idade, verificamos que, entre os cem itens propostos pela Escala de Preocupações aplicada, o percentual decrescente das respostas indicadas por cada um desses grupos foi:

QUADRO 1
Preocupações assinaladas pelos jovens de onze e doze anos de idade ordenadas de acordo com o percentual (Günther, 1996)

Idade: 11 anos (n = 66)	%	Idade: 12 anos (n = 147)	%
Provas na escola	82	Notas baixas na escola	75
Notas baixas na escola	79	Provas na escola	74
Morte na família	79	Morte na família	68
O problema da fome no mundo	73	O problema da fome no mundo	65
Terrorismo e sequestro	73	Perder um(a) amigo(a)	64
Perder um(a) amigo(a)	68	Não ter amigos	56
Aids	68	Possibilidade de guerra nuclear	54

Possibilidade de guerra nuclear	64	Aids	53
Estupro	64	Terrorismo e sequestro	52
Câncer	64	Briga entre meus pais	51
Minha saúde mental	61	Minha própria morte	50
Pressão para experimentar drogas	61	Minha saúde física	46
Minha saúde física	59	Câncer	45
Menstruação ou polução noturna	59	Ser machucado(a) por arma	43
Uso de drogas	58	Separação dos meus pais	40
Futuro do país	58	Uso de drogas	38
Não ter amigos	56	Doença venérea	36
Ser machucado(a) por arma	56	Minha saúde mental	35
Briga entre meus pais	56	Pressão para experimentar drogas	32
Minha própria morte	53	Perda de trabalho pelos pais	32
Separação dos meus pais	53	Menstruação ou polução noturna	29
Doença venérea	50		
Perda de trabalho pelos pais	50		

O quadro nos mostra as preocupações mais comuns dos pré-adolescentes de onze e doze anos de acordo com a pesquisa realizada por Günther (1996). Observamos que, além das diferenças que existem entre um e outro grupo quanto às mudanças na ordem da escolha dos itens, ocorre também diferenças percentuais entre as mesmas preocupações. Esses resultados demonstram, portanto, as particularidades e vicissitudes de cada uma dessas faixas etárias.

Método

Participaram desta pesquisa professores que ministram diferentes disciplinas para turmas de 5ª e 6ª séries do Ensino Fundamental. Foram entrevistados onze professores, sendo oito do sexo feminino e três do sexo masculino, pertencentes ao quadro de professores de 5ª e 6ª séries da instituição e contavam com idade entre 37 e 57 anos. Todos os professores possuíam dez anos ou mais de magistério, com uma variação entre dez e 28 anos de experiência em sala de aula.

Mediante uma abordagem qualitativa, fundamentamos a interpretação na análise de conteúdo do discurso dos professores. Para tal, procedemos à leitura geral das entrevistas, que nos possibilitou um primeiro envolvimento com os conteúdos presentes nos discursos, e a seguir, as releituras nos levaram a compor as categorias de análise assim concebidas: a) concepção de pré-adolescência; b) interesses do pré-adolescente; c) relação do pré-adolescente com a família; d) relação do pré-adolescente com os adultos; e) relação do pré-adolescente com seus pares; f) o pré-adolescente e a escola; g) medos e preocupações do pré-adolescente; h) o pré-adolescente e as drogas; e i) o pré-adolescente e a sexualidade.

A pesquisa foi realizada em uma instituição pública de ensino na cidade de Maringá, estado do Paraná, localizada em zona urbana e de fácil acesso; funciona nos três períodos do dia, matutino, vespertino e noturno, com uma clientela socioeconômica bastante diversificada, que abrange todas as classes sociais. A instituição possuía, na época, 3500 alunos, atendidos em diferentes níveis e modalidades de ensino, como Educação Especial e Educação Infantil, Ensino Fundamental e Ensino Médio. Do total do número de alunos, 175 cursavam a 5ª série, e outros 175 cursavam a 6ª série do Ensino Fundamental, distribuídos em cinco turmas respectivamente, com uma média de 35 alunos por turma, que funcionavam no período vespertino.

Resultados e discussão

Concepção de pré-adolescência

Nessa categoria, discutimos as representações sociais dos professores a respeito de quem é o pré-adolescente, como ele é e quais são as suas características.

Os depoimentos dos professores, de uma maneira geral, apontam que percebem o grupo de pré-adolescentes de forma bastante heterogênea. Alguns são considerados como crianças, com condutas bem infantis, enquanto outros manifestam comportamentos mais amadurecidos. Assim, constatamos que os professores mostram-se, às vezes, confusos e contraditórios, ora nomeando-os como crianças, ora como pré-adolescentes, ou ainda "nem criança, nem adolescente", demonstrando que entendem que eles apresentam vicissitudes e particularidades, principalmente em função da grande diversidade do grupo.

> Existe uma diferença muito grande. Na 5ª série, você vê ali alunos de onze ou doze anos já com comportamento de quatorze ou quinze anos, tanto na postura, nas conversas, na maneira de se vestir,

tudo. E você vê também alunos com comportamento de nove ou dez anos, extremamente infantis. (Prof. 8; Ciên.; 5ªs/6ªs.; F; 46a)[2]

Outro aspecto enfatizado e compartilhado pelos professores são as diferenças marcantes que observam entre os pré-adolescentes da 5ª série e os pré-adolescentes da 6ª série, sendo aqueles vistos como mais imaturos e infantis, e estes, mais maduros e maliciosos. Os professores percebem, assim, que os pré-adolescentes das 6ª séries apresentam "um pouquinho mais de maturidade" que os seus pares da 5ª série, e a dimensionam além do âmbito da sexualidade, ou seja, no tocante a aspectos afetivos e cognitivos.

> Entre 5ª e 6ª, a 6ª série é melhor. Eles são mais curiosos, eles têm um "pouquinho" mais de maturidade, e daí você pode discutir outras questões, como as sexuais, por exemplo, de drogas, de doenças transmissíveis, da violência. [...] Então você tem na 5ª série esta imaturidade, bastante insegurança, advindo do primário, que é uma professorinha só, que fazia tudo, e aí eles sentem insegurança. A 5ª é insegura; quando eles chegam na 6ª, eles estão um pouquinho mais equilibrados. (Prof. 6; Hist.; 5ªs/6ªs; F; 57a)

Embora as percepções demonstrem que os professores estejam de certa forma atentos às diferenças e transformações que o pré-adolescente apresenta, observa-se que as relações e conclusões que abstraem são baseadas em uma perspectiva naturalista, descontextualizada das condições sociais e históricas, considerando a maturidade como decorrente do processo biológico, inerente ao próprio sujeito.

Por sua vez, embora percebam também que os pré-adolescentes sejam prestativos e curiosos, alguns professores são muito críticos em relação às suas atitudes, e os definem, por exemplo, como grosseiros, mal-educados, "bocudos" e acabam culpabilizando a família pela "falta de educação" que percebem nos pré-adolescentes.

> De modo geral, eles são muito ativos, têm uma curiosidade muito grande em relação ao novo [...] Eu acho que eles são prestativos, mas

---

2 As informações nos parênteses (Prof. 8; Ciên.; 5ªs/6ªs; F; 46a) correspondem aos seguintes dados: ordem da entrevista (8º); disciplina ministrada (Ciências); turmas (5ª e 6ª séries); sexo (Feminino); idade (46 anos).

> eu acho que eles estão também extremamente grosseiros e mal-educados. Não têm limites, e isso é uma coisa que eles recebem de casa. Eles trazem de casa para a escola. Alguns aqui têm bom comportamento, mas acabam se mesclando com os outros e acabam se transformando. Infelizmente, de um modo geral, eles são extremamente mal-educados, arrogantes, não lhe respeitam muito, são muito bocudos, dizem muito palavrão, e eu não admito palavrão; eu acho uma falta total de respeito, e eles não estão nem aí. (Prof. 6; Hist.; 5ªs/6ªs; F; 57a)

Conforme Patto (1990), desqualificar os alunos pode indicar, muitas vezes, uma defesa dos professores pelo trabalho insatisfatório que realizam. A consciência dessa falta de qualidade, e as dificuldades e limitações para alcançá-la, podem conduzir a essa reação. Por outro lado, ao culpabilizarem as famílias, que muitas vezes não conhecem, os professores também o fazem por defesa, visto que não se percebem como agentes de mudança no contexto escolar, no qual, por suas práticas, podem promover no aluno atitudes mais adequadas à convivência social.

Os professores ainda ressaltaram que percebem os pré-adolescentes ativos e agitados, e estão, a cada ano, chegando às escolas mais ansiosos, desorientados, carentes, com dificuldades de atenção e concentração, despreparados para a vida, demonstrando necessidades e desejos de atenção.

> Eu enxergo eles assim, extremamente ansiosos. Quando eles chegam na 5ª série, até tem uma própria cobrança interior; eles mesmos já se colocam numa postura de que já são adolescentes, uma nova fase [...] estão assim, extremamente crianças e infantis, mas querendo ter atitudes de adolescentes. [...] E sinto que hoje, em relação aos anos anteriores, eles vêm para nós assim [...] muito desorientados, muito despreparados em relação ao sentido da vida (Prof. 8; Ciên., 5ªs/6ªs; F; 46a)

Em relação às características gerais do pré-adolescente, para a maioria dos professores, as meninas se sobressaem em muitos aspectos em relação aos meninos, sendo as justificativas pautadas tanto em função das capacidades cognitivas como também pelos comportamentos e manifestações da sexualidade. Descrevem que elas amadurecem primeiro, são mais responsáveis, dedicam-se mais aos estudos, são mais educadas e delicadas, além de mais comprometidas; apresentam ainda melhor atenção e se interessam mais cedo pelas questões da sexualidade, como a paquera e o namoro.

> Eu noto que as meninas estão além dos meninos da mesma idade. Elas amadurem mais rápido, tanto em relação ao namoro, ao capricho, ao estudar, ao se dedicar mais aos estudos. Os meninos ainda são meio largadões, não estão nem aí. ...as meninas já sabem coisas como namoricos, cantadas, um flerte... Elas fazem na malandragem. Quando elas aprontam alguma coisa, por exemplo, relacionada à questão sexual, de uma cantada elas já vão com segundas intenções. Elas já fazem com malícia. O pedido é na malícia... aquela chegada na carteira... agora, os meninos, não. Eles já são bem ingênuos mesmo. (Prof. 3; Mat.; 5ªs.; F; 39a)

Em relação aos aspectos físicos e maturacionais, já é comprovado que, nesse período, as meninas desenvolvem-se antes que os meninos. Por outro lado, as teorias estudadas neste trabalho, que discutem os aspectos cognitivos, afetivos e psicossociais, não abordam em profundidade essas diferenças de gênero. Cabe ressaltar, entretanto, que não podemos nos esquecer das condições históricas no processo de desenvolvimento de nossa sociedade, do papel do homem e da mulher nesse processo e, consequentemente, das diferenças na educação de meninos e meninas que se observam em nossa cultura, e que irão produzir subjetividades de acordo com essa realidade social.

Interesses do pré-adolescente

Nesta categoria, analisamos as representações sociais dos professores em relação aos interesses que os pré-adolescentes manifestam na atualidade quanto a brincadeiras, jogos, filmes, livros, lazer, entre outros.

Alguns professores apontam que percebem diferenças entre os interesses das meninas e dos meninos, dando destaque à leitura, aos jogos e à sexualidade. Segundo eles, as meninas desenvolvem nesse período um interesse maior pela sexualidade e buscam de diferentes formas apropriar-se desse conhecimento, seja por grupo de amigas ou pela leitura de livros e revistas. É interessante que os professores não sabem identificar do que as meninas pré-adolescentes brincam, pois acreditam que elas já não se interessam mais pelas brincadeiras infantis, como casinha e boneca.

> As meninas buscam muito as leituras que levam para o lado do romantismo; as historinhas que envolvem o namorinho, o relacionamento inicial entre o menino e a menina. Os meninos já preferem temas sobre terror, aventura; a literatura deles é bem direcionada para estes aspectos. Em termos de brincadeiras, os meninos vão muito para jogos de computador ou *videogames*, de muita ação, e as meninas eu percebo que elas já não têm mais aquela fase do apego com aquelas brincadeiras infantis, mas eu não consigo identificar como elas ocupam o tempo delas. Não dá para definir. (Prof. 1; Port.; 5ªs; F; 47a)

De acordo com D'Andréa (1978), os meninos e as meninas nesse período tendem a formar grupos separados, desenvolvendo atividades e interesses próprios. Isto é verificado no contexto escolar, em que se observa que os meninos brincam de atividades de correr, que exijam grande atividade física, como pega-pega e futebol, ou brincam de jogos de cartas, em disputas bastante barulhentas, já obedecendo às regras impostas pelo próprio jogo e também flexibilizando as próprias regras do grupo. As meninas, por sua vez, participam das brincadeiras de pega-pega com os meninos já com um caráter sexual nesse período; pulam elástico com as companheiras; ou estão envolvidas em conversas confidenciais.

Muitos professores descrevem ainda que, em relação a filmes, eles gostam muito de terror, mitos, lendas, suspense, aventura e cenas que envolvam sexualidade. Quanto aos livros, os professores consideram que não gostam muito de ler, mas têm interesse quando os livros tratam de suspense, terror ou aventura, e, mais especificamente as meninas, os romances.

Os relatos dos professores demonstram ainda que os pré-adolescentes se interessam muito por música, atividades artísticas, como a pintura, o teatro e a dramatização, e todas as "novidades" que encantam, seduzem e fascinam. Essas ideias compartilhadas estão de acordo com as observações de D'Andréa (1978), ao salientar que nesse período os jovens apreciam as atividades físicas, artísticas e intelectuais, envolvendo-se fortemente nas relações externas e no mundo dos objetos para amarem e se identificarem.

> Bem, começando por jogos, a maioria se interessa muito. Ado-
> ram. Em relação a livros, o interesse é mínimo, mínimo, mínimo [...]
> a não ser que seja uma leitura muito interessante. [...] Eu trabalho
> muito com vídeo, então tem que ser aquela coisa extremamente cha-
> mativa; se você não transformar isso aí em uma coisa muito inte-
> ressante, você não consegue envolvê-los mesmo. Eles até gostam
> de leitura, mas relacionada a temas de aventura, de ficção, de coisas
> assim. Então eu vejo que eles têm pouco interesse para as coisas que
> são importantes. Eles se interessam muito por computador. Se tiver
> envolvimento eles gostam. Acho que os interesses deles estão mais
> ligados a isso aí mesmo. (Prof. 8; Ciên.; 5ªs/6ªs; F; 46a)

Embora os professores compartilhem dessas ideias, parece não terem se dado conta de que esses poderiam ser os caminhos possíveis para transformar a sala de aula e a educação em momentos de aprendizagem significativa, como desenvolver o prazer pela leitura por diferentes estratégias, tornando-a um hábito realmente prazeroso. Momentos estes riquíssimos também para que o professor possa ter uma aproximação e interação diferente com os alunos, de forma a conhecê-los melhor, descobrindo suas habilidades, facilidades ou dificuldades, contribuindo para a construção de novas estratégias e possibilidades de ensino-aprendizagem.

Os professores destacam o interesse que os pré-adolescentes da atual geração têm pelos jogos de computadores e *videogames*, embora desconheçam quais seriam os jogos que eles mais apreciam e seus conteúdos.

Relação do pré-adolescente com a família

Analisamos nesta categoria as representações sociais dos professores acerca de como o pré-adolescente se relaciona com a família, dimensionando qual o significado e importância que ela tem em suas vidas.

Pela vivência cotidiana com os pré-adolescentes, os professores percebem que a maioria tem um bom relacionamento com a família, percebendo-a como acolhedora e protetora.

> [...] os que têm, assim, família constituída de pai, mãe, irmão, têm um apego muito grande com a família. (Prof. 1; Port.; 5ªs; F; 47a)

> Eu vejo que nossos alunos têm uma relação boa com os pais. Têm umas exceções, mas é pouco [...] Nós não podemos tirar como exemplo esse número pequeno, porque a maioria apresenta um quadro relativamente bom. (Prof. 9; Ing.; 5ªs/6ªs; F; 39a)

Por outro lado, alguns professores observam que há um número razoável de pré-adolescentes que têm dificuldades em relação à família, como a separação dos pais, a falta de diálogo, as constantes brigas e desavenças, entre outras, assim descrevendo suas percepções.

> Eu vejo que eles têm muitos problemas, principalmente em se tratando de pai e mãe que são separados ou que brigam. A grande maioria tem pais separados. [...] Eu acho que eles sentem falta de uma família, tanto que, quando tentamos nos aproximar deles, perguntar o que está acontecendo, eles deixam escapar, com muito sentimento... eles choram... Isso significa que eles gostariam de ter a família deles estruturada. Eles não conseguem aceitar essa coisa de um morar lá e o outro morar aqui. A gente percebe que eles se sentem abandonados. (Prof. 4; Mat.; 5ªs/6ªs; M; 43a)

Segundo Pearson (citado por Magagnin, 1998), quando os pais vivem separados, os pré-adolescentes e adolescentes têm a percepção de que as relações são menos afetuosas, menos participativas e, consequentemente, representam menor qualidade de suporte emocional. Provavelmente essas percepções conduzem a sentimentos de insatisfação e baixa autoestima que podem levar a carências afetivas, as quais foram observadas pelos professores.

Segundo ainda a percepção dos professores, os problemas vividos pelos pré-adolescentes na família são exteriorizados no contexto escolar por comportamentos rebeldes e violentos ou, ainda, pela passividade ou atitudes fúteis.

> [...] não é um pequeno número, é um bom número de crianças, que, dentro da sala de aula, tem um comportamento de agressividade

> baseado no que ela vê, vive e recebe dos pais [...] manifesta na sala de aula essa revolta, muitas vezes pelo choro, de uma carência afetiva. (Prof. 7; Geog.; 5ªs/6ªs; M; 52a)

Assim, podemos verificar que os professores acreditam que muitas condutas inadequadas apresentadas pelos pré-adolescentes no âmbito escolar têm suas raízes na própria dinâmica familiar, que, quando inadequada, provoca o sofrimento psíquico dos sujeitos, tornando-os inseguros, carentes e fragilizados.

Nesse sentido, percebem que os pré-adolescentes precisam do controle, da assistência, dos cuidados materno e paterno, corroborando as comprovações de Magagnin (1998) de que os jovens de onze e doze anos valorizam e anseiam pelas expressões de afeto, de participação, de avaliação positiva e de suporte emocional dos pais, identificando essas manifestações como indicativos de amor para com eles.

Outro aspecto apontado pelos professores sobre a relação dos pré-adolescentes com a família é a falta de diálogo que percebem entre eles e seus pais. Consideram que isto ocorre, por um lado, porque os pré-adolescentes não sentem muita liberdade para fazer perguntas e questionamentos aos pais, principalmente sobre a sexualidade e, por outro, pela falta de atenção ou pela indiferença dos pais em relação aos filhos.

> Quando digo para perguntar aos pais, eles falam: "Não, perguntar para o meu pai ou para a minha mãe... em casa não dá". Aí questiono: "Como é a família em casa?". "Ah, chego em casa, minha mãe fala: 'Como é que foi a aula? Interessante? Aprendeu coisa diferente?'. Meu pai chegava em casa do serviço e você ia brincar com ele e nada. Só ficava na frente da televisão". Então, a maioria é assim, sabe? Então, hoje, é importante para nós, para nossas crianças, esta relação não é? Essa convivência, porque a criança tem muita coisa que ela não pode... que ela guarda para si, e eu vejo que isso é muito ruim. (Prof. 10; Ed. Fís.; 5ªs; F; 48a)

À medida que a família foi evoluindo até os tempos atuais, ocorreram inúmeras modificações tanto em sua estrutura como também em suas inter-relações. As mudanças foram decorrentes de inúmeros fatores, dentre os quais podemos assinalar a inserção da mulher no mercado de trabalho, que provocou o seu distanciamento

166 | PSICOLOGIA E EDUCAÇÃO: CONEXÃO ENTRE SABERES

do lar e dos filhos, e os avanços tecnológicos que adentraram os lares, como a TV, o computador e o *videogame*, que levaram o homem a privilegiar a relação com a máquina do que com os seus pares (Coelho, 2000).

Vemos, assim, que, contraditoriamente, ao mesmo tempo em que os avanços tecnológicos possibilitam uma maior facilidade de comunicação, tal como o telefone, os celulares e a *internet*, na família, esses instrumentos ocasionam um maior distanciamento em seus membros, na medida em que cada um fica enclausurado no seu próprio espaço, usufruindo da tecnologia, ou, mesmo em espaço comum, a atenção é para a máquina, que os entretém com uma gama imensa de informações, luzes e cores, perdendo assim o homem o interesse de voltar-se a outros homens, mesmo sendo esses outros seus próprios filhos.

Relação do pré-adolescente com outros adultos

Esta categoria aborda as representações sociais dos professores no que se refere às relações dos pré-adolescentes com os adultos.

Alguns professores salientam que, na época atual, os pré-adolescentes se relacionam melhor com os adultos, apontando a necessidade de se ter um novo olhar para com eles. Afirmam que o relacionamento do pré-adolescente com os adultos melhorou muito, comparado com os tempos passados, quando o professor era uma figura distante, quase um mito. Consideram que o que possibilitou essa aproximação foi o desenvolvimento cultural e tecnológico que promoveu maior acesso às informações e facilitou o diálogo.

> Eu acho assim, que em relação à nossa época, hoje eles se relacionam melhor. [...] Eu acho que hoje, pelo avanço cultural, por toda a mídia, pelas informações que eles recebem, eu acho que eles têm bom relacionamento com adultos. Conseguem trabalhar bem esse relacionamento entre eles e entre os adultos. Eu acho legal. (Prof. 8; Ciên.; 5ªs/6ªs; F; 46a)

Por sua vez, alguns professores consideram que o pré-adolescente trata o adulto, o professor, de igual para igual, não o respeitando pela experiência e conhecimento que possui. Revelam que se sentem confusos diante dessa situação, por não terem claro se a atitude do pré-adolescente é de "falta de respeito" ou se é devido à "excessiva espontaneidade" própria a essa idade.

> Ele se relaciona de igual para igual. Não existe um respeito ao conhecimento, à experiência do professor. Respondem à altura. Ou eles são espontâneos demais, eu não sei... tem os seus aspectos bons e ruins. (Prof. 2; Port; 6ªs.; M; 55a)

Dessa forma, deparamo-nos com professores confusos e desorientados, que não têm claro os reais valores que devem reger as relações humanas na sociedade atual, e, embora acreditem em seus valores internalizados, não se sentem seguros, seja para transmiti-los ou exigi-los, e assim não podem cumprir o seu papel de agentes de transformação.

De acordo com Magro (1998, p. 42), "[...] as mudanças de valores morais e sociais acontecem de forma cada vez mais rápida, e são expressas pelos diversos padrões de comportamento e atitudes constantemente divulgados pelos meios de comunicações, muitas vezes até contraditórios entre si", perdendo os referenciais que norteiam as tomadas de decisões, atitudes e a própria noção do que é certo ou errado, como parece ser o caso dos professores.

Os professores apontam ainda em seus relatos que nas relações com adultos os pré-adolescentes se mostram, muitas vezes, sem limites, mal-educados e agressivos, e sugerem que essas atitudes são decorrentes do ambiente familiar no qual estão inseridos, reflexo do que ele vive na família, depreendendo-se de seus discursos que a família, em alguns casos, não está cumprindo seu papel de educar e formar o sujeito com valores e princípios éticos e morais.

> É bem o reflexo da convivência familiar que a gente percebe. Que as situações que eles têm no âmbito familiar, eles trazem para a escola e repassam para os professores. Porque o aluno que é carinhoso, que é educado, que trata bem o professor, ele recebe e dá na família. E aquele que não recebe esse tratamento na família, ele repassa a mesma agressividade para os professores, com uso de grosserias e palavrões. [...] Mas, eu vejo assim, na maioria dos casos, eu procuro me conter e mostrar para eles que não é esse o caminho. (Prof. 1; Port.; 5ªs.; F, 47a)

PSICOLOGIA E EDUCAÇÃO: CONEXÃO ENTRE SABERES

Embora Ribeiro e Ribeiro (1994) mostrem que a família contemporânea, influenciada pelo processo de desenvolvimento da própria sociedade, encontra-se em um momento de crise e, confusamente, busca integrar valores antigos e atuais que lhe possibilitem ter um parâmetro que a oriente no cumprimento de seu papel, culpabilizar a família é ter uma percepção pouco crítica dos fatos, pois não leva em consideração outros fatores intervenientes nesse processo, como as condições políticas, econômicas, sociais e as particularidades de cada sujeito.

As falas dos professores, que são ao mesmo tempo queixa e lamentação, demonstram tanto a não aceitação como a própria impotência frente às atitudes dos pré-adolescentes para com eles, levando-os a depositar neles as causas das dificuldades no relacionamento entre ambos e assim os definem como mal educados e grosseiros.

Como destaca Outeiral (2003), são muito complexos todos os fatores que envolvem o relacionamento dos adultos modernos com os jovens "pós-modernos", incluindo aí os professores que atuam na cotidianidade da sala de aula e vivenciam esse embate intensamente.

Paralelamente a essas representações, alguns professores analisam as relações entre os pré-adolescentes e os adultos a partir da perspectiva daqueles e apontam que, muitas vezes, os adultos não estão correspondendo às suas expectativas e necessidades. Os professores afirmam que o adulto como modelo, ídolo ou referência para o pré-adolescente não está cumprindo esse papel, fato este que, associado a todas as mudanças e contingências da sociedade e do indivíduo como ser biopsicossocial, pode acarretar as mais diferentes consequências, nem sempre adequadas.

De acordo com D'Andréa (1978), nessa fase, o pré-adolescente está saindo definitivamente da infância e aproximando-se dos adultos, os quais já não lhe parecem tão ameaçadores e temidos. O desprendimento e maior independência da família levam-no a buscar fora dela objetos a serem amados, odiados ou identificados. Mas essas incursões se dão ainda de forma vacilante ou inadequada, decorrente da própria insegurança de não ser capaz de se autodirigir. Encontrar no adulto, externo ao ambiente familiar, acolhimento e proteção facilita ao pré-adolescente desvencilhar-se do aconchego familiar, enraizando-se mais seguramente ao contexto social.

Relação do pré-adolescente com seus pares

Nesta categoria, são analisadas as representações sociais dos professores no que tange aos relacionamentos do pré-adolescente com seus pares, ou seja, com meninos e meninas de sua idade.

De modo geral, os professores consideram que a relação dos pré-adolescentes com seus pares é singular, tendo características peculiares. A mais enfatizada nos relatos é a formação de grupos e "panelinhas", identificados de diferentes formas, como grupos dos "disciplinados" e "indisciplinados", ou grupo dos "ousados" e "recatados".

> Eu acho que eles têm um bom relacionamento, embora eles tenham grupos diferentes, porque eles mesmos se delimitam; aqueles mais ousados estabelecem seus grupinhos, os mais recatados estabelecem os seus, mas eu acho que eles têm um bom relacionamento. (Prof. 8; Ciên.; 5ªs/6ªs; F; 46a)

Essas representações corroboram os estudos de Osterrieth (1968), que analisa a formação dos grupos e destaca que, diferentemente do que prevalecia anteriormente, nesse período tem maior peso as características de personalidade do pré-adolescente, que lhe permitem encontrar um grupo com o qual se identifique, se sinta acolhido e aceito, em que poderá desfrutar de inusitadas experiências.

Além desses agrupamentos, os professores destacam que nesse período os grupos são formados principalmente em função do sexo, sendo que os meninos ficam com os meninos e as meninas com as meninas. Entretanto, alguns professores observam que isso ocorre principalmente nas 5ª séries, mas nas 6ª séries os agrupamentos já são mais heterogêneos.

> Na 5ª série, as meninas ficam mais com as meninas e os meninos também [se relacionam mais entre si]. Na 6ª, já começam a ter mais interação afetiva, emocional, sexual aquela coisa de atração. [...] eles não têm limites na relação um com o outro, não há diferença na relação um com o outro. Eles se agridem com os mesmos palavrões, com os mesmos gestos obscenos, com palavras agressivas, ...tem até menina que dá tapão nos meninos, raspa-pé, tapa nas costas; então

> eles são igualzinhos. Isto mais na 6ª série. [...] Então eu acho que é uma relação de falta de respeito. (Prof. 6; Hist.; 5ªs/6ªs; F; 57a)

A aproximação dos pré-adolescentes com seus pares do mesmo sexo, mais evidente nas turmas de 5ª série, é valorizada por Lewisky (1998), que sustenta que na fase da pré-adolescência há um afastamento dos objetos amorosos da infância, mas novos objetos de investimento amoroso e sexual são incrementados, sendo geralmente os amigos do mesmo sexo os que irão cumprir esse papel. São os fiéis companheiros com os quais se mantêm as mais íntimas relações e confidências.

Quanto aos agrupamentos, os professores consideram que geralmente eles são bastante fechados, apresentando rivalidades e desavenças com outros grupos ou colegas, havendo provocações e humilhações, chegando ao enfrentamento não só verbal, mas corpo a corpo, em brigas e agressões físicas.

> Também percebo que formam grupos, né? E se aquele grupo não gosta do outro, aí já é problema. Formam turminhas, grupinhos, e enfrentam um com o outro, o que é lamentável. Isso ocorre tanto com os meninos como com as meninas. Elas se reúnem, brigam e vão até brigar lá fora, inclusive. (Prof. 4; Mat.; 5ªs/6ªs; M; 43a)

Em relação à exclusão que ocorre nos diferentes grupos de pré-adolescentes, Osterrieth (1968) assinala que as mesmas características de personalidade que permitem que eles encontrem um grupo com o qual possam se identificar, são indicativas de repúdio e rechaço a outros grupos e colegas que não comungam delas. É comum o drama de muitas crianças desprezadas ou impopulares, que são continuamente magoadas por esse motivo e apresentam um intenso sofrimento psíquico.

Nesse sentido, um fato importante destacado por D'Andréa (1978) é que os pré-adolescentes ficam profundamente ressentidos com críticas relativas principalmente ao seu aspecto físico, as quais geralmente trazem perturbações à sua autoestima. Quando ocorrem essas situações, tanto os meninos como as meninas podem reagir a essas críticas de forma agressiva, ou isolar-se do convívio do grupo.

Ainda em relação às atitudes do pré-adolescente frente a seus pares, os professores retratam que muitos são bastante agressivos e estúpidos, sendo a agressividade e a falta de respeito atitudes frequentes no relacionamento entre os pré-adolescentes, de tal forma que elas parecem ter tomado um lugar comum entre eles.

> Às vezes eles se denunciam e alguns têm atitudes assim agressivas... verbal entre eles. Então, às vezes, eles se comportam de forma agressiva; às vezes, até comigo. [...] entre eles, assim, são muito ásperos, não são complacentes. Eles são duros, muito duros. Então, assim, entre eles, o relacionamento é mais duro, tanto verbal como nas atitudes, e, às vezes, com brincadeiras grosseiras. Não tem diferenciação de sexo. É tudo igual. (Prof. 5; Hist.; 5ªs; F; 37a)

De acordo com Kalina (1979), Blos (1995) e Lewisky (1998), ocorre nessa fase uma exacerbação das pulsões instintivas, que são exteriorizadas por condutas, inquietações, agressividade ou irritabilidade. Além disso, sabe-se que, nesse período, os garotos fazem uso constante de "expressões sujas" e as garotas, por sua vez, manifestam atitudes masculinizadas, que como vimos, são constatadas pelos professores ao revelarem que não percebem diferenças nas atitudes de uns para com os outros, entre os meninos e as meninas.

Entretanto, essas características próprias da idade não podem servir de justificativa para as atitudes de agressividade e desrespeito dos pré-adolescentes, seja com seus pares, seja com os adultos. A partir do relato dos professores, percebemos que, se por um lado, demonstram não aprovação de tais condutas e atitudes, por outro, denotam não irem além das constatações, o que imprime a tais ações dos pré-adolescentes um caráter de normalidade e naturalização, "decorrente da fase pela qual estão passando", impossibilitando o emergir da estranheza e da desnaturalização.

O pré-adolescente e a escola

Nesta categoria, objetivamos apreender as representações sociais dos professores sobre o significado da escola para o pré-adolescente.

Alguns professores consideram que os pré-adolescentes valorizam e se interessam pela escola, porque entendem que por ela poderão ter um futuro promissor, ascensão social e um melhor emprego, isto é, a escola é um meio para se atingir um fim. Além disso, entendem que os ensinamentos e estímulos dos pais são fatores relevantes para essa valorização.

> Eu percebo que eles veem a escola como um meio de vida. Eles vêm para a escola para ser alguém na vida. Ainda funciona essa frase: "Você quer ser alguém na vida? Então você tem que estudar". E eles veem assim: "eu vou ser doutor", "eu vou ser advogado", "eu vou ser administrador", não importa; eles veem a escola como meio de vida. A escola é vista ainda como meio. Eles precisam frequentar a escola, porque por ela eles vão diferenciar o certo do errado, o bom do ruim, que caminho seguir. (Prof. 9; Ing.; 5ªs/6ªs; F; 39a)

Outros professores, por sua vez, acreditam que, embora os pré-adolescentes valorizem e considerem a escola importante em suas vidas, a maioria não gosta de estudar, não se interessa em aprender, não se preocupa com seu rendimento e sua aprendizagem.

> Eu falo para eles. Eles não vêm aqui para estudar. Eles vêm para aqui para brincar, extrapolar os limites. No final de ano eles vinham: "Vou reprovar, vou ficar para recuperação?". Eles sabem disso, mas ao longo do ano não se preocuparam com isso. (Prof. 6; Hist.; 5ªs/6ªs; F; 57a)

É importante destacar que essas percepções são contrárias aos resultados obtidos na pesquisa realizada por Chaves e Barbosa (1998) com pré-adolescentes sobre a importância que a escola tem em suas vidas. Nas entrevistas, os pré-adolescentes afirmaram que a escola é importante para um futuro bem-sucedido, e, para eles, completar os estudos é um fato inquestionável.

De acordo com Outeiral (2003), o desejo de saber e obter prazer pelo saber estão mediatizados em primeiro lugar pelos pais e, posteriormente, pelos professores e pela escola. Para esse autor, um pode compensar o outro, ou mesmo anular os seus efeitos. Vemos, portanto, que o prazer pelo saber é construído nas relações entre as pessoas, e os professores e a escola têm papel fundamental nesse processo.

Pelas entrevistas, verificamos ainda que, segundo os professores, os alunos das 5ª séries se mostram mais comprometidos com a escola do que os alunos das 6ª séries, e acrescentam que a escola, progressivamente, para os pré-adolescentes e adolescentes, vai se descaracterizando e se transformando de um lugar em que se estuda e se aprende para um espaço ao qual se vai brincar, namorar e encontrar amigos.

> Nessa faixa de 5ª e 6ª série, eles ainda têm alguma ligação, no sentido, assim, real de escola, mas tem muita descaracterização. Eu acho que a escola para eles representa mais, de modo geral, um ponto de encontro com os amigos, com os namoradinhos, um lugar, sabe? [...] e não aquele referencial... "a escola é um lugar onde eu vou para estudar". [...] Eu acho que a escola está bem descaracterizada; não tem mais aquela importância, embora haja exceções. (Prof. 8; Ciên.; 5ªs/6ªs; F; 46a)

O interesse maior dos pré-adolescentes de 5ª séries pode ser justificado pelo fato de que a entrada na série se constitui em uma nova etapa na vida escolar da criança que vivenciará, a partir de então, uma nova estruturação psicopedagógica, com aulas compartimentalizadas, associadas à pluralidade de professores e ao aumento do número de matérias. Essas mudanças podem provocar nos pré-adolescentes ansiedades e receios frente à nova situação, mas, por outro lado, podem levar também a um maior empenho e esforço para poder superar os diversos desafios.

Enquanto alguns professores "culpabilizam" o próprio pré-adolescente pelo desinteresse e desvalorização pela escola, outros apontam como causa da construção dessa imagem de desinteresse do pré-adolescente a família e a própria escola que, segundo eles, muitas vezes não estão cumprindo seu papel.

> Hoje, para eles, a escola é obrigação [...] eu penso que tinha que ter uma forma talvez mais dinâmica, mais diferente. [...] Não é só culpa deles; às vezes é da gente também, né? Por não saber lidar com estas situações. Muitas vezes eles até cobram, né? Cada escola é uma realidade; o que dá certo aqui, pode não dar certo lá. Então você tem que partir do conhecimento que eles têm... (Prof. 8; Ciên.; 5ªs/6ªs; F; 46a)

Os discursos efetuados por alguns professores evidenciam que entendem que o desinteresse e a desvalorização da escola pelo pré-adolescente vão além dele próprio, situando os problemas familiares, sociais ou afetivos que ele vivencia e, além disso, que a escola não está preparada para ajudar ou orientar. Apontam o próprio despreparo e falta de conhecimento para lidar com muitas situações que emergem nas relações com os pré-adolescentes, acrescentando ainda como fatores inerentes ao desinteresse dos alunos a organização e estruturação político-pedagógica da escola.

Essas percepções e apreensões dos professores vão ao encontro dos pressupostos teóricos formulados por Enguita (1989), que afirma que a forma como a escola se organiza e funciona deturpou inclusive a motivação para a aprendizagem, que, em vez de estar implementada pela alegria e satisfação que o próprio conhecimento proporciona, veiculou-se a questões que na verdade não são a essência, como por exemplo, a nota, a avaliação e a média exigida.

Por fim, embora a maioria dos professores aponte que o pré-adolescente não dê valor à escola e, de certa forma, culpabilizam-no por não ter introjetado o seu valor, ressaltamos que um professor expressou ter consciência de que cabe ao educador conscientizá-lo sobre a importância da escola em sua vida. Nessa perspectiva, concordamos com Machado (1996), que afirma que o papel da escola hoje se assenta na capacidade de servir como fonte de informação e promoção de competências que possibilitem ao aluno, em qualquer momento de sua vida, organizar sua atividade cognoscitiva, utilizando-se, de forma crítica, do manancial das novas tecnologias intelectuais.

Medos e preocupações do pré-adolescente

Analisamos nesta categoria, as representações sociais dos professores acerca dos medos e preocupações que afligem o pré-adolescente.

Em um primeiro momento, chamou-nos a atenção no estudo e análise desta categoria a grande diversidade de situações que os professores atribuíram como medos e preocupações do pré-adolescente, as quais estão de acordo com os resultados da pesquisa de Günther (1996), que observou que os pré-adolescentes de onze e doze anos foram os que mais preocupações assinalaram, sendo descritas 24 dentre os cem itens possíveis a serem marcados, conforme apresentamos no Quadro 1 deste trabalho, na página 156.

Por outro lado, contraditoriamente, alguns professores asseguram que os pré-adolescentes não apresentam medos ou preocupações; outros, por sua vez, afirmaram que, se acaso eles os tenham, não demonstram, ou eles, professores, não estão conseguindo percebê-los.

> Eles não demonstram nada não. Do jeito que está, está bom. Não vejo que eles tenham qualquer preocupação ou outra coisa... (Prof. 2; Port.; 6ªs; M; 55a)

> Não sei não. Parece que eles não têm medo, sabe? Medo do futuro, ou outros medos; não percebo não. Talvez eles não demonstrem. Alguns casos de alunos em que deu uma queda grande, e daí eu fui investigar e acabei descobrindo que os pais estavam se separando... (Prof. 3; Mat.; 5ªs; F; 39a)

A maioria dos professores compartilha da ideia de que o medo mais evidenciado pelo pré-adolescente é em relação à família, seja pela perda de algum ente querido (morte) ou devido às brigas entre os pais, ou ainda pelo receio de que eles possam vir a se separar. A ideia de que os professores compartilham é que, para o pré-adolescente, situações intimamente relacionadas às suas famílias, como perda de alguém, brigas e separações entre os pais, provocam não só medo, mas muito sofrimento.

> Eu penso que eles tenham ansiedade em relação à família, muitas vezes demonstram preocupações seríssimas de relacionamento entre pai e mãe, de quando pai e mãe têm problemas, têm desavenças. Há muitos casos de pais e mães em processo de separação, e eles ficam muito aflitos, e eles comentam sobre isso. (Prof. 1; Port.; 5ªs; F; 47a)

Outras preocupações do pré-adolescente relativas à família compartilhadas pelos professores se referem à perda do conforto que possuem, à perda do emprego pelos pais ou ainda pelas adversidades que ele e a família podem vir a passar.

Quanto às preocupações referentes à escola, os professores consideram que o pré-adolescente de 5ª série se mostra bastante inseguro no início do ano, devido

PSICOLOGIA E EDUCAÇÃO: CONEXÃO ENTRE SABERES

às diferenças existentes entre a 4ª e a 5ª série, além de terem, juntamente com os alunos da 6ª série, receio das provas.

> A princípio, a 5ª série tem uma insegurança terrível no início do ano, porque muda muito a estrutura de 4ª para 5ª série. Então, eles sentem muita insegurança em relação ao que vai ser a 5ª série, a variedade de professores que vai trabalhar com eles, aquela questão das mudanças de horário e de disciplinas. Mas, no fim, eles se adaptam à rotina normal, e daí a preocupação deles é com a nota se "eu vou conseguir ou não vou conseguir", a prova, porque tem alunos que ficam extremamente ansiosos na hora de fazer uma avaliação. (Prof. 1; Port.; 5ªs; F; 47a)

Os medos e preocupações em relação às provas apontadas pelos professores estão de acordo com os resultados obtidos na pesquisa desenvolvida por Günther (1996) ao mostrar que a grande maioria dos pré-adolescentes de onze e doze anos assinalou essa alternativa como uma das principais preocupações que lhes são peculiares, juntamente com a alternativa "notas baixas na escola".

Na perspectiva dos professores, outro medo do pré-adolescente que consideram bastante visível e importante nesse período do desenvolvimento tem a ver com as relações com seus pares, mais propriamente com a necessidade de aprovação e aceitação pelos companheiros. Os professores percebem o valor que têm os amigos para o pré-adolescente, além do sofrimento ou do prazer que vivencia de ser ou não aceito pelo grupo.

> Eu percebo... assim... medo de ser traído pelo amigo, porque para eles a amizade é uma coisa muito importante; medo do amigo gostar mais do outro do que dele, essa insegurança eu percebo também... em relação às amizades, eles têm muito isso; mas é uma coisa muito superficial. (Prof. 8; Ciên.; 5ªs/6ªs; F; 46a)

Na já citada pesquisa de Günther (1996), isso também se confirma, visto que as preocupações descritas como "perder um amigo" e "não ter amigos" foi assinalada em média por mais de 60% dos pré-adolescentes de onze e doze anos, mas vale ressaltar que, segundo a pesquisa, "perder um amigo" é muito mais preocupante para o pré-adolescente, pois foi indicada por 68% dos participantes, colocando-a em 5º lugar na relação de escolhas de preocupações.

Para Erickson (1971), na perspectiva psicossocial da formação de identidade, em que o pré-adolescente se encontra provavelmente em um nível transitório entre os conflitos "produtividade *versus* inferioridade" e "identidade *versus* confusão de papéis", além das conquistas efetuadas frente às tarefas que lhe são impostas, o pré-adolescente precisa atingir também um bom nível de relacionamento com os amigos, o que contribuirá para o fortalecimento da autoconfiança, da autoimagem e, consequentemente, da autoestima.

Os professores percebem ainda que os pré-adolescentes apresentam medo da violência, da guerra, das drogas e da Aids, os quais também foram verificados por Günther (1996) em sua pesquisa com adolescentes e pré-adolescentes. A violência, descrita como "possibilidade de guerra nuclear", "terrorismo e sequestro", "estupro", "ser machucado por arma", encontra-se entre as maiores preocupações dos pré-adolescentes. Além disso, alguns professores relatam que o pré-adolescente muitas vezes não só presencia a violência em sua casa, como também pode ser vítima dela. Além da violência, os professores apontam que os pré-adolescentes manifestam preocupações com a Aids e com as drogas, aspectos esses também indicados na pesquisa realizada por Günter (1996). A Aids foi indicada como preocupação por 60% dos pré-adolescentes de onze anos e 53% dos pré-adolescentes de 12 anos. Quanto às drogas, há uma grande diferença percentual entre os dois grupos: o item "pressão para experimentar drogas" foi assinalado por 61% dos pré-adolescentes de onze anos, e "uso de drogas" foi assinalado por 58% desses pré-adolescentes; para os pré-adolescentes de doze anos, 38% assinalaram como preocupação maior "uso de drogas" e 32% assinalaram "pressão para experimentar drogas".

Outro aspecto que analisamos nessa categoria foi a representação do professor a respeito das preocupações do pré-adolescente com o futuro e constatamos opiniões bem divergentes: enquanto alguns consideram que o pré-adolescente não tem preocupação nenhuma com o futuro, outros afirmam que eles demonstram muita preocupação.

> Eu acho que eles não se preocupam muito com o futuro, não. Como eu já disse, acho que para eles a preocupação é vir para a escola, estudar para as provas. Acho que eles vivem o momento presente, o dia a dia, tanto em relação às questões da escola como da família. (Prof. 11; Ed. Fís.; 6ªs; F; 37a)

> Eles apresentam, sim, preocupações em relação ao futuro. Aquela preocupação de que eles têm toda uma caminhada de escola pela frente, que eles vão concluir a 8ª série, o 2º grau, que vão para o vestibular, e que tem que fazer uma faculdade; ou que tem que ter um certo nível educacional para que eles possam desenvolver uma certa profissão e arrumar um emprego. Essa é uma preocupação de necessidade... a maioria se preocupa. (Prof. 1; Port.; 5ªs; F; 47a)

Os professores que consideram que o pré-adolescente não tem preocupação com o futuro entendem que ele vive apenas o seu momento presente, o seu dia a dia, não tendo outras preocupações a não ser ir para a escola e estudar para as provas. Por sua vez, pudemos constatar que há também professores que, embora percebam que o pré-adolescente raramente se expresse sobre o futuro, suas perspectivas ou sonhos, vivendo realmente o momento presente, fazem uma crítica à escola por ela não estimular e não desenvolver com o pré-adolescente "projetos de vida".

Por outro lado, alguns professores consideram que a preocupação do pré-adolescente com o futuro se baseia apenas na questão financeira, ou seja, em possuir coisas. Nesse sentido, consideram que a preocupação do pré-adolescente com o futuro é voltada apenas para o "ter", o "possuir" coisas materiais. Em uma sociedade caracterizada pela crise de valores sociais e morais, em que o consumismo e o individualismo orientam as relações entre os homens, o pré-adolescente não fica imune a essas influências, pois são parte e fruto dessa sociedade e, como assinala Salles (1998), é necessário compreendê-los nesse emaranhado de fatores, tanto individual como histórico e social.

A partir dos relatos dos professores, buscamos apreender ainda as representações sociais que os professores possuem sobre as preocupações dos pré-adolescentes com os problemas de nossa sociedade, como a fome, o desemprego, a pobreza, a violência, a poluição, entre outros.

Observamos que alguns professores acreditam que os pré-adolescentes não se preocupam com os problemas da humanidade, enquanto outros consideram que os pré-adolescentes têm preocupações em relação à humanidade, demonstrando não só estarem atentos ao que está acontecendo ao seu redor, como também demonstram sensibilidade e mobilização inclusive para gestos concretos para com o outro.

> Ainda não. Ainda eles não estão sendo atingidos por essas preocupações. Nessa idade essas preocupações ainda são dos pais, e não são deles. Falam, opinam, mas apenas questões muito gerais, que eles pegam da televisão, mas nada particular, pessoal. Quase nada pessoal. (Prof. 2; Port.; 6ªs; M; 55a)

> Pelos comentários que eles fazem em relação às crianças de rua. Justamente essas crianças que são catadoras de papel, que não são marginalizadas, mas que eles veem como crianças diferentes deles, que não deveriam estar trabalhando, e que essas crianças estão envolvidas no mundo das drogas [...] e falam sempre de campanhas que são necessárias, participação nas campanhas, e quando você faz uma campanha fora da sala de aula, e eu também sou catequista, e fazemos campanha na catequese e pedimos contribuições, eles participam... (Prof. 1; Port.; 5ªs; F; 47a)

Olhando a partir de uma perspectiva mais crítica, alguns professores concordam que o pré-adolescente tem preocupações com os problemas atuais, mas que poderiam desenvolver concepções mais críticas e terem maior envolvimento na prática se a escola proporcionasse oportunidades para o desenvolvimento de trabalhos nesse sentido. Essas representações dos professores estão de acordo com Menin (1996), que afirma que as condutas inerentes ao desenvolvimento moral não são aprendidas pelo ensino conceitual, mas sim pela ação, pela prática, e assim é necessário que sejam construídas por relações com seus pares e com adultos.

Portanto, possibilitar que o aluno construa e desenvolva essas condutas não implica desenvolver projetos específicos ou ter uma disciplina própria, mas sim favorecer situações e experiências cotidianas no interior da sala de aula e da escola que promovam as relações sociais, além do que a escola necessita ser coerente, justa e conhecedora dessas concepções, para que o pré-adolescente possa desenvolver a autonomia, a responsabilidade, a ética e, consequentemente, tornar-se um cidadão consciente.

O pré-adolescente e as drogas

Analisamos nesta categoria, as representações sociais dos professores acerca dos conhecimentos ou experiências que os pré-adolescentes apresentam sobre as drogas e as bebidas alcoólicas.

A maioria dos professores percebe que os pré-adolescentes apresentam conhecimentos sobre as drogas, mas acreditam que eles não sejam usuários. Por sua vez, alguns professores consideram que há pré-adolescentes que já experimentaram ou fazem uso de drogas. Os professores afirmam que o fato de o pré-adolescente ter "informações" dos malefícios que as drogas provocam garantiria que ele não a experimentasse ou não se tornasse um usuário, de modo que, se vier a fazê-lo, é por vontade ou opção própria. Ou seja, consideram que não é por desconhecimento que os jovens entram no vício, mas por curiosidade ou opção pessoal.

> Eles têm bastante informação; eu acho, assim, que eles já conhecem bem; todos, de modo geral, conhecem os detalhes, sabem os perigos, sabem as consequências; eles têm, assim, o mínimo básico de informação, eles têm. Ainda, especificamente na 5ª e 6ª, tanto aqui como na outra escola, eu acho que o contato deles é mínimo. (Prof. 8; Ciên.; 5ªs/6ªs; F; 46a)

> Agora, em relação à conscientização da criança, a escola faz um bom trabalho. Eu vejo que hoje a criança que está caindo no mundo das drogas é quase que uma opção pessoal, não é mais falta de conhecimento dos efeitos negativos das drogas e suas consequências. (Prof. 7; Geog.; 5ªs/6ªs; M; 52a)

Contrariamente a essas concepções, Outeiral (2003) destaca que entre vários fatores que podem levar ao uso das drogas, os aspectos sociais e individuais são preponderantes, além das questões de ordem política e econômica. Portanto, delegar ao próprio pré-adolescente, e de forma simplória, os motivos que o levam a usar drogas é não ter um conhecimento amplo dos inúmeros fatores que incidem no problema e, consequentemente, impedem o desenvolvimento de uma postura mais crítica.

Quanto ao uso de drogas, alguns professores são contundentes e afirmam que alguns pré-adolescentes e, mais especialmente, os oriundos de 6ª série estão fazendo uso de drogas, além de perceberem que intensificou o uso entre os alunos de 5ª a 8ª série do Ensino Fundamental.

Outra droga considerada como lícita em nossa sociedade é a bebida alcoólica, que tem sido altamente consumida pelos jovens cada vez mais cedo. Conforme Outeiral (2003), as drogas lícitas, principalmente o álcool e o tabaco, são utilizadas em grande escala e causam problemas físicos, psíquicos e sociais. Embora cientes dessas consequências, "[...] a sociedade adota uma conduta falsa e hipócrita em relação a essas drogas, sabendo dos malefícios, permitindo o uso e tirando aparentes benefícios deste uso" (p. 40).

Alguns professores destacam que o pré-adolescente demonstra interesse pela bebida e tem conhecimento inclusive de como preparar alguns drinques e coquetéis. Entretanto, creem que, embora já possam ter experimentado, incentivados pelos pais, eles ainda não estão bebendo. Outro grupo de professores, por sua vez, assinala que os pré-adolescentes estão bebendo e também consideram que estão sendo influenciados pelos próprios pais ou por outros adultos.

> Muitas vezes, o pai vai a uma lanchonete, o pai vai a um barzinho e leva o filho; o próprio aluno, as crianças, tem contado para nós que o pai degusta um copo de cerveja e o próprio pai oferece para o filho, achando que aquilo é normal ou algo até bonito. É justamente por aí que você vê que nestas pequenas doses, neste achar bonito do pai, ele acaba viciando o filho. (Prof. 7; Geog.; 5ªs/6ªs; M; 52a)

A *representação social* de que os pré-adolescentes estão ingerindo bebidas alcoólicas está de acordo com as inúmeras pesquisas realizadas, destacando que na pesquisa do Centro Brasileiro de Informações sobre Drogas Psicotrópicas – Cebrid (citado por Delalibera, 2004), 50% dos alunos das escolas públicas beberam pela primeira vez entre os dez e doze anos de idade, isto é, na pré-adolescência.

Uma importante representação compartilhada pela maioria dos professores é que os pais são os principais responsáveis pelo uso de bebidas alcoólicas pelos pré-adolescentes; eles acreditam que os pais incentivam ou permitem que o filho "experimente", além de que a bebida faz parte da vida cotidiana das pessoas, a qual é associada a festas, alegria, diversões, prazeres, euforia e descontração.

PSICOLOGIA E EDUCAÇÃO: CONEXÃO ENTRE SABERES

Entretanto, para Outeiral (2003), o uso das drogas é um acontecimento multicausal, com vários fatores intervenientes, tanto sociais (incluindo a cultura, a família e o grupo de amigos) como individuais (aspectos inatos ou adquiridos).

O pré-adolescente e a sexualidade

Nesta categoria, abordamos as representações sociais dos professores a respeito das atitudes, experiências e conhecimentos dos pré-adolescentes no âmbito das questões da sexualidade.

Os professores de 5ª série compartilham que o grupo de pré-adolescentes, em relação à sexualidade, se caracteriza pela heterogeneidade, pois ao mesmo tempo em que muitos são "ingênuos" e "imaturos", outros são mais "avançadinhos" e "maliciosos". Além disso, consideram que eles têm muita ânsia de informações a respeito da sexualidade e em função disso, conversam muito com o grupo de amigos sobre esse assunto.

> Eu percebo que a maioria está à espreita. Estão ouvindo, atentos, percebendo que estão se modificando, mas a maioria ainda é bem infantil. Não são ainda "aqueles" adolescentes... Agora... tem alguns casos que o corpo se modificou e, apesar de serem novos, vem maquiadas, com uma calça toda transada, com *soutien* de rendinha. Já não é mais aquele de algodão da *Hope* que a mãe compra. Já tem toda uma sensualidade escondida atrás da camiseta da escola, que é visível, mas não é... assim... escancarada. (Prof. 5; Hist.; 5ªs; F; 37a)

A curiosidade sexual expressa pelos pré-adolescentes e percebida pelos professores é confirmada por muitos estudiosos, entre eles Blos (1995) e D'Andréa (1978), ao destacarem que os pré-adolescentes passam grande parte do tempo trocando ideias com os amigos sobre os mais diversos temas, desde a anatomia do corpo até a busca da compreensão de suas funções e de seus processos. De acordo com D'Andréa (1978), tanto os meninos quanto as meninas, nesse período, fingem que entendem tudo sobre sexo para sentirem-se em pé de igualdade com os colegas e poderem então continuar partilhando desses momentos fascinantes.

A partir da análise dos discursos, apreendemos ainda que o interesse demonstrado pelo pré-adolescente na busca de informações sobre a sexualidade é vista pelos professores de forma contraditória, ora entendida como busca de conhecimento, como apropriação de um "saber formal" comparado aos conteúdos escolares, ora entendida como vinculada apenas a interesses de caráter "malicioso" e "pejorativo".

Observamos, nos relatos dos professores, tanto um espanto com a espontaneidade e liberdade do pré-adolescente como também um certo temor e receio pela precocidade que muitos vêm demonstrando quanto à sexualidade, principalmente no grupo de 6ª série, cuja maioria já está vivenciando, intensa e concretamente, as mudanças pubertárias e suas consequentes modificações psicológicas.

> Eles estão com a sexualidade extremamente precoce, vivenciando essa sexualidade na prática, com muita precocidade e ainda sem entender[...] É difícil encontrar uma criança aí de dez ou onze anos, pré-adolescente, que não beijou, que não abraçou, que não ficou. E eles fazem isto sem saber o que estão sentindo. Eu acho, assim, que estão experimentando sensações que eles estão desconhecendo. (Prof. 8; Ciên.; 5ªs/6ªs; F; 46a)

> Percebo que a sexualidade deles é bem aguçada. São curiosos ao extremo. O beijo, o selinho, é o normal deles, sabe? E o namorico... e, com esse negócio de ficar [...] o ficante [...] Então, ficam sentadinhos, e beijinho lá, e beijinho aqui, sabe? (Prof. 10; Ed. Fís.; 5ªs; F; 48a)

Essas representações estão de acordo com os estudos de Outeiral (2003) e de outros pesquisadores da adolescência já citados, cujos resultados mostram que está havendo uma grande precocidade em relação à sexualidade. Se antes a criança de dez ou onze anos brincava de boneca e casinha com as amigas, hoje ela está saindo para encontrar o namorado no *shopping*.

Um último aspecto a discutir nesta categoria diz respeito às representações dos professores em relação ao namoro, ao ficar e à prática sexual dos pré-adolescentes. Os diferentes depoimentos mostram que os professores têm ideias bastante divergentes quanto a esse assunto. Alguns consideram que o pré-adolescente apresenta o comportamento de ficar, de beijar, enfim, de se envolver concretamente com o sexo oposto ou com jovens do mesmo sexo, mas essas condutas são percebidas como "descobertas".

184 | PSICOLOGIA E EDUCAÇÃO: CONEXÃO ENTRE SABERES

Apresentando uma visão diferente da anterior, outros professores veem com crítica as atitudes do pré-adolescente em relação à sexualidade, tanto pela precocidade quanto pela expressão pública de vivências que deveriam ser privadas e íntimas, o que leva à representação do pré-adolescente como desrespeitoso, sem pudor e sem vergonha de suas ações.

Embora os professores se mostrem bastante críticos em relação às atitudes dos pré-adolescentes concernentes ao âmbito da sexualidade, verificamos, por outro lado, que eles consideram que os pré-adolescentes hoje se encontram perdidos, desorientados e desprotegidos.

Entretanto, embora essas percepções sejam corretas, não podemos perder de vista que os pré-adolescentes são produtos de nossa sociedade, isto é, das relações estabelecidas entre os homens no cotidiano da história. Pensamos que a precocidade do pré-adolescente em relação à sexualidade, além de estar diretamente relacionada ao intenso apelo da sociedade nesse sentido, também é resultado da intensificação do trabalho dos pais fora de casa, permanecendo a criança muitas horas frente à televisão, assistindo a programas inadequados, sem irmãos ou amigos para brincar. Assim, impedidos de terem a presença dos adultos de forma concreta e afetiva no dia a dia, as crianças e jovens preenchem esse tempo e espaço com outros interesses e atividades, muitas vezes, inapropriados.

Considerações finais

Cientes de que somos guiados em nossas interações pelas ideias que temos das pessoas com quem nos relacionamos, verificamos que os professores interagem com os pré-adolescentes baseados no imaginário construído em suas práticas. Parafraseando Gatti (citado por Salles, 1998), isso determina que, em sala de aula ou em outros contextos, os professores reajam e interajam com os pré-adolescentes a partir dos pré-julgamentos que possuem, desconsiderando-os muitas vezes como ser individual, com singularidades e subjetividades próprias, atitude esta advinda da tendência à homogeneização das representações que possuem sobre os pré-adolescentes, o que também foi identificado por Salles (1998) em sua pesquisa referente às representações sociais sobre o adolescente.

Os pré-conceitos solidificados que dão ao professor a certeza de que o pré-adolescente é desse ou daquele jeito impedem que a relação se dê de forma mais afetiva, acolhedora, com um novo olhar, em que se busca avidamente descobrir o desconhecido, tornando-o "reconhecido".

Assim, embora alguns discursos destacam aspectos positivos dos pré-adolescentes, constatamos que as representações sociais compartilhadas pelos professores sobre os pré-adolescentes apresentam conotações bastante negativas e, ainda, demonstram não os perceber como sujeitos com potencialidades e capacidades e que estão em pleno processo de desenvolvimento, isto é, em um processo de vir a ser, o que estimularia e motivaria os professores para participarem como coformadores de sujeitos responsáveis, participativos, solidários, éticos e críticos.

É fundamental que os professores possam resgatar essa relação, que não se dará pelo autoritarismo, mas pelas próprias competências e conhecimentos, que irão gerar confiança, autoestima, capacidade de discernimento e de consciência crítica, inclusive para não se perderem nos modismos que adentram a educação.

Entendemos que as dificuldades dos professores no trabalho com os pré--adolescentes se devem, em parte, à sua formação nos cursos de licenciatura, pela inexistência da formação continuada e pela própria dificuldade dos professores articularem os conhecimentos oriundos das diferentes teorias com a sua prática pedagógica. Além disso, ficou evidente nos discursos dos professores a impossibilidade de entenderem o pré-adolescente como um ser sócio-histórico e apreenderem a sociedade como uma realidade em constante transformação, balizados nas relações que os homens estabelecem entre si.

Essas dificuldades não são específicas do grupo de professores desta pesquisa e nem mesmo culpa dos professores de modo geral, mas são frutos da formação acadêmica e que precisam agora ser retomadas, pois eles são os formadores dos profissionais do futuro que precisam, por sua vez, de adultos competentes para conduzi-los no processo do conhecimento.

Outro ponto fundamental é levar os professores a terem um olhar positivo sobre os pré-adolescentes, vendo-os como sujeitos em construção, e sobre si mesmos como responsáveis nesse processo, sendo modelos e mediadores de uma aprendizagem efetiva, em que a relação professor-aluno se faz como facilitadora do processo ensino-aprendizagem. Isso é concretizado na medida em que tomam consciência das representações sociais interiorizadas e o papel que elas cumprem nas relações engendradas com os pré-adolescentes.

Pensamos que os caminhos possíveis para que essas propostas sejam efetivadas traduz-se, em primeiro lugar, nos cursos de licenciatura, pela disciplina de

Psicologia da Educação, que subsidia a atuação docente quanto aos conhecimentos científicos sobre os processos de aprendizagem e desenvolvimento.

É importante que, sendo o pré-adolescente visto e reconhecido como participante da sociedade atual, presente, portanto, no contexto escolar, que apresenta necessidades, características, vicissitudes e interesses próprios, os estudos sobre esse período do desenvolvimento humano sejam mais aprofundados nos cursos de licenciatura, separando-o do grupo de crianças e do grupo de adolescentes, aos quais eles, em nosso entender, não pertencem.

Este trabalho não teve a pretensão de esgotar as possíveis compreensões a respeito das representações sociais dos professores sobre os pré-adolescentes. Esperamos, portanto, que ele possa provocar inquietações que conduzam a novas reflexões e estudos, imprescindíveis para que possamos atingir os objetivos tão almejados de termos uma escola de qualidade, que compreenda o homem em sua totalidade histórica e social.

Referências

Ariès, P. (1981). *História social da criança e da família*. Rio de Janeiro: Guanabara.

Blos, P. (1995). *Adolescência: uma interpretação psicanalítica*. São Paulo: Martins Fontes.

BRASIL. Lei nº 8.069, de 13 de julho de 1990. Dispõe sobre o Estatuto da Criança e do Adolescente e dá outras providências. Diário Oficial [da] União, Poder Executivo, Brasília, DF, 16 de jul. 1990.

Chaves, A. M., & Barbosa, M. F. (set.-dez. 1998). Representações sociais de crianças acerca da sua realidade escolar. *Estudos de Psicologia, 15*(3), 29-40.

Coelho, S. V. (maio 2000). As transformações da família no contexto brasileiro: uma perspectiva das relações de gênero.*Psique, 10*(16), 7-24.

Comitê sobre Adolescência do Grupo para o Adiantamento da Psiquiatria (1968). *Dinâmica da adolescência: aspectos biológicos, culturais e psicológicos*. 6.ed. São Paulo: Cultrix.

D'Andrea, F. F. (1978). *Desenvolvimento da personalidade: enfoque psicodinâmico*. Rio de Janeiro: Difel.

Delalibera, E. S. R. (2004). *Representações sociais dos professores sobre os pré adolescentes*. Dissertação de Mestrado em Educação, Universidade Estadual de Maringá, Maringá.

Enguita, M. (1989). *A face oculta da escola*. Porto Alegre: Artes Médicas.

Erikson, E. H. (1971). *Identidade, juventude e crise*. Rio de Janeiro: Zahar.

Erikson, E. H. (1976). *Infância e sociedade*. Rio de Janeiro: Zahar.

Freud, S. (1973). Tres ensayos para una teoria sexual (1905). In: Freud, S. *Obras completas* (v. II, cap. XXVI, pp. 1169-1237). Madrid: Biblioteca Nueva.

Günther, I de A. (jan.-abr. 1996). Preocupações de adolescentes ou os jovens têm na cabeça mais do que bonés. *Psicologia: teoria e pesquisa, 12*(1), 61-69.

Kalina, E. (1979). *Psicoterapia de adolescentes: teoria, técnica e casos clínicos*. Rio de Janeiro: Francisco Alves.

Kostman, A. (fev. 2003). Eles têm a força. *Veja, 1791*(8), 85-91.

Lewisky, D. L. (1998). *Adolescência: reflexões psicanalíticas*. São Paulo: Casa do Psicólogo.

Machado, L. R. de S. (1996). Mudanças na ciência e na tecnologia e a formação geral da democratização da escola. In W. Markert (Org.), *Trabalho, qualificação e politecnia*. Campinas: Papirus.

Magagnin, C. (1996). Percepção de atitudes parentais pelo filho adolescente: uma abordagem familiar sistêmica. *Aletheia, 8*, 21-35.

Magro, V. M. de M. (1998). Adolescente urbano e o mundo atual: as vivências e as formas de estar no mundo. *Psicologia em Estudo, 3*(2), 39-79.

Menin, M. S. de S. (1996). Desenvolvimento moral. In L. de Macedo (Org.), *Cinco estudos de educação moral*. São Paulo: Casa do Psicólogo.

Muuss, R. E. (1966). *Teorias da adolescência*. Belo Horizonte: Interlivros.

Osterrieth, P. (1968). *Introdução à Psicologia da criança*. São Paulo: Companhia Editora Nacional.

Outeiral, J. (2003). *Adolescer: estudos revisados sobre adolescência*. Rio de Janeiro: Revinter.

Patto, M. H. S. (1990). *A produção do fracasso escolar: histórias de submissão e rebeldia*. São Paulo: Queiroz.

Piaget, J., & Inhelder, B. (1978). *A psicologia da criança*. Rio de janeiro: Difel.

Ribeiro, I., & Ribeiro, A. C. T. (1994) *Família e desafios na sociedade brasileira: valores como um ângulo de análise*. Rio de Janeiro: Loyola, Centro João XXIII.

Salles, L. M. F. (1998). *Adolescência, escola e cotidiano: contradições entre o genério e o particular*. Piracicaba: UNIMEP.

Santos, B. R. dos. (1996). *A emergência da concepção moderna de infância e adolescência: mapeamento, documentação e reflexão sobre as principais teorias*. Dissertação de Mestrado em Antropologia, Pontifícia Universidade Católica de São Paulo, São Paulo.

Tiba, I. (1994). *Adolescência: o despertar do sexo – um guia para entender o desenvolvimento sexual e afetivo nas novas gerações*. São Paulo: Gente.

Docência e *burnout*: um estudo com professores do Ensino Fundamental

Solange Franci Raimundo Yaegashi

Ana Maria T. Benevides-Pereira

Irai Cristina Boccato Alves

Introdução

Para Gasparini, Barreto e Assunção (2005), as transformações sociais, as reformas educacionais e os modelos pedagógicos derivados das condições de trabalho dos professores provocaram mudanças na profissão docente, favorecendo a formulação de políticas por parte do Estado. Assim, até a década de 1960, a maior parte dos docentes de diferentes níveis de ensino gozava de uma relativa segurança material, de emprego estável e de algum prestígio social. A partir da década 1970, a expansão das demandas da população por proteção social provocou o crescimento do funcionalismo e dos serviços públicos gratuitos, entre eles a educação.

Na atualidade, o papel do professor extrapolou a mediação do processo de conhecimento do aluno. As tarefas educacionais ultrapassaram os limites da sala de aula a fim de garantir uma articulação entre a escola e a comunidade. Gasparini, Barreto e Assunção (2005) explicam que, além de ensinar, o professor deve participar da gestão e do planejamento escolares, o que significa uma dedicação mais ampla, a qual se estende às famílias e à comunidade. Devido à realização das tarefas cada vez mais complexas, os professores são levados a buscar, por conta própria, formas de qualificação profissional que se traduzem em aumento não reconhecido e não remunerado da jornada de trabalho.

Como se já não fosse suficiente o desgaste em horas extras trabalhadas para dar conta das inúmeras atividades que lhe competem, é importante ressaltar que muitas instituições transferem ao profissional da educação a responsabilidade de cobrir as lacunas existentes no quadro de professores. Algumas estabelecem mecanismos rígidos e redundantes de avaliação e contratam um efetivo insuficiente, entre outros problemas.

> Sob essas condições, o único elemento de ajuste é o trabalhador que, com seus investimentos pessoais, procura auxiliar o aluno carente comprando material escolar e restringindo o seu tempo supostamente livre para criar estratégias pedagógicas que compensem a ausência de laboratórios, de salas de informática e de bibliotecas minimamente estruturadas. (Noronha, 2001, citado por Gasparini, Barreto & Assunção, 2005, p. 191)

Nacarato, Varani e Carvalho (1998) afirmam que questões que dizem respeito aos desgastes sofridos pelos professores no exercício de sua profissão precisam ser desveladas para que se tenha a dimensão dos problemas enfrentados por esses profissionais.

Um dos aspectos apontados pelos autores se refere à imagem que se constituiu do professor, à qual se vinculou a tarefa de vocação missionária, negando-se à sua ação uma dimensão crítica da ética e das políticas educacionais.

> Essa imagem intensifica-se com a "feminização do magistério", pois características intrínsecas à mulher – instinto maternal, docilidade, submissão e habilidades femininas – possibilitaram a sua inclusão no trabalho docente, não sendo consideradas características que constituem um profissional. (Nacarato, Varani, & Carvalho, 1998, p. 77-78)

Entretanto, os autores afirmam que o trabalho docente não deve ser visto como vocação ou como uma tarefa exclusivamente feminina, uma vez que ele requer formação profissional como em qualquer outra categoria profissional. Além disso, trabalho docente deve ser fonte de satisfação e merecer prestígio social.

Nessa perspectiva, Canova e Porto (2010) consideram que o ser humano dedica grande parte do seu tempo ao trabalho, que se converte em uma área central na vida dos indivíduos. Essa centralidade traz consequências paradoxais para a integridade física, psíquica e social dos trabalhadores, uma vez que, nos contextos organizacionais, o trabalho pode proporcionar muitas realizações, mas também pode ser um elemento de obtenção de problemas ao desencadear prejuízos à saúde do trabalhador, como no caso do estresse ocupacional. Dessa forma, há indícios de que um estado prolongado de estresse interfere no bem-estar psicológico e na qualidade de vida das pessoas (Lipp, 1996; Benevides-Pereira, 2002; Yaegashi & Benevides-Pereira, 2010). Os professores têm sido muito pesquisados nessa área.

Autores evidenciam vários fatores que propiciam o desencadeamento do processo de estresse nos docentes brasileiros, como baixos salários, precariedade das condições de trabalho, atribuições burocráticas, elevado número de alunos por sala de aula, despreparo do professor diante das novas situações e emergências, pressões exercidas pelos pais dos alunos e pela sociedade, violência nas escolas, entre outros elementos (Esteve, 1995; Codo & Vazques-Menezes, 1999). Entretanto, sem desconsiderar todas essas possibilidades, o estresse ocupacional também pode estar relacionado a outros aspectos, como as características do funcionamento organizacional, que podem propiciar diversos pontos de tensão, bem como colocar inúmeros desafios para o professor.

De acordo com Webler (2007), o trabalho docente deixa pouco tempo para o lazer. O professor deve assumir as responsabilidades ocupacionais, enfrentar a competitividade exigida pelo sistema de ensino, investir em sua formação continuada pela necessidade de aprendizado constante, assim como lidar com os eventos estressores da vida em sociedade, tais como a segurança social, a manutenção da família e as exigências culturais. Dessa forma, o estado atual em que se encontra o trabalho na escola, e em particular dos professores, tem chamado a atenção devido ao aumento de casos de adoecimento e afastamento desses profissionais em virtude do estresse que enfrentam em seu cotidiano (Gomes & Brito, 2006).

Desde os primeiros estudos sobre estresse realizados por Selye (1965), eles foram se desenvolvendo, englobando não só os aspectos psicofísicos, como também salientando as implicações para a qualidade de vida das pessoas (Greenberg, 2002; Lazarus, 2001; Peiró & Salvador, 1993; Sandín, 1995; Sapowski, 1995; Zanelli, Clazareta, Juarez García, Lipp & Chamel, 2010).

É importante ressaltar que o conceito de homeostase veio contribuir para a compreensão e definição do estresse. Segundo Cânon (1932, citado por Benevides-Pereira, 2002), diante de mudanças ambientais que venham a agredir o organismo, por meio de um mecanismo de *feedback*, sem que muitas vezes o indivíduo perceba, o corpo tende a se estabilizar buscando adaptar-se às condições adversas. Contudo, o estresse aparece, quando os recursos disponíveis estão aquém das demandas.

Inúmeros são os agentes estressores que podem interferir no equilíbrio homeostático do organismo. Tais agentes podem ter um caráter físico, cognitivo ou emocional.

> O estresse é uma resposta a este estímulo, isto é, a necessidade de vir a aumentar o ajuste adaptativo, para retornar ao estado de equilíbrio, reaver a homeostase inicial, ou os recursos que a pessoa venha a despender para fazer frente às demandas. (Benevides-Pereira, 2002, p. 26-27)

Portanto, o estresse tem a função de ajustar a homeostase e de melhorar a capacidade do indivíduo a fim de garantir-lhe a sobrevivência. Nesse sentido, o estresse é um processo temporário de adaptação que compreende modificações físicas e mentais.

Contudo, é necessário esclarecer que diante dos diferentes agentes estressores (físicos, cognitivos e emocionais), é possível observar reações distintas entre as pessoas, ou ainda na mesma pessoa. "Essas diferenças se dão em função de experiências anteriores, características de personalidade, predisposições genéticas, condições atuais de vida e vários outros fatores que, individualmente ou associados, acabam por modular a reação de estresse" (Benevides-Pereira, 2002, p. 29).

Segundo Margis, Picon, Cosner e Silveira (2003), o termo estresse denota o estado gerado pela percepção de estímulos que provocam excitação emocional e, ao perturbarem a homeostase, disparam um processo de adaptação caracterizado, entre outras alterações, pelo aumento de secreção de adrenalina, produzindo diversas manifestações sistêmicas, com distúrbios fisiológico e psicológico. O termo estressor, por sua vez, define o evento ou estímulo que provoca ou conduz ao estresse.

A resposta ao estresse é resultado da interação entre as características da pessoa e as demandas do meio, ou seja, as discrepâncias entre o meio externo e interno e a percepção do indivíduo quanto à sua capacidade de resposta. Essa resposta ao estressor engloba aspectos cognitivos, comportamentais e fisiológicos, visando a propiciar uma melhor percepção da situação e de suas demandas, assim como um processamento mais rápido da informação disponível, possibilitando uma busca de soluções, selecionando condutas adequadas e preparando o organismo para agir de maneira rápida e vigorosa.

> A sobreposição destes três níveis (fisiológico, cognitivo e comportamental) é eficaz até certo limite, o qual, uma vez ultrapassado, poderá desencadear um efeito desorganizador. Assim, diferentes situações estressoras ocorrem ao longo dos anos, e as respostas a elas variam entre os indivíduos na sua forma de apresentação, podendo ocorrer manifestações psicopatológicas diversas. (Margis et al., 2003, p. 2)

Segundo Lazarus e Folkman (1984), o estresse se dá quando a avaliação sobre um determinado evento ou situação indica que não existem recursos suficientes para o enfrentamento. No estresse há um rompimento do equilíbrio interno – *homeostase* –, sendo que o organismo, por uma série de mecanismos, tenta recuperar a estabilidade perdida. O processo de estresse possui três etapas: a) alarme, quando o agente estressor é percebido, ativando de forma intensa o organismo para seu enfrentamento; b) resistência, em que há uma adaptação em função da ameaça sentida; e c) esgotamento, quando o organismo, após o emprego das estratégias possíveis, se desgasta, vindo muitas vezes a sucumbir.

Segundo Benevides-Pereira, Justo, Gomes, Silva e Volpato (2003), o estresse tem sido apontado como um mal do mundo atual, e pode afetar tanto adultos como crianças, independentemente de seu nível cultural ou classe social. As desordens associadas ao estresse são muito variadas, sendo que os que padecem desse transtorno geralmente apresentam problemas físicos e psicológicos que influem em seu comportamento e ambiente social.

Assim, dependendo da forma com que as pessoas lidam com o estresse, pode haver o desencadeamento do *burnout*, expressão inglesa que designa aquilo que deixou de funcionar por exaustão de energia (Oliveira, 2006).

De acordo com Codo e Vazques-Menezes (1999), o *burnout*, que, em português, pode ser traduzido como "perder o fogo", "perder a energia" ou "queimar completamente" (numa tradução mais direta), é uma síndrome pela qual o trabalhador perde o sentido da sua relação com o trabalho, de forma que as coisas já não lhe importam mais, e qualquer esforço lhe parece inútil. Essa síndrome pode acometer qualquer profissional, entretanto, tende a afetar principalmente os que possuem contato direto com outras pessoas, dentre os quais se destacam profissionais da saúde, professores, policiais, agentes penitenciários e outros (Arantes & Vieira, 2002; Benevides-Pereira et al., 2003; Gil-Monte, 2005; Moreno-Jiménez, Garrosa-Hernández, Gálvez, González & Benevides-Pereira, 2002).

Maslach e Jackson (1986), por sua vez, definem a síndrome de *burnout* como uma reação à tensão emocional crônica gerada a partir do contato direto e excessivo com outros seres humanos, particularmente quando estão preocupados ou com problemas. Cuidar, segundo as autoras, exige tensão emocional constante e atenção perene. O trabalhador se envolve afetivamente com os seus clientes, se desgasta e, num extremo, desiste, não aguenta mais, entra em *burnout*.

> O *burnout* é a resposta a um estado prolongado de estresse, ocorre pela cronificação deste, quando os métodos de enfrentamento falharam ou foram insuficientes. Enquanto o estresse pode apresentar aspectos positivos ou negativos, o *burnout* tem sempre um caráter negativo (distresse). Por outro lado, o *burnout* está relacionado com o mundo do trabalho, com o tipo de atividades laborais do indivíduo. (Benevides-Pereira et al., 2003, p. 45)

De acordo com Harrison (1999), o *burnout* é o resultado do estresse crônico, que é típico do ambiente de trabalho, principalmente quando estão presentes situações de excessiva pressão, conflitos, poucas recompensas emocionais e pouco reconhecimento. O *burnout* é considerado um fenômeno psicossocial constituído de três dimensões: exaustão emocional, despersonalização e sentimento de baixa realização profissional.

> A Exaustão Emocional se traduz pela profunda sensação de esgotamento tanto mental quanto físico, pelo sentimento de não poder dar mais de si mesmo, de haver chegado ao limite de suas possibilidades. É a dimensão mais acentuada das três, a que se refere diretamente ao estado crônico do estresse;
>
> A Desumanização ou despersonalização como utilizado inicialmente pelas autoras (Maslach & Jackson, 1986), posteriormente alterada pela expressão cinismo (Maslach, Jackson, & Leiter, 1996),

é expressa por atitudes de distanciamento dos demais, pelo cinismo e pela ironia nas relações interpessoais. Trata-se de uma defesa em relação aos sintomas de exaustão, uma tentativa de proteção em que a pessoa procura neutralizar as dificuldades por meio do isolamento e do sarcasmo;

A reduzida Realização Pessoal, posteriormente denominada Eficiência, exprime-se pela sensação de perda de sentido nas atividades laborais que vem (ou vinha) desenvolvendo, pelos transtornos que vem sentindo e pelo gradativo declínio da satisfação e da competência no trabalho. (Benevides-Pereira, 2010, p. 11-12)

A síndrome de *burnout* tem sido considerada um problema social de extrema relevância, pois se encontra vinculada a grandes custos organizacionais, em função da rotatividade pessoal, absenteísmo, problemas de produtividade e qualidade, bem como porque está associada a diversos tipos de disfunções pessoais (Benevides-Pereira, 2002). Para essa autora, na literatura é possível encontrar uma extensa lista de sintomas relacionados ao *burnout*, que podem ser subdivididos em físicos, psíquicos, comportamentais e defensivos.

Entre os *sintomas físicos*, Benevides-Pereira (2002) relaciona fadiga constante progressiva, distúrbios do sono, dores musculares ou osteomusculares, cefaleias, enxaquecas, perturbações gastrointestinais, imunodeficiência, transtornos cardiovasculares, distúrbios do sistema respiratório, disfunções sexuais e alterações menstruais nas mulheres. Os *sintomas psíquicos* citados são falta de atenção e de concentração, alterações de memória, lentificação do pensamento, sentimento de alienação, sentimento de solidão, impaciência, sentimento de insuficiência, baixa autoestima, labilidade emocional, dificuldade de autoaceitação, astenia, desânimo, disforia, depressão, desconfiança e paranoia. Entre os *sintomas comportamentais* são encontrados negligência ou excesso de escrúpulos, irritabilidade, incremento da agressividade, incapacidade para relaxar, dificuldade na aceitação de mudanças, perda de iniciativa, aumento do consumo de substâncias (álcool, calmantes etc.), comportamento de alto risco e suicídio. No que se refere aos *sintomas defensivos*, destaca tendência ao isolamento, sentimento de onipotência, perda do interesse pelo trabalho (ou pelo lazer), absenteísmo, ironia e cinismo.

Segundo Benevides-Pereira (2002), uma pessoa com a síndrome de *burnout* não apresenta necessariamente todos esses sintomas. O grau, o tipo e o número de manifestações dependerão da configuração de fatores individuais (como predisposição genética, experiências socioeducacionais), de fatores ambientais (locais de trabalho ou cidades com maior incidência de poluição, por exemplo) e da fase em que a pessoa se encontra no processo de desenvolvimento da síndrome.

Assim, no caso específico dos professores, além dessa somatória de fatores, é necessário levar em consideração que ensinar é uma atividade altamente estressante, com repercussões evidentes na saúde física, na mental e no desempenho profissional dos professores (Aluja, 1997; Reis, Araújo, Carvalho, Barbalho, & Silva, 2006).

Vários desses sintomas também são característicos dos estados de estresse. Contudo, Benevides-Pereira (2002) esclarece que os sintomas defensivos são mais frequentes nos processos de *burnout*. Tendo por base os pressupostos teóricos citados anteriormente, o presente estudo teve como objetivos investigar como se caracterizam, em seus diferentes aspectos (faixa etária, formação, estilo de vida), do Ensino Fundamental que compõem o quadro docente da rede estadual de ensino de diversas cidades paranaenses, bem como verificar os níveis de *burnout* em professores do ensino público fundamental de diversas cidades paranaenses.

O estresse e, consequentemente, a síndrome de *burnout* têm atingido várias profissões, mas ocorrem com mais frequência nas profissões vinculadas ao ensino e a serviços de saúde, uma vez que estas envolvem o intenso contato com pessoas (Friedman, 1991; Salo, 1995; Schwab & Iwanick, 1982; Seidman & Zager, 1987).

Para alguns autores, pelas características do trabalho docente, ensinar predispõe ao estresse e à síndrome de *burnout* e, pelas características dessa atividade, não só o profissional se vê afetado pela síndrome, mas também seus colegas de trabalho e alunos, pois acaba por interferir na obtenção dos objetivos pedagógicos (Benevides-Pereira, Yamashita & Takahashi, 2010; Lowenstein, 1991).

Nesse sentido, acredita-se que investigar a presença de fatores estressantes no ambiente de trabalho, bem como identificar os níveis de estresse e *burnout* e resiliência em diferentes categorias profissionais e, principalmente nos educadores de Ensino Fundamental, é de extrema relevância. Isso porque os efeitos desses processos (principalmente do *burnout*) interferem negativamente tanto em nível individual (físico, mental, profissional, social) como profissional (atendimento negligente, lentidão, contato impessoal, cinismo, dificuldade no relacionamento com os alunos) e organizacional (conflitos com os demais membros da equipe, rotatividade, absenteísmo, diminuição da qualidade dos serviços).

Método

Amostra

A amostra foi constituída por um grupo de 499 professores do Ensino Fundamental do estado do Paraná, de diversas regiões (Umuarama, Pato Branco, Guaíra, Foz do Iguaçu, Campo Mourão, Londrina, Ivaiporã, Ibiporã, Apucarana, Mandaguari, Maringá, Santa Mônica, Guairaçá, Terra Rica, Paravanavaí, Goioerê, Alto Paraná, Tamboara, Itaguagé, Porto Rico, Loanda, Nova Londrina, Guarapuava, Querência do Norte, Marilena, Santa Cruz de Monte Castelo, Santa Isabel do Ivaí, Diamante do Norte e Curitiba).

No que se refere aos dados sociodemográficos, como é frequente ocorrer na categoria de professores, principalmente os do Ensino Fundamental, a maioria da amostra foi constituída pelo sexo feminino (N=456; 91,4%), 33 participantes (6,6%) eram do sexo masculino e dez (2%) não responderam a esse item.

A idade média do grupo foi de 36 anos (DP=9,05), e a moda, 33. O participante mais novo tinha 17 anos, e o mais velho, 63. Todavia, a faixa que predomina é a dos professores com 36 anos ou mais, sendo quase a metade da amostra (N=248; 49,7%), seguida pelos que estão entre 26 e 35 anos (N=174; 34,9%). Apenas 64 docentes (12,8%) tinham 25 anos ou menos.

Dentre os respondentes, 348 (69,7%) possuíam um relacionamento afetivo estável, enquanto 90 (18%) não tinham companheiro fixo na ocasião, sendo que 61 (12,12%) não responderam. Destes, 299 (59,9%) viviam na companhia do cônjuge. Quanto aos filhos, a metade da amostra tinha apenas um (N=250; 50%), enquanto que 177 (35,5%) tinham dois, dezesseis possuíam três (3,2%) e seis tinham 4 (1,2%), enquanto que cinquenta (10,0%) participantes não responderam esse item.

A maioria do grupo tinha cursado a graduação (N=445, 89,18%), sendo que desses, 263 (52,7%) também fizeram pós-graduação *lato sensu* e sete (1,4%), o mestrado. No entanto, 29 professores (5,8%) lecionavam tendo apenas concluído o Ensino Médio. Dos participantes, 25 (5,0%) não responderam.

O tempo de serviço desses profissionais situou-se em oito anos (DP=7), tendo menos de um mês a pessoa com menor tempo de docência, e 31 anos a que lecionava há mais tempo. Quanto ao número de horas semanais de atividade, na ocasião do estudo, nesse grupo a média foi de 33,54 horas, sendo a moda de quarenta, indo de zero a noventa horas por semana dedicadas ao ensino. No grupo, mais da metade dos professores tinha entre 21 e quarenta horas (N=266; 53,3%), 144 (28,9%) tinham até vinte horas e setenta professores (15,8%) trabalhavam mais de quarenta horas por semana.

Quanto às atividades de lazer, os relatos foram bastante variados. Entre esses, 32 profissionais (6,41%) relataram que nessas ocasiões preferem ficar com a família, dezenove (3,8%) se dedicavam ao artesanato ou trabalhos manuais e dezesseis (3,20%) preferiam dormir.

A prática de exercícios físicos foi confirmada por 191 (38,3%) dos participantes, enquanto que 56,3% da amostra (N=281) relataram não se exercitar. Um total de 5,41% (N=27) de professores não responderam. O tipo de atividade também foi bastante variado, sendo que caminhar foi apontado por 128 (25,65%) dos integrantes.

Nesta amostra, 211 (42,3%) participantes referiram haver violência na escola ou ao seu redor, enquanto que 212 (42,5%) afirmaram que não e 76 (15,2%) não responderam.

Um total de 146 docentes (29,3%) via sua profissão menos interessante do que quando começaram a carreira, enquanto que 320 (64,1%) ainda mantinham o interesse e 33 (6,61%) não responderam. No entanto, 238 (47,7%) professores referiram ter pensado, ou estar pensando, em mudar de profissão, sendo que um número igual negou essa pretensão. Do total, 27 (4,61%) não responderam a este item.

Quando perguntados se acreditavam que a atividade profissional interferia na vida pessoal, 316 (63,33%) dos respondentes afirmaram que sim, sendo que 128 (25,7%) declararam que não e 55 (11,02%) não responderam. Entre os docentes, 41,9% afirmaram sentir a profissão como estressante (N=209), enquanto que 102 (20,4%) disseram que não e 188 (37,67%) não responderam. Ter-se afastado do trabalho por motivo de saúde foi confirmado por 153 dos docentes (30,7%), 319 (63,9%) asseveraram não ter ocorrido e 27 (4,61%) não responderam.

Instrumentos

Foi utilizado um protocolo contendo:

a) *Questionário sociodemográfico e profissional* para caracterização da amostra, com dados sobre idade, sexo, assim como questões sobre o contexto familiar e laboral.

b) *Maslach Burnout Inventory* ([MBI], Maslach & Jackson, 1986) em sua versão *Educational Survey* (ES), traduzida e adaptada pelo *Grupo de Estudos sobre Estresse e Burnout* [GEPEB], Benevides-Pereira, 2002). Trata-se de um inventário composto por 22 afirmativas, sendo nove para a dimensão de Exaustão Emocional (EE), cinco para Desumanização (DE) e 8 para Realização Pessoal (RP), para serem respondidas em uma escala do tipo Likert de sete pontos, que varia de zero (nunca) a seis (todos os dias).

Benevides-Pereira (2002) obteve, com amostra nacional, os seguintes alfas de Crombach para cada uma das dimensões: 0,84 para EE, 0,57 para DE e de 0,76 para RP. Nesta amostra, em EE e DE foram encontrados exatamente os mesmos valores, enquanto que para RP foi de 0,79, evidenciando nível de fidedignidade aceitável.

Utilizando os mesmos parâmetros estabelecidos por Maslach e Jackson (1986), os padrões médios para EE situam-se entre 16 e 25 pontos; para DE, entre 3 e 8; e para RP, entre 34 e 42, em amostra nacional (Benevides-Pereira, 2002). Essas médias são diferentes das encontradas nos Estados Unidos, que são de 17 a 26 para EE, 9 a 13 para DE, e de 31 a 36 para RP em professores do Ensino Fundamental. Schaufeli e Ezmann (1998) observaram diferenças de médias em culturas distintas, apontando para a importância desses estudos na medida em que consideram realidades e contextos diversos.

c) *Termo de Consentimento Livre e Esclarecido*, conforme o disposto pela Resolução nº169/1996 (Brasil, 1997).

Procedimento

Após envio e aprovação do projeto pelo Comitê de Ética da Universidade Estadual de Maringá, os educadores foram contatados e esclarecidos quanto aos objetivos do estudo, bem como informados de que os dados coletados seriam avaliados em grupo, o que não permitiria identificação e garantiria o sigilo. Foi exposto que a participação era voluntária, e que poderiam solicitar seu desligamento da amostra em qualquer ocasião.

Os professores foram contatados e responderam aos instrumentos entre os meses de maio e novembro de 2008. A ordem em que os instrumentos foram aplicados foi a seguinte: 1º) Questionário sociodemográfico e profissional; 2º) MBI.

PSICOLOGIA E EDUCAÇÃO: CONEXÃO ENTRE SABERES

Não houve limite de tempo para que os instrumentos fossem respondidos. Contudo, em média, os professores levaram quarenta minutos aproximadamente para responderem a todos os itens. É importante ressaltar que, com exceção da cidade de Maringá, onde a aplicação foi individual, nas demais cidades foi coletiva.

Análise estatística

Para o cálculo das análises descritivas, as de comparação de médias (*t* de Student e ANOVA), assim como para o qui-quadrado, as tabelas de contingência, correlação de Pearson e regressão linear, foi usado o programa estatístico *Statistical Package of Social Sciences* (SPSS) em sua versão 14 (Visauta Vinacua, 2007).

Resultados

Em relação aos resultados do MBI, 44,8% dos participantes (N=47) responderam que tinham facilidade para entender o que seus alunos sentem todos os dias, 14,3% (N=15) percebiam que trabalhar todos os dias com pessoas exigia deles um grande esforço, 44,8% (N=47) consideravam que conseguiam lidar eficazmente com os problemas dos alunos e 35,2 (N=37) julgavam influenciar positivamente a vida de outros pelo seu trabalho. Por outro lado, 21,9% (N=23) relataram sentir diariamente que seus alunos os culpavam por alguns de seus problemas.

Entre os participantes da pesquisa, 20,4% (N=102) indicaram *sentir cansaço* todos os dias ao final de um dia de trabalho, enquanto 29,1% (N=145) revelaram que tal fato ocorria uma vez por semana. Boa parte da amostra afirmou que podia *entender com facilidade* o que seus alunos sentiam (*Uma vez por semana*, N=170, 34,1%; *Todos os dias*, N=200, 40,1%).

A maioria, 66,7% (N=333), respondeu que nunca tratava alunos como se fossem objetos impessoais. Esse item se relaciona com a desejabilidade social, e tem sido apontado como sendo dificilmente admitido em algumas culturas (Schaufelli & Enzmann, 1998).

Em relação ao item *Trabalhar com pessoas o dia todo me exige um grande esforço*, 26,7% (N=133) docentes disseram que isso nunca ocorria, enquanto que 30,2% (N=151) indicaram as alternativas uma vez por semana ou todos os dias. A maioria dos docentes afirmou *lidar com os problemas dos alunos* de modo eficaz na maioria das vezes (*Todos os dias*, N=169, 33,9%; *Uma vez por semana*, N=169,

33,9%). Cento e sete dos respondentes (21,4%) declararam sentir exaustão ao *menos uma vez por semana.*

Uma parte considerável dos professores discordou dos itens *Não me preocupo realmente com o que ocorre com alguns alunos* e *Sinto que os alunos culpam-me por alguns de seus problemas*, alegando que esses sentimentos nunca ocorreram, sendo 312 (62,5%) no primeiro caso, e 310 (62,1%) no segundo.

As médias do MBI estavam dentro do esperado, quando comparadas com os padrões nacionais, como pode ser constatado na Tabela 1.

TABELA 1
Médias, desvios padrão, mínimos e máximos das dimensões do MBI em um grupo de professores

Dimensão	Média	DP	Mínimo	Máximo
EE	24,74	11,49	0	54,00
DE	5,66	5,38	0	26,00
RP	34,99	8,13	15	48,00

Legenda: EE=Exaustão Emocional; DE=Desumanização; RP=Realização Pessoal

As dimensões mostraram correlações significativas entre si, sendo que entre EE e DE foi positiva ($r=0,451$; $p=0,000$), e dessas com RP (respectivamente $r=-0,323$; $p=0,000$; $r=-0,340$; $p=0,000$) foram negativas (Tabela 2), o que está de acordo com a concepção teórica de Maslach e Jackson (1986).

TABELA 2
Correlação de Pearson (*r*) entre as dimensões do MBI em um grupo de professores

Dimensão	EE	DE
DE	0,451**	
RP	-0,323**	-0,340**

Legenda: EE=Exaustão Emocional; DE=Desumanização; RP=Realização Pessoal
** significativa a 0,01 (bicaudal)

Para se fazer a comparação das dimensões, os seus valores foram divididos pelo número de itens. No caso da realização pessoal no trabalho, foram invertidos os seus valores, uma vez que essa dimensão apresenta uma relação inversa com as demais. O resultado é mostrado na Figura 1.

FIGURA 1
Médias ponderadas das dimensões do MBI em um grupo de professores

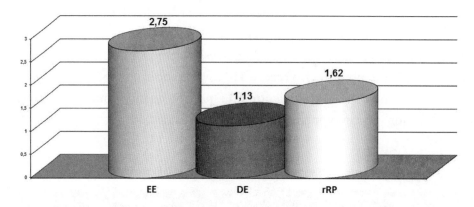

Legenda: EE=Exaustão Emocional; DE=Desumanização; rRP=reduzida Realização Pessoal

Como pode ser observado, o fator que apresentou maior elevação entre os três avaliados pelo MBI foi o de Exaustão Emocional ($M=2,75$), seguido pela Realização Pessoal reduzida nas atividades docentes ($M=1,62$). A Desumanização foi a escala com a menor média entre as três ($M=1,13$).

Tendo em vista os padrões estabelecidos descritos anteriormente, os resultados de cada dimensão foram divididos nas categorias: elevado, moderado e reduzido. A Tabela 3 apresenta esses resultados.

TABELA 3
Distribuição das pontuações nas categorias elevado, moderado e reduzido das dimensões do MBI em um grupo de professores

Dimensão	Elevado N	Elevado %	Modelado N	Modelado %	Reduzido N	Reduzido %	X2	p
EE	218	43,8	168	33,3	113	22,9	33,166	0,000
DE	134	23,8	178	36,2	187	40,0	9,671	0,000
Rrp	191	31,4	217	45,7	91	22,9	53,210	0,000

Legenda: EE=Exaustão Emocional; DE=Desumanização; rRP=reduzida Realização Pessoal

Assim, embora as médias do grupo estivessem dentro do esperado, a análise dos resultados individuais revelou que 43,8% dos participantes (N=218) tiveram valores na categoria elevada, ou seja, Exaustão Emocional acima da média, sendo que tal diferença foi significativa, na comparação com as duas outras categorias por meio do qui-quadrado (EE, $\chi2=33,16$: $p=0,000$). Os valores médios predominaram nas demais dimensões (DE, $\chi2=9,671$; $p=0,000$; RP, $\chi2=53,210$; $p=0,000$), porém, 23,8% dos docentes (N=134) mostraram atitudes de desumanização em seu trabalho, bem como 31,4% (N=191) revelaram sentir baixa realização no trabalho na ocasião desse estudo.

De acordo com Maslach e Jackson (1986), para que uma pessoa seja considerada em *burnout*, ela deve apresentar valores acima da média em EE e DE, e abaixo da média em RP. Dessa maneira, 62 participantes da amostra atingiram esse critério, apontando que 12,42% professores já estavam em fase de *burnout*.

Comparação entre os dados sociodemográficos e o MBI

As médias das dimensões do MBI foram comparadas com as categorias dos dados sociodemográficos analisados. Exaustão Emocional, dimensão indicada por alguns autores como mais frequentemente elevada entre as mulheres (Schaufeli & Ezmann, 1998; Benevides-Pereira, 2002), foi também mais alta ($M=24,99$; $DP=11,55$) nesse grupo que nos homens ($M=20,93$; $DP=11,87$), mas essa diferença não chegou a ser considerada significativa, estando situada em seu limite (EE, $t=1,945$; $p=0,052$).

Os professores com 36 anos ou mais de idade apresentaram médias significativamente mais elevadas que os demais colegas, apresentando maior realização profissional (RP, $F=6,436$; $p=0,002$). A quantidade de horas semanais trabalhadas em docência apontou diferença significativa de média apenas para a dimensão de Exaustão Emocional do MBI entre os que afirmaram trabalhar mais que quarenta horas (Tabela 4).

TABELA 4
ANOVA entre as dimensões do MBI e a variável horas de trabalho semanais em um grupo de professores paranaenses

Dimensão	Variável	N	Média	Desvio Padrão	F	P
	Horas semanais					
EE	Até 20hs	144	23,2661	11,82414	3,665	0,026
	de 21 a 40hs	266	24,7305	11,38700		
	41hs ou mais	79	27,6348	11,46649		

Legenda: EE=Exaustão Emocional

PSICOLOGIA E EDUCAÇÃO: CONEXÃO ENTRE SABERES

A percepção de violência na escola apresentou diferenças significativas em todas as médias referentes à síndrome de *burnout*, isto é, evidenciou interferir tanto para Exaustão Emocional como para Desumanização, com o aumento nas médias entre os que afirmaram perceber tais casos no ambiente escolar, bem como reduzida Realização Pessoal no trabalho entre os que não indicaram esta percepção (Tabela 5).

TABELA 5
Prova *t* entre as dimensões do MBI e a variável percepção de violência em um grupo de professores paranaenses

Dimensão	Categoria Violência	N	Média	DP	T	p
EE	Sim	211	26,5592	11,60745	3,336	0,001
	Não	212	22,8196	11,44452		
DE	Sim	211	6,7012	5,85767	3,499	0,001
	Não	212	4,8583	4,93198		
RP	Sim	211	33,4278	8,44307	-3,541	0,000
	Não	212	36,2017	7,65030		

Legenda: EE=Exaustão Emocional; DE=Desumanização, RP=Realização Pessoal

Os 315 professores que afirmaram que sua profissão interferia negativamente em sua vida pessoal (Tabela 6) apresentaram diferenças de média significativa para todas dimensões do MBI. Essas foram mais elevadas nos que tinham a percepção subjetiva de interferência, com exclusão da realização pessoal, quando ocorria uma inversão (Tabela 6).

TABELA 6
Prova *t* entre as dimensões do MBI e a variável interferência na vida pessoal em um grupo de professores paranaenses

Dimensão	Variável Interferência na vida pessoal	N	Média	DP	t	p
EE	Sim	315	27,0841	11,24058	5,897	0,000
	Não	128	20,1194	11,33376		
DE	Sim	315	6,0772	5,86709	-2,373	,018
	Não	128	4,8300	4,57454		
RP	Sim	315	34,5298	8,10808	-2,373	,018
	Não	128	36,5200	7,73138		

Legenda: EE=Exaustão Emocional; DE=Desumanização, RP=Realização Pessoal

A prática de exercícios físicos indicou, entre os que a realizavam, médias menores em Exaustão Emocional e Desumanização, bem como maior Realização Pessoal. Todavia, com exceção desta última dimensão, tais diferenças não foram suficientes para indicar significação estatística (Tabela 7).

TABELA 7
Prova *t* das dimensões do MBI e da variável atividade física em um grupo de professores

Fator	Variável atividade	N	Média	DP	T	p
EE	Sim	191	24,4012	11,85316	-,597	0,551
	Não	281	25,0492	11,37513		
DE	Sim	191	5,9702	5,70858	,934	0,351
	Não	281	5,4930	5,26513		
RP	Sim	191	36,1471	7,85914	2,674	0,008
	Não	281	34,0997	8,36560		

Legenda: EE=Exaustão Emocional; DE=Desumanização, RP=Realização Pessoal

A percepção de que a profissão se tornou menos interessante apontada por 146 professores da amostra revelou médias significativamente mais elevadas em Exaustão Emocional e Desumanização, bem como menor Realização Pessoal, denotando o quanto a prática docente pode levar ao desgaste e, consequentemente, à perda do interesse inicial pela profissão (Tabela 8).

TABELA 8
Prova *t* das dimensões do MBI e da variável profissão menos interessante em um grupo de professores

Fator	Variável Profissão menos interessante	N	Média	DP	t	p
EE	Sim	146	30,1723	11,57832	7,327	,000
	Não	320	22,1358	10,70027		
DE	Sim	146	7,7425	6,05766	5,223	,000
	Não	320	4,7572	4,91172		
RP	Sim	146	30,4542	8,80680	-7,757	,000
	Não	320	36,9124	7,19701		

Legenda: EE=Exaustão Emocional; DE=Desumanização, RP=Realização Pessoal

206 | PSICOLOGIA E EDUCAÇÃO: CONEXÃO ENTRE SABERES

O desejo de vir a mudar de profissão, confirmado por 326 docentes, apresentou resultado semelhante ao anterior, refletindo a interferência da síndrome na intenção de abandonar a carreira docente e vir a se dedicar a outro tipo de ocupação (Tabela 9).

TABELA 9
Prova *t* das dimensões do MBI e da variável vontade de mudar de profissão em um grupo de professores

Fator	Variável Mudar de profissão	N	Média	DP	t	P
EE	Sim	238	28,7295	10,91591	7,755	,000
EE	Não	238	21,0245	10,75997	7,755	,000
DE	Sim	238	7,2416	5,97923	6,245	,000
DE	Não	238	4,2326	4,41543	6,245	,000
RP	Sim	238	32,1226	8,52307	-7,915	,000
RP	Não	238	37,7392	6,87086	-7,915	,000

Legenda: EE=Exaustão Emocional; DE=Desumanização, RP=Realização Pessoal

Considerações finais

O presente estudo teve como objetivos investigar como se caracterizam, em seus diferentes aspectos, os professores do Ensino Fundamental que compõem o quadro docente da rede estadual de ensino de diversas cidades paranaenses, bem como verificar seus níveis de *burnout*.

No que se refere a *burnout*, por meio dos resultados encontrados no MBI, verificou-se que a exaustão emocional foi o fator que mais se salientou entre os demais. Tais dados também foram encontrados em outros estudos realizados no Brasil (Gomes & Brito, 2006; Reis et al., 2006). Vale ressaltar que 12,24% (N=62) dos participantes da amostra já apresentavam um quadro instalado de *burnout*, segundo os critérios de Malasch e Jackson (1986), ou seja, apresentaram valores acima da média para Exaustão Emocional e Desumanização, bem como abaixo da média em Realização Profissional.

Outro dado relevante é o fato de que os participantes da amostra que se afastaram de sua atividade por motivo de saúde tinham médias significativamente mais elevadas em exaustão emocional se comparados aos seus colegas que não apresentaram problemas de saúde.

Esses resultados demonstram que ensinar é uma atividade estressante, com repercussões evidentes na saúde física, mental e no desempenho profissional dos professores. Nessa perspectiva, inúmeros estudos apontam uma série de eventos que podem ser causadores do estresse, tais como falta de reconhecimento, falta de respeito dos alunos, dos governantes e sociedade em geral, falta de remuneração adequada, sobrecarga de trabalho, conflito de papéis, baixa participação direta na gestão e planejamento do trabalho, exigência de muito envolvimento com o aluno, inclusão de crianças com necessidades educacionais especiais em classes de ensino regular, entre outros (Barasuol, 2005; Benevides-Pereira et al., 2003, 2010; Reis et al., 2006). Tudo isso pode levar o professor à insatisfação, desestímulo e ao sofrimento psíquico, chegando, inclusive, como apontado neste estudo, a desenvolver a síndrome de *burnout*.

Nesse sentido, é de suma importância que seja propiciada uma melhor qualidade laboral para esses docentes, uma vez que o estresse e o *burnout* interferem de forma significativa na relação professor-aluno e, consequentemente, no processo de aprendizagem.

De acordo com Lipp (2006), a profissão e o trabalho determinarão grande parte de nossas vidas. Portanto, o trabalho satisfatório determina prazer, alegria e saúde. Contudo, quando o trabalho é desprovido de significação, não é reconhecido ou é fonte de ameaças à integridade física ou psíquica, acaba gerando sofrimento no trabalhador.

É importante ressaltar que, segundo Moreno-Jiménez, Zuñiga, Sanz-Vergel, Rodriguez-Muñoz e Boada-Pérez (2010), o que ocorre com professores não pode ser desvinculado das demandas sociais associadas às atividades ocupacionais em geral, o que têm contribuído para elevar a carga de morbidade em trabalhadores. Entre esses, destaca-se a crescente intensidade das relações humanas no âmbito laboral, a pressão procedente das novas características econômicas próprias da globalização, a crescente competitividade, assim como a evidência de um incremento da violência psicológica nos ambientes de trabalho. Esses têm assumido papel significativo como fatores de risco psicossociais na saúde laboral no século XXI, e têm levado diversos organismos internacionais – Organização Internacional do Trabalho (OIT), Organização Mundial da Saúde (OMS), por exemplo – a chamar a atenção para o problema e a impulsionar grupos de trabalho e estudos

208 | PSICOLOGIA E EDUCAÇÃO: CONEXÃO ENTRE SABERES

que permitam um conhecimento mais detalhado da situação e das estratégias de prevenção e intervenção.

Assim, pensa-se que a prevenção e a erradicação do *burnout* em professores não são uma tarefa solitária desses, mas devem contemplar ações conjuntas entre professores, alunos, instituições de ensino e sociedade. Moreno-Jiménez et al., (2010) sugerem atividades que estabeleçam um contexto mais favorável ao exercício da profissão docente por programas voltados às equipes diretivas e pedagógicas das escolas, para que possam propiciar um espaço institucional de discussão e reflexão entre equipes e professores e atividades direcionadas aos docentes, alertando-os sobre os possíveis fatores de estresse relacionados ao trabalho e a possibilidade de desenvolvimento desse tipo de estresse ocupacional de caráter crônico (*burnout*).

As intervenções devem visar alternativas para possíveis modificações, não só na esfera microssocial do trabalho e das relações interpessoais, mas também na ampla gama de fatores macro-organizacionais que determinam aspectos constituintes da cultura organizacional e social na qual o professor exerce sua atividade profissional.

Referências

Aluja, A. (1997). Burnout profesional en maestros y su relación con indicadores de salud mental. *Boletín de Psicología*, 55, 47-61.

Arantes, M. A. A. C., & Vieira, M. J. F. (2002). *Estresse*. São Paulo: Casa do Psicólogo.

Barasuol, V. (2005). *Burnout e docência – sofrimento na inclusão*. Três de Maio: SETREM.

Benevides-Pereira, A. M. T. (2002). O processo de adoecer pelo trabalho. In A. M. T. Benevides-Pereira (Org.), *Burnout: quando o trabalho ameaça o bem-estar do trabalhador*. São Paulo: Casa do Psicólogo.

Benevides-Pereira, A. M. T. (2010). Burnout: uma tão conhecida desconhecida síndrome. In G. C. T. M. Levy & F. de P. Nunes Sobrinho, *A síndrome de* burnout *em professores do ensino regular: pesquisa, reflexões e enfrentamento* (p. 9-28). Rio Janeiro: Cognitiva.

Benevides-Pereira, A. M. T., Justo, T., Gomes, F. B., Silva, S. G. M., & Volpato, D. C. (2003). Sintomas de estresse em educadores brasileiros. *Aletheia*, 18, 63-72.

Benevides-Pereira, A. M. T., Yamashita, D., & Takahashi, R. M. (2010). E os Educadores, como estão? *Ensino, Saúde e Ambiente*, 3, 151-170.

Brasil. (1997). *Diretrizes e normas para pesquisa envolvendo seres humanos. Resolução CNS 196/1996*. Brasília: Ministério da Saúde, Conselho Nacional de Saúde.

Canova, K. J., & Porto, J. B. (2010). O impacto dos valores organizacionais no estresse ocupacional: um estudo com professores do ensino médio. *Revista Administração Mackenzie, 11*(1), 4-31.

Codo, W., & Vazques-Menezes, I. (1999). O que é burnout? In W. Codo (Coord.), *Educação, carinho e trabalho* (pp. 237-254). Petrópolis: Vozes.

Esteve, J. M. (1995). Mudanças sociais e função docente. In A. Nóvoa (Org.), *Profissão professor* (pp. 93-124). Porto: Porto Editora.

Friedman, I. A. (1991). High – and low – burnout schools: school culture aspects of teacher burnout. *Journal of Educational Research, 84*(6), 325-333.

Gasparini, S. M., Barreto, S. M., & Assunção, A. A. (2005). O professor, as condições de trabalho e os efeitos sobre sua saúde. *Educação e Pesquisa, 31*(2), 189-199.

Gil-Monte, P. (2005). *El síndrome de quemarse por el trabajo (burnout)*. Madrid: Pirámide.

Gomes, L., & Brito, J. (2006). Desafios e possibilidades ao trabalho docente e a sua relação com a saúde. *Estudos e Pesquisas em Psicologia, 6*(1), 24-46.

Greenberg, J. S. (2002). *Administração do estresse*. São Paulo: Manole.

Harrison, B. J. (1999). Are you to burn out? *Fund Raising Management, 30*(3), 25-28.

Lazarus, R. S. (2001). Estrés y Salud. In J. Buendía, F. Ramos, *Empleo, estrés y salud* (pp. 17-32). Madrid: Pirámide.

Lazarus, R. S., & Folkman, S. (1984). *Stress, appraisal and coping*. Nova York: Springer.

Lipp, M. N. (1996). *O stress do professor*. Campinas: Papirus.

Lowenstein, L. (1991). Teacher stress leading to burnout – its prevention and cure. *Education today, 41*(2), 12-16.

Margis, R., Picon, P., Cosner, A. F., & Silveira, R. O. (2003). Relação entre estressores, estresse e ansiedade. *Revista de Psiquiatria do Rio Grande do Sul, 25*(supl. 1), 65-74.

Maslach, C., Jackson, S. E., & Leiter, M. P. (1996). Maslach Burnout Inventory Manual. Palo Alto, C.A: Consulting Psychologist Press.

Maslach, C., & Jackson, S. E. (1986). *Maslach Burnout Inventory*. Palo Alto: Consulting Psychologist Press.

Moreno-Jiménez, B., Garrosa-Hernández, E., Gálvez, M., González, J. L., & Benevides--Pereira, A. M. T. (2002). A avaliação do burnout em professores: comparação de instrumentos: CBP-R e MBI-ED. *Psicologia em Estudo, 7*, 11-19.

Moreno-Jiménez, B. Zuñiga, S. C., Sanz-Vergel, A. I.; Rodriguez-Muñoz, & A. Boada--Pérez, M. (2010). El "Burnout" y el "Engagement" en profesores de Perú. Aplicación del modelo de demandas-recursos laborales. *Ansiedad y Estrés, 16*(2-3), 309-325.

Nacarato, A. M., Varani, A., & Carvalho, V. (1998). O cotidiano do trabalho docente: palco, bastidores e trabalho invisível... Abrindo as cortinas. In C. M. G. Geraldi, D. Fiorentini, & E. M. A. Pereira, *Cartografias do trabalho docente* (cap. 3, pp. 73-104). Campinas: Mercado das Letras.

Oliveira, E. S. G. (2006). O "mal-estar docente" como fenômeno da modernidade: os professores no país das maravilhas. *Ciências & Cognição*, 7, 27-41. Recuperado em 23 nov. 2007, de <www.cienciasecognicao.org>.

Peiró, J. M., & Salvador, A. (1993). *Control del estrés laboral.* Salamanca: Eudema.

Reis, E. J. F. B., Araújo, T. M., Carvalho, F. M., Barbalho, L., & Silva, M. O. (2006). Docência e exaustão emocional. *Educação & Sociedade, 27*(94), 229-253.

Salo, K. (1995). Teacher stress and coping over an autumn in Finland. *Work & Stress*, 9(1), 55-66.

Sandín, B. C. (1995). El estrés. In A. Belloch, B. Sandín, & F. Ramos, *Manual de Psicopatología* (v. II, pp. 4-52). McGraw Hill: Madrid.

Sapowski, R. M. (1995). *¿Porque las cebras no tienen úlcera? La guía del estrés.* Madrid: Alianza.

Schwab, R. L., & Iwanicki, E. F. (1982). Perceived role conflict, role ambiguity, and teacher burnout. *Educational Administration Quarterly, 18*(1), 60-74.

Schaufeli, W., & Enzmann, D. (1998). *The burnout companion to study & practice. A critical analysis.* London: Taylor & Francis.

Seidman, S. A., & Zager, J. (1987). *The teacher burnout scale. Educational Research Scale, 11*(1), 27-33.

Selye, H. (1965). *The stress of life.* New York: McGraw-Hill.

Visauta Vinacua, B. (2007). *Analisis estadístico con SPSS 14.* Madrid: MacGraw-Hill.

Webler, R. M. (s.d.) O mal-estar e os riscos da profissão docente. Marechal Cândido Rondon: Unioeste. Recuperado em 23 nov. 2007, de <http://www.app.com.br/portalapp/uploads/opiniao/CCSA-%20Em%20Revista%20_2_.pdf>.

Yaegashi, S. F. R., & Benevides-Pereira, A. M. T. (2010). Profissão docente, estresse e *burnout*: a necessidade de um ambiente de trabalho humanizador. In M. Chaves, R. I. Setoguti & S. P. G. Moraes (Org.), *A formação de professores e intervenções pedagógicas humanizadoras* (pp. 185-202). Curitiba: Instituto Memória.

Zanelli, J. C., Clazareta, A. V., Juarez García, A., Lipp, M. E. N., & Chamel, M. J. (2010). Trabalho saúde e construção da qualidade de vida. In J. C. Zanelli (Coord.), *Estresse nas organizações de trabalho* (pp. 19-30). Porto Alegre: Artmed.

Sobre os autores

Ana Maria T. Benevides-Pereira é graduada em Psicologia pela Universidade de Mogi das Cruzes, mestre em Psicologia Clínica pela Pontifícia Universidade Católica de Campinas (PUC-Camp) e doutora em Psicologia Escolar e do Desenvolvimento pela Universidade de São Paulo (USP), com pós-doutorado em Psicologia da Saúde pela Universidad Autónoma de Madrid. Atualmente trabalha como psicóloga em consultório particular e como professora adjunta da Pontifícia Universidade Católica do Paraná (PUC-PR). É professora-associada aposentada do Programa de Mestrado e Doutorado em Educação para a Ciência e Matemática da Universidade Estadual de Maringá e orientadora do Programa de Doutorado da Universidad Autónoma de Madrid. Contato: anamariabenevides@hotmail.com

Celma Regina Borghi Rodriguero é graduada em Psicologia pela Universidade Estadual de Maringá (UEM), com especialização em Educação Especial, e mestre em Educação pela mesma instituição. Atualmente é professora-assistente do Departamento de Teoria e Prática da Educação da UEM. Coordenadora do Projeto de Extensão "Intervenção Pedagógica junto à Criança Hospitalizada", desenvolvido no setor de Pediatria no Hospital Universitário de Maringá (HUM). Contato: crbrodriguero@uem.br

Edna Salete Radigonda Delalibera é graduada em Psicologia pela Pontifícia Universidade Católica de Campinas (PUC-Camp), com especialização em Metodologia do Ensino de 1º e 2º grau pela Pontifícia Universidade Católica do Paraná (PUC-PR) e em Psicologia Escolar e Educacional pelo Conselho Federal de Psicologia (CFP), e mestrado em Educação pela Universidade Estadual de Maringá (UEM). Atualmente é psicóloga da Secretaria de Educação do Município de Maringá, Paraná, e professora em cursos de especialização. Contato: ednasrd@hotmail.com

Evelyn Rosana Cardoso é graduada em Matemática pela Universidade Paranaense (Unipar), em Educação para a Ciência e a Matemática e doutoranda em Educação para a Ciência e a Matemática na Universidade Estadual de Maringá (UEM). Atualmente é professora de matemática na Escola Estadual de Porto Camargo e no Colégio Antonio Franco Ferreira da Costa, em Icaraíma. Contato: prof_evelyn@hotmail.com

Irai Cristina Boccato Alves é graduada em Psicologia, mestre e doutora em Psicologia Escolar pela Universidade de São Paulo (USP). Atualmente é professora do curso de Graduação em Psicologia e do Programa de Pós-Graduação em Psicologia do Instituto de Psicologia da USP (Ipusp). Coordena o Laboratório Interdepartamental de Técnicas de Exame Psicológico (Litep) do Ipusp. É membro da Diretoria da Associação de Psicologia de São Paulo. Contato: iraicba@usp.br

Maria Julia Junqueira Scicchitano Orsi é graduada em Psicologia pela Universidade Estadual de Londrina (UEL), com especialização em Psicanálise e em Psicoterapia da Infância e da Adolescência pelo Instituto Sedes Sapientiae, e mestre em Educação pela Universidade Estadual de Maringá (UEM). Atualmente é psicóloga clínica e professora convidada do curso de Psicopedagogia da UEL. Contato: mjuliaorsi@gmail.com

Marieta Lúcia Machado Nicolau é graduada em Pedagogia, mestre e doutora em Educação pela Universidade de São Paulo (USP). Atualmente é professora colaboradora sênior do Departamento de Filosofia da Educação e Ciências da Educação da Faculdade de Educação e do Programa de Pós-Graduação em Educação da USP. Contato: mnicolau@usp.br

Mirian Hisae Yaegashi Zappone é graduada em Letras pela Universidade Estadual de Maringá (UEM), mestre em Literaturas de Língua Portuguesa pela Universidade Estadual Paulista Júlio de Mesquita Filho (Unesp), *campus* Assis, São Paulo, e doutora em Literatura pela Universidade Estadual de Campinas (Unicamp).

Atualmente é professora-associada do Departamento de Letras e do Programa de Pós-Graduação em Letras da UEM. Contato: mirianzappone@gmail.com

Regina de Jesus Chicarelle é graduada em Pedagogia pela Universidade São Judas Tadeu, mestre em Psicologia da Educação pela Pontifícia Universidade Católica de São Paulo (PUC-SP) e doutora em Educação pela Universidade de São Paulo (USP). Atualmente é professora adjunta do Departamento de Teoria e Prática da Educação da Universidade Estadual de Maringá (UEM). Contato: rjchicarelle@uem.br

Solange Franci Raimundo Yaegashi é graduada em Psicologia pela Universidade Estadual de Maringá (UEM), mestre e doutora em Educação pela Universidade Estadual de Campinas (Unicamp), com pós-doutorado em Psicologia pela Universidade de São Paulo (USP). Atualmente é professora associada do Departamento de Teoria e Prática da Educação e do Programa de Pós-Graduação em Educação da UEM. Contato: sfryaegashi@uem.br

Tacianne Mingotti Carpen é graduada em Fonoaudiologia, com especialização em Psicopedagogia Clínica e Institucional pelo Centro Universitário de Maringá (Cesumar). Atualmente é fonoaudióloga e psicopedagoga clínica. Contato: tacianne@bol.com.br

Valdeni Soliani Franco é graduado, mestre e doutor em matemática pelo Instituto de Ciências Matemáticas e da Computação da Universidade de São Paulo (ICMC-USP), *campus* São Carlos. Atualmente é professor associado do Departamento de Matemática da Universidade Estadual de Maringá (UEM) e do Programa de Mestrado e Doutorado em Educação Para a Ciência e a Matemática, vinculado ao Centro de Ciências Exatas da UEM. Contato: vsfranco@uem.br

Impresso por :

gráfica e editora

Tel.:11 2769-9056